하나님의 임재를 경험하는 10가지 방법

하나님의 임재를 경험하는 10가지 방법

지은이: 벤 캠벨 존슨 | 옮긴이: 박주성
초판1쇄 펴낸날: 2010년 12월 6일 | 초판3쇄 펴낸날: 2016년 10월 13일
만든이: 김혜정 | 마케팅: 윤여근, 정은희 | 디자인: GnalenDesign
펴낸곳: 도서출판 CUP | 등록번호: 제2014-000035호(2001.06.21.)
(140-909) 서울특별시 용산구 이촌로 2가길 5, A동 103호(이촌동)
T.(02)745-7231 F.(02)6455-3114 | www.cupbooks.com | cupmanse@gmail.com

독자 여러분의 의견을 기다립니다.
잘못된 책은 언제든지 교환해 드립니다.

ISBN 978-89-88042-51-9 03230 Printed in Korea.

하나님의 임재를 경험하는 10가지 방법

벤 캠벨 존슨 지음 * 박주성 옮김

CUP

Living Before God

Deepening Our Sense of the Divine Presence

Ben Campbell Johnson

하나님의 임재를 경험하는 삶

은혜로우신 하나님
우리가 당신 앞에 있습니다.
언제나 우리는 당신 앞에 있습니다.

당신은 우리를 있는 그대로 보십니다. 그리고
우리를 위해 우리를 사랑하십니다.
당신은 들으십니다.
우리가 말로 표현할 수 없는 것을
당신은 우리의 갈망을 아십니다.
우리가 표현할 수 없는 마음의 갈망을

이 순간 당신이
우리를 보시고,
우리를 아시고,
우리를 사랑하시는 것으로
우리에게 충분하게 해주소서.

차례

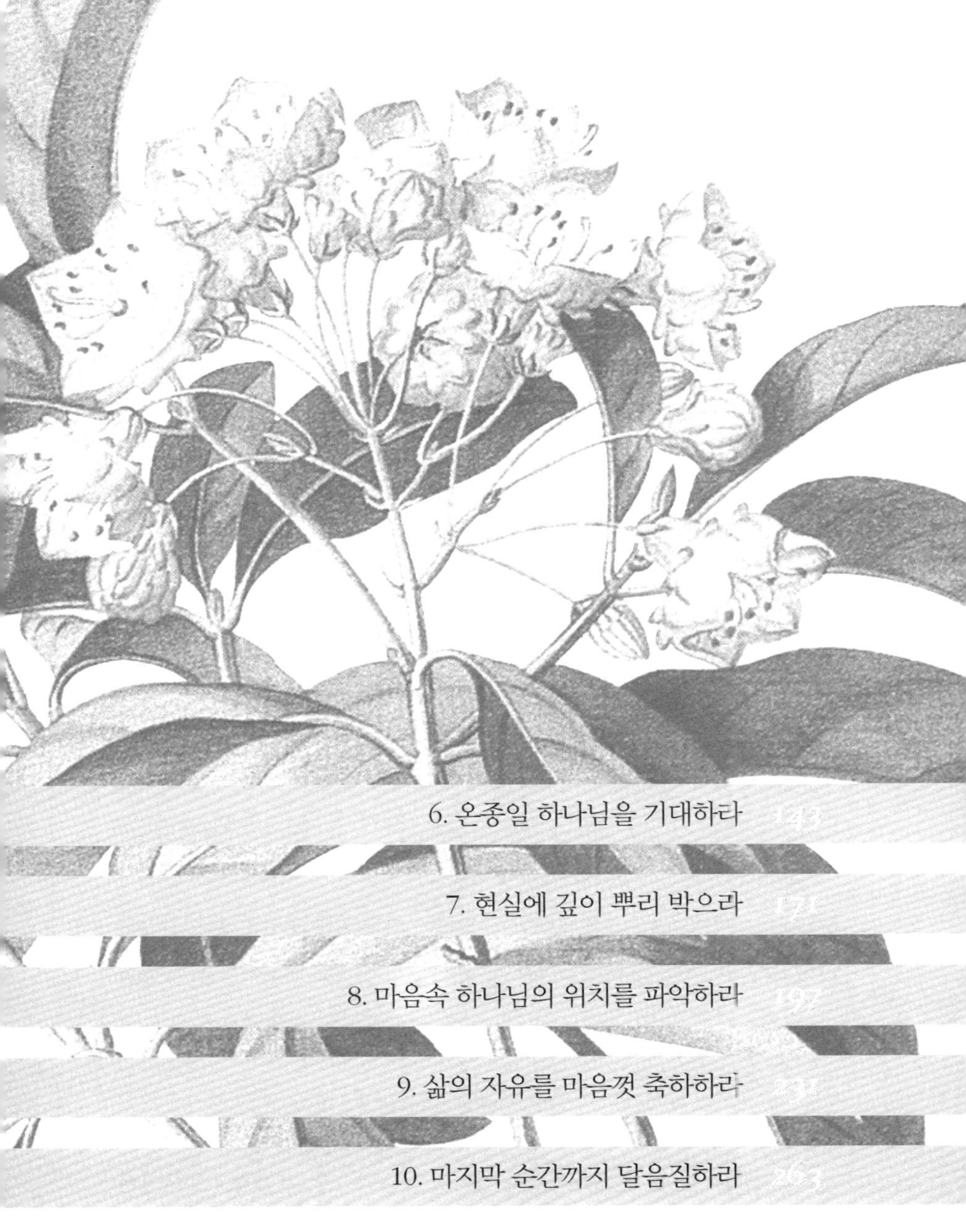

들어가는 말

이 책은 이 세상을 살아가는 존재라면 피할 수 없는 한 가지 사실을 명확하게 보여준다. 우리는 '하나님 앞에 있는 존재' 라는 사실에 대해 선택권이 없다. 단지 그분 앞에서 어떤 '자세' 를 취하느냐를 선택할 수 있을 뿐이다. 어떤 사람들은 일평생 자신을 주목하고 계시는 하나님을 전혀 의식하지 않고 살아간다. 어떤 사람들은 가뭄에 콩 나듯 가끔씩 하나님을 섬긴다. 대부분의 사람들은 하나님의 임재를 느끼며 사는 이 놀라운 모험의 삶을 살아가려면 누군가의 도움이 필요하다. 나도 하나님의 임재를 경험하는 삶을 배워가면서 많은 분들의 도움을 받았다. 그래서 내가 배운 몇 가지를 당신과 나누기 위해 이 책을 썼다.

수많은 그리스도인들이 하나님의 임재를 경험하는 삶에 대한 내 관심을 순간순간 자극했다. 내가 처음으로 얻은 영감은 수도원 부엌에서 일하면서도 성찬 떡을 받을 때처럼 기도했던 로렌스 형제Brother Lawrence를 통해서였다. 그리고 하나님께서 자신의 입술을 통해 말씀하시도록 내어드리며 시그널 언덕Signal Hill에 앉아 있었던 프랭크 루박Frank Laubach의 글을 통해서도 영감을 얻었다. 좀 더 시간이 흐른 후에 장 피에르 드 코사드Jean-Pierre de Caussade가 지은 「지금 이 순간의 성례전」을 접했다. 아빌라의 성 테레사는 '내면의 성城'을 바깥뜰에서부터 하나님의 위엄이 거하는 중심부까지 연구한 후 자신이 발견한 영감을 내게 전해 주었다. 십자가의 성 요한St. John of the Cross도 '영혼의 어두운 밤'을 통과해 하나님과 연합하는 여정을 이해할 수 있도록 도와 주었다. 내 인생의 후반부에는 24시간 내내 자기 안에 있는 거룩한 임재를 알아가는 삶을 증명해 보인 카를로 카레토Carlo Carreto가 하나님 앞에서 오래 참아 기다리는 삶의 모델이 되어 주었다. 이런 유명한 분들뿐 아니라, 대중에게 전혀 알려지지 않은 많은 사람들이 내 삶에 찾아와 하나님의 임재 가운데 사는 법을 가르쳐 주고, 내 삶을 격려해 주고 떠나갔다.

이런 하나님의 사자들 모두에게 감사의 마음을 전한다.

여러 해 동안 그 많은 하나님의 종들은 나에게 하나님의 임재를 경험하며 살아가는 다양한 길자세라고 부를 수도 있다을 발견하도록 도와 주었다. 이런 자세에는 거룩한 신비에 대해 경이로워하는 것부터, 마음속에 계신 하나님의 임재를 인식하는 것까지 포함된다. 이런 다양한 자세들은 내가 하나님의 거룩한 임재를 인식하고 반응하도록 도와 주었다. 그러나 이런 자세 중에 거룩한 임재를 보장해 주는 기술은 없다. 그래서 나는 기술이라고 부르지 않고 하나님 앞에서 살아가는 '자세', 하나님 앞에서 살아가는 '길'이라고 부르고 싶다.

나는 하나님을 알고 싶어하고 하나님의 뜻을 인정하며 그분 앞에서 살아가고 싶은 분들을 위해 이 책을 썼다. 각 장의 마지막 부분에 몇 가지 질문을 던져 놓았다. 개인적으로 이 책을 읽는 독자는 이 질문을 묵상을 위해 사용할 수 있을 것이다. 공동체가 함께 읽는다면 구성원들의 영적 성장을 돕기 위한 토론 질문으로 사용할 수도 있을 것이다. 영성 일기를 쓸 수 있는 공간도 마련해 놓았다. 만약 영적인 삶에 대해 매일 기록해 보지 못했다면 이 책을 통해 새로운 습관을 만들어 보기 바란다. 내가 〈영성 일기 쓰기〉란에 제시한 질문에 답해 보고 당신이 발견한 것들을 자세히 살펴보라. 내가 설명해 놓은 내용이나 질문에 대한 지적 반응과 당신의 생각을 기록한 내용은 차이가 있을 것이다. 어떤 차이가 있는지 살펴보고 더 깊은 묵상으로 나아가 보라. 그리고 본문 속에 하나님의 임재의식을 발전시키기 위한 글쓰기에 사용할 수 있는 다양한 방법들을 제시해 두었다.

내 아내 낸Nan과 이 아이디어에 대해 이야기하도록 허락해준 학생들과 내 삶에 영향력을 끼친 사람들과 나와 함께 이 길을 걷고 있는 모든 동역자들에게 감사의 마음을 전한다.

1장

영적 수면에서 깨어나라

깨어 있어야 할 때 잠들어 있는 것보다 비극적인 일은 없다. 그것만큼 우리를 당황하게 만드는 일이 세상에 또 있을까.

열심히 문제를 풀고 있는 시험지에서, 꾸벅꾸벅 졸았던 수업 시간에 배운 문제를 발견한 적이 있는가? 약속을 새까맣게 잊어버리고 있었는데 갑자기 생각나 깜짝 놀란 적이 있는가? 공연이나 비행기 출발 시간, 혹은 중요한 인터뷰 약속 시간에 잠들어 있었던 적은 없는가? 나는 그런 적이 있다. 얼마나 당황했는지 모른다.

시카고에 처음 갔을 때다. '맨발 공원' Barefoot in the Park이라는 연극의 입장권을 사들고는 호텔로 돌아와 잠시 누워 있기로 했다. 그날은 눈발이 날리고 바람이 거세게 부는 시카고의 전형적인 추운 날이었다. 그 덕분에 입장권을 사려고 기다리는 동안 나는 뼛속까지 얼어 있었다. 호텔 방은 기분 좋게 따뜻했고, 나도 모르게 잠이 들어 버렸다.

잠에서 깼을 때는 밤 10시 30분이었다. 연극은 끝나 버렸고 입장권은 휴지조각이 되어 버렸다. 계획에 없던 잠이 당황스러운 상황을 만들어 낸 것이다.

신학교 2학년 때 아내와 나는 석탄으로 난방을 하는 아파트에 살았다. 아이가 태어난 지 얼마 되지 않았던 터라 그날 저녁도 오래된 석탄 난로에 불을 지피고 밤새도록 통풍구를 열어 놓았다. 새벽 1시쯤 잠에서 깼는데 침실은 연기로 가득 차고 화염에 휩싸여 있었다. 우리는 지옥 같은 상황에서 황급히 빠져 나왔고 손에 움켜쥔 몇 가지를 뺀 모든 재산을 잃었다. 우리에게 남겨진 것이라곤 어려움뿐이었다. 화염 속에서 잠들어 있었던 일은 우리 가족에게 완벽한 비극이었다.

이런 경험은 우리가 어리석다거나 훈련받지 못했다거나 부주의하다고 느끼게 만든다. 그러나 이보다 더 비극적인 수면도 있다. 바로 영적 수면life-sleep이다. 영적 수면은, 깨어 있는 것 같지만 사실은 전혀 활동하고 있지 않는 상황이다. 눈을 뜨고 잠자리에서 일어나 아침을 먹고 출근을 하는 모든 일상 활동을 하고 있지만 완전히 잠에서 깨어나지 못한 상태에 머물러 있는 것이다. 이런 사람은 삶의 더 크고 중요한 측면을 인식하지 못한 채 일상의 잡무만을 감당하고 있다.

이런 부류에 속하는 대부분의 사람들은 목적 없이 살아간다. 한 번도 자신의 깊은 내면을 열어본 적이 없으며, 그 깊은 내면을 탐험해 본 적은 더더욱 없는 사람들이다. 그들은 자기 주변에 존재하는 신비에 대해 어슴푸레하게만 인식하고 있다. 인간의 깊은 내면을 체험하지 못하니 이들은 아주 허약해져 있고, 불안한 상황에 노출되어 있다.

이런 사람들을 본 적이 없는가? 내 주변에는 이런 친구들이 많다. 한 친구는 부자가 되었지만 물질이 가져다준 안전과 성공을 기반으로 무슨 일을 해야 할지 모르고 있다. 또 다른 친구는 겉으로 볼 때 충실한 그리스도인이다. 교회에 출석하고 헌금을 드리며 경건한 생활을 한다. 그러나 신앙이 우러나오는 내면의 깊은 부분을 인식하지 못하고 있는 것 같다. 또 다른 친구는 자신의 창의성을 짓밟고, 상상력을 가로막는 분노와 두려움의 수렁에서 허우적거리고 있다.

이처럼 영적으로 잠들어 있는 사람들은 때때로 자신이 앓고 있는 질병으로 인해 불편함을 느끼는 것 같다. 그러나 어떤 사람들은 의식적으로 그런 불편함을 무시해 버린다. 안타깝게도 립 밴 윙클* 같이 영적으로 잠들어 있는 수많은 사람들이 인생 여정의 끝자락에 이르러서야 잠에서 깨어난다.

---

* 립 밴 윙클 Rip Van Winkle : 미국의 작가 W. 어빙의 단편집 「스케치북」에 들어 있는 단편소설에 나오는 인물. 미국 뉴욕 주 허드슨 강 근처 마을에 살고 있는, 게으름뱅이이며 공처가인 립은 산에 사냥을 갔다가 이상한 모습을 한 낯선 사람들을 만나 그들의 술을 훔쳐 마시고 취해 잠이 들었다. 깨어나 마을로 돌아와 보니 아는 사람이 아무도 없었다. 그는 20년 간이나 잠들어 있었던 것이다. 단골로 다니던 마을 술집에는 낯선 국기가 걸렸고 간판에는 조지 국왕 대신 조지 워싱턴이라는 낯선 초상肖像이 붙어 있었다. 독립전쟁이라는 대사건을 겪은 현재의 미국에, 과거의 세계에서 온 립은 당혹감을 느끼지만 곧 아내가 죽고 없다는 사실에 안도하며 딸 가족과 함께 살면서 마을의 장로이자 '독립전쟁 전'의 산 역사로서 존경을 받게 된다. _ 역자주

그렇다면 영적 몽유병을 치료하기 위해서는 무엇이 필요할까? 그리고 잠에서 깨어날 때 어떤 일이 일어날까? 이제 이 문제를 다뤄 보기로 한다.

'영적 수면' 이라는 질병

'영적으로 잠든 상태' 는 세상이나 자신에 대한 깊은 인식이 전혀 없거나 있다 해도 아주 적은 부분만 인식하면서 표면적인 세계에서만 인간 기능을 효과적으로 감당하는 독특한 상태를 말한다. 삶의 전 영역에 대해 무감각해져 영적으로 잠들어 있는 사람들은 대부분 사물의 표면 아래에 존재하는 것에 대해 전혀 의심하지 않는다. 그러니 사물의 표면 아래에 존재하는 것에 대해 깨달아 알려는 시도조차 하지 않는다. 또한 어떤 이들은 우리 삶에 일어나는 사건의 의미에 대해 의문을 품지도 않는다. 그러나 내 생각에 대부분의 사람들은 자신이 알 수 없었던 예언의 성취를 깨달아 알기를 소망하고 있다. 하지만 신비로운 삶의 깊은 내면으로 접근해가는 길을 찾지 못해 헤매고 있다.

삶에서 일어나는 사건들의 표면적인 부분에만 의존해 살아가는 사람들은 삶의 진부하고 현세적인 측면에 대해서만 이야기한다. 우리들 주변에서 '영적으로 잠들어 있는 사람들' 을 찾는 일은 그리 어렵지 않을 것이다. 당신이 평소에 해야 하는 일이나 가정이나 직장에서 급하게 감당해야 했던 책임이 삶의 더 본질적인 측면에 신경 쓰지 못하도록 했던 때는 없는가?

'영적으로 잠든 상태'는 밤마다 잠자리에 드는 규칙적인 행동에 비유할 수 있다. 잠자리에 든다는 것은 무슨 의미인가? 우리 대부분에게 수면은 퇴근해서, 저녁을 먹고, 텔레비전을 보고, 침실로 들어가 옷을 벗고, 이불을 걷어 젖히고, 잠자리로 들어가 온몸을 쭉 뻗어 기지개를 켜고, 긴장을 풀고 몽롱한 상태로 접어들어 물질적인 세상과 관계를 끊고 점차 무의식 속으로 빠져드는 것이다. 매일 밤 우리는 이미지들이 나타나기도 하고, 통찰력이 생겨나기도 하는 이상한 무의식의 세계로 들어간다. 그러나 우리는 꿈속에서 이루어지는 드라마를 결정할 힘이 없다. 모든 사건은 우리들의 이성이나 자유로운 참여의 범주를 넘어선 세계에서 일어난다. 바로 이것이 엄밀히 말해 '영적으로 잠들어 있다'는 말의 의미이다. 다시 말해 우리가 의식적으로 참여할 수 없는 영적인 측면에서 사건들이 일어나는 것이다.

그러나 영적으로 잠들어 있는 것이나 선잠을 자는 것은 근본적으로 정반대의 결과를 가져온다. 우리는 잠에서 깨어나 잠자리를 정리하고 무의식적인 상태에서 아침에 해야 할 일들을 처리한다. 아침에 무의식중에 보내는 바로 그 시간이 그날 하루의 분위기를 결정한다. 우리들이 잠에서 깨어나 옷을 입고 출근하고 업무를 처리하고 일과를 보내는 버릇은 우리들이 실제로 무엇을 보고 듣고 느끼는지와는 상관없이 진행된다. 이런 식으로 살아가게 되면 삶에 존재하는 영적인 깊이를 놓치게 된다. 삶에 존재하는 영적인 깊이를 깨닫는 것은 우리들의 잠든 영적 본성에 큰 충격을 줄 것이다. 혹 당신은 일평생 잠들어 있었기 때문에 영적인 잠에서 깨어나려면 무엇을 어떻게 준비해야 하는지도 모르는 상태에 처해 있지는 않은가?

정신 차려라. 우리가 잠들어 있는 동안에 물질세계가 안전하게 존재하는 것처럼 영적인 세계 또한 우리 삶 저변에 언제나 실제적이고 안전하게 존재하고 있다. 영적인 세계는 우리가 신경을 쓰든 쓰지 않든 상관하지 않고 우리를 초대하며 깨달음을 준다. 존재의 더 깊은 측면은 공기와 같아서 우리 주변을 둘러싸고 있으면서 지속적으로 우리를 초대하며 손짓하고 있다. 그것은 신비하지만 깨달을 수 있는 방식으로 우리에게 자신을 나타내 보여주려고 애쓴다. 삶의 영적인 측면의 실재는 우리가 믿는 것보다 더 세심하게 우리를 돌보시는 하나님에게 달렸다. 그러나 그 영적인 측면을 깨닫는 결정적 요인은 그분이 아니라 우리에게 있다. 그분은 여전히 활동하시고 우리를 초대하시지만, 우리를 향하여 손짓하는 그 실재에 응답하느냐는 전적으로 우리의 선택에 달려 있다.

삶의 더 깊은 측면에 반응해 온 사람들은 이성적이고 일차원적인 영혼과는 어울리지 않는 것 같다. 동방에서부터 먼 길을 여행해 예수께서 태어나신 곳을 찾아온 박사들의 경험을 상상해 보라. 그들은 별을 따라 여러 지방을 지나 여행했다. 그들이 "어디에서 오셨어요?" "어디로 가세요?" "누가 당신들을 안내하고 있나요?"라는 질문들에 어떻게 대답했을지 상상해 보라. 마지막 질문에 대해서 "별이 우리를 인도한답니다."라고 대답했을 것이다. "왜…, 왜…?"라는 질문은 그들을 몹시 당황하게 만들었을 것이다. 당신이라면 그들을 이상한 무리들이라고 생각하지 않았겠는가? 사람들은 별에 관심이 없었다. 그러나 그들은 다른 사람들이 관심 없었던 별에 관심이 있었고 그 별을 따라 발걸음을 옮겼다.

이상한 징조를 나타내는 별을 따라갔던 한 사람 카를로 카레토Carlo Carretto가 생각난다. 그는 많은 사람에게 존경을 받았다. 이탈리아에서 살았던 20년 동안 그는 젊은이들이 믿음의 확신을 가지고 공산주의에 저항하도록 부흥운동을 일으켰던 장본인이다. 카를로는 44세에 자신이 이끌던 단체가 제공해 주던 편안함과 지도자의 사명을 내려놓고 하나님의 부르심에 응답하기 위해 북아프리카로 떠났다. 그는 친구들, 특별히 여동생에게 자신이 올바른 일을 하고 있다는 확신을 심어주며 여러 번 위로해야만 했다. 그는 여동생에게 "걱정 마라*. 돌체야! 나를 부르시는 분은 하나님이시란다. 나는 그분의 음성을 알고 있어. 지금까지 내 인생 여정을 생각해 보렴. 오빠는 지금까지 늘 옳은 별을 따라오지 않았니?"[1] 카를로는 그 이후 북아프리카 사막에서 기도를 배우며 10년의 세월을 보냈다.

카를로는 성령님의 초대에 응했다. 내면에서 울려 퍼진 음성에 순종해 북아프리카로 발걸음을 옮긴 그의 모습은 우리에게도 헌신할 것을 도전하고 있다.

성경에 등장하는 영적으로 잠든 사람들

예수님과 사도 바울은 제자들에게 영적인 잠에서 깨어나라고 촉구하고 있다. 예수님의 생애와 가르침에 대한 기록을 살펴보면 예수님께서는 자기를 따르던 제자들에게 영적 수면에 대해서 말씀하셨다. 아래 본문을 살펴보자.

> "제자들이 떡 가져오기를 잊었으매 배에 떡 한 개 밖에 그들에게 없더라 예수께서 경고하여 이르시되 삼가 바리새인들의 누룩과 헤롯의 누룩을 주의하라 하시니 제자들이 서로 수군거리기를 이는 우리에게 떡이 없음이로다 하거늘 예수께서 아시고 이르시되 너희가 어찌 떡이 없음으로 수군거리느냐 아직도 알지 못하며 깨닫지 못하느냐 너희 마음이 둔하냐 너희가 눈이 있어도 보지 못하며 귀가 있어도 듣지 못하느냐 또 기억하지 못하느냐 내가 떡 다섯 개를 오천 명에게 떼어 줄 때에 조각 몇 바구니를 거두었더냐 이르되 열 둘이니이다 또 일곱 개를 사천 명에게 떼어 줄 때에 조각 몇 광주리를 거두었더냐 이르되 일곱이니이다 이르시되 아직도 깨닫지 못하느냐 하시니라" 막 8:14~21.

예수님께서는 바리새인들과 헤롯의 영향력을 누룩에 비유하셨다. 문자적인 의미에만 매여 있던 제자들은 예수님께서 말씀하신 참 뜻이 바리새인들의 가르침과 헤롯의 정치권력이라는 사실을 이해하지 못했다. 제자들은 여행을 떠나면서 빵을 가져오지 않았기 때문에 예수님께서 화가 나셨다고 생각했다.

예수님께서는 영적으로 잠들어 있는 제자들에게 날카로운 질문을 던지셨다.

"아직도 알지 못하며 깨닫지 못하느냐? 너희 마음이 둔하냐? 너희가 눈이 있어도 보지 못하며 귀가 있어도 듣지 못하느냐? 또 기억하지 못하느냐?"

예수님께서 제자들에게 던진 이 질문은 예수님의 제자들에게만 도전하는 질문이 아니라 오늘날 물질적인 삶의 측면은 이해하지만 영적으로 깊은 부분에 대한 경험에 대해서는 이해하지 못하는 영적으로 잠든 사람들을 향해서도 동일하게 도전하는 질문이다. 예수님께서 던진 질문은 삶의 더 깊은 측면이 실제로 존재한다는 사실을 단적으로 말씀해 주며, 영적으로 잠들어 있는 사람들이 삶의 더 깊은 측면을 깨닫도록 초청한다.

예수님은 피조 세계에 존재하는 영적 측면을 예민하게 인식하는 삶을 사셨다. 그분은 보이지 아니하는 하나님을 보았으며, 그분의 음성을 들었고, 그분이 어디서 일하시는지를 알았다. 그러나 제자들의 영적 인지력과 이해력은 무디기 그지없었다.

예수님께서는 보리떡 다섯 개와 물고기 두 마리로 오천 명을 먹이셨다. 그러나 몇 가지 이유로 인해 제자들은 오병이어의 기적을 이해하지 못했다. 오병이어의 기적은 초월적인 무언가가 시간 속으로 개입한 사건이다. 하나님께서 자기 자신을 제자들에게 나타내 보이신 것이다. 제자들은 예수님께서 떡 몇 덩어리와 물고기 몇 마리로 수많은 사람들을 먹이셨을 때 그분이 육체의 양식과는 무관한 분이라는 사실을 깨달아야만 했다. 그러나 그들은 여전히 그 사실을 기억하지 못했다. 그들은 영적으로 눈멀고, 귀먹고, 우둔한 자들이었다.

아마도 예수님께서는 오늘날 그분을 따르는 자들을 향해서도 동일한 질문을 던지실 것이다.

"아직도 알지 못하며 깨닫지 못하느냐? 너희 마음이 둔하냐? 너희가 눈이 있어도 보지 못하며 귀가 있어도 듣지 못하느냐? 또 기억하지 못하느냐?"

당신은 실존의 더 깊은 측면과 관계 맺는 능력을 지니고 있지만 그 능력을 사용하지 않고 있다. 얼마나 가까이에서 기적이 일어나야 깨달아 알겠는가? 기적을 알아차리게 되면 얼마나 충격적이겠는가?

한번은 예수님께서 비유로 가르치신 후에 제자들이 왜 비유로 가르치시는지를 물었다. 예수님께서는 볼 수 있는 자들이 깨닫지 못하고 들을 수 있는 자들이 이해하지 못하도록 하려고 비유를 사용하신다고 설명하셨다. 이것은 이사야의 예언을 성취하는 것이었다.

"너희가 듣기는 들어도 깨닫지 못할 것이요 보기는 보아도 알지 못하리라"마 13:14.

예수님을 따르던 수많은 군중은 제자들처럼 보지 못하는 사람들이었다. 그들 역시 영적으로 잠들어 있었다. 그래서 예수님께서는 그들의 일상을 뒤집어 엎어버릴 힘을 가진 비유와 짧은 이야기들을 사용해 가르치셨다. 예수님께서는 이야기를 통해 그들이 매일 살아가는 세계를 뒤집어 보게 하셨다. 예수님께서는 그들의 눈과 귀를 여셔서 그들이 살아가는 세계의 전면모全面貌를 볼 수 있도록 만들어 주셨다.

이제 살펴보려는 비유는 '우리가 하나님의 나라를 무엇으로 비유할 수 있는지, 어떤 비유를 들어 하나님 나라를 설명해야 하는지'를 잘 보여 주고 있다.

> "또 이르시되 우리가 하나님의 나라를 어떻게 비교하며 또 무슨 비유로 나타낼까 겨자씨 한 알과 같으니 땅에 심길 때에는 땅 위의 모든 씨보다 작은 것이로되 심긴 후에는 자라서 모든 풀보다 커지며 큰 가지를 내나니 공중의 새들이 그 그늘에 깃들일 만큼 되느니라" 막 4:30~32.

가장 작은 향료식물인 겨자씨 비유로 예수님께서는 그 당시 세계가 가지고 있던 문화의 가치체계를 뿌리채 뒤흔드셨다. 그 당시 중동의 문화는 크기와 규모가 위대함의 평가 기준이었다. 어떤 사람이 부자라면 그 사람은 큰 집을 소유하고, 수많은 손님을 초대해 성대한 파티를 열고, 가장 좋은 옷을 입었다. 그러나 예수님께서는 겨자씨 비유를 통해 하나님의 나라가 작은 것, 가치 없어 보이는 것들로 구성되어 있다고 말씀하셨다. 이 비유에서 성장과 발전과 확장은 하나님께 달려 있다. 아마도 이 비유를 들은 사람들은 '큰 것'에 대한 선입견 때문에 하나님의 나라를 이해하기 힘들었을 것이다.

겨자씨 비유는 작아 보이지만 자라나 거대하게 되는 실제의 측면을 나타낸다. 겨자씨 비유는 영적 수면에 대한 치료책을 제시하고 있다. 그러나 여전히 예수님의 제자들과 그 당시 종교 지도자들은 예수님의 교훈을 문자적으로만 받아들였다. 그래서 예수님께서 충격요법까지 쓰셨지만 그들은 환상이나 망상에서 깨어나지 못했다. 그들은 예수님의 말씀을 들었지만 그 의미를 깨닫지 못해 혼란스러워 했다. 그들은 원예 강의에 참석한 한 여자와 같았다. 강사인 원예가는 숙성된 말의 분뇨로 만든 퇴비가 정원을 가꾸는 데 가장 좋다고 설명했는데 한 여자가 손을 번쩍 들고 이렇게 물었다.

"숙성된 말이라면 몇 살이죠?"

사도 바울은 "너희가 전에는 어두움이더니 이제는 주 안에서 빛이라 빛의 자녀들처럼 행하라 빛의 열매는 모든 착함과 의로움과 진실함에 있느니라 … 그러므로 이르시기를 잠자는 자여 깨어서 죽은 자들 가운데서 일어나라 그리스도께서 너에게 비추이시리라"엡 5:8~9, 14 라고 말하면서 예수님과 동일한 각성을 불러일으키고 있다.

세상의 빛이신 그리스도께서는 우리의 마음에 빛을 비추신다. 그리스도의 빛이 우리 마음을 비출 때 그 빛은 우리의 삶에 차고 넘쳐 흐르게 된다. 그리스도의 빛에 비추인 사람들은 빛의 사람으로, 인생의 의미를 아는 사람으로, 인생의 방향성과 목적의식을 가진 사람으로 살아간다. 이런 삶의 방식은 그들의 삶 가운데 선을 이루며, 올바른 선택을 하고 올바른 행동을 하게 한다. 결국 그들은 하나님의 뜻에 합당한 생활을 하게 되는 것이다. 즉 사도 바울이 "잠자는 자여 깨어서 죽은 자들 가운데서 일어나라 그리스도께서 너에게 비추이시리라"라고 외치는 게 놀랄 만한 일이 아닌 것이다.

그러나 예수님의 교훈과 사도 바울의 외침에도 불구하고 우리들 대부분은 진짜 세계를 보지 못하고 있다. 마법사가 걸어 놓은 마법의 지배 아래에서 살아가는 것처럼 말이다. 우리는 눈을 꼭 감고 삶의 현장에서 일어나는 신비로운 일을 보지 못하고 살아간다. 따라서 대본만 가지고 연기하는 배우들처럼 삶의 현장에서 습관화된 의식儀式들만 반복한다. 우리는 어떤 미지의 힘이 하루하루 삶의 현장에서 만나게 되는 세계를 무미건조하고 재미없고 시시하게 만들어 버린 것처럼 살아가고 있다. 혹은 어떤 마술사가 마법의 옷을 펄럭이며 자신이 보여주는 것이 전부라고 이야기하고 있는 그런 세상에서 살아가고 있는지도 모른다.

영적인 잠에서 깨어난다는 것의 의미

잠에서 깨어난다는 것은 눈이 열려 보게 되고, 귀가 열려 듣게 되고, 이성이 깨어 있어 이해하게 되는 상태를 말한다. 이 정의定義는 영적으로 깨어난다는 것을 성경적으로 표현한 것이다. 잠에서 깨어난다는 것은 잠들어 있고, 귀먹고, 이해력 없는 상태의 반대말이다. 이 땅에 속한 일과 애착으로 인해 마비되어 있던 사람들은 충격을 받아야만 깨어날 수 있다. 내면에 충격이 가해지면 갈피를 잡지 못하고 어리둥절해지며, 질서정연했던 사고방식과 인지 방식이 혼란을 겪는다. 이 과도기적인 순간에 사람들은 실재의 더 깊은 측면을 어렴풋이나마 감지하게 된다.

예수님께서는 자신의 삶을 통해 사람들에게 충격을 주셨다. 그분이 행하신 기적은 사람들을 놀라게 했다. 그래서 수많은 사람들이 "우리가 이런 기적을 이전에 결코 본 적이 없도다. 이 사람의 받은 지혜와 그 손으로 이루어지는 이런 권능이 어찌 됨이뇨"라고 말했다. 예수님께서 행하신 놀라운 기적은 군중을 놀라게 했다.

예수님의 비유도 그랬다. 예수님께서는 "천국은 마치 여자가 가루 서 말 속에 갖다 넣어 전부 부풀게 한 누룩과 같으니라"마 13:33라고 말씀하셨다. 예수님의 비유를 들은 청중들은 누룩과 가루가 무슨 의미인지, 그런 일상적인 식자재들이 어떤 중요한 의미를 전달할 수 있는지에 대해 놀라움을 금치 못했다.

예수님의 치유하심은 무엇인가를 예증하는 것이었다. 눈먼 사람을 고쳐주셨을 때 예수님께서는 자기 손을 직접 대셔서 어떻게 보지 못하는 사람이 보게 되는지를 가르쳐 주셨다. 중풍환자를 고치셨을 때 예수님께서는 마비된 사람이 감각을 회복하고 영혼의 미답사 지역을 찾아나서는 법을 보여 주셨다. 귀머거리를 고치셨을 때 예수님께서는 어떻게 영적으로 귀먹은 사람이 들을 수 있게 되는지 알게 해주셨다. 이 모든 치유 기사들은 무시와 심한 거부로 인해 잃어버렸던 역량을 회복하게 되는 모습을 극적으로 표현한 것들이다.

나는 영적인 잠에서 깨어나 온전한 정신을 회복하는 일이 가능하다고 믿는다. 잠에서 깨어나는 방식에는 여러 가지가 있다. 어떤 사람은 시끄러운 소리나 신체 접촉 때문에 눈을 뜬다. 어떤 사람은 충격적인 경험으로 인해 놀라 눈을 뜬다. 어떤 사람은 천천히 점진적으로 새날이 시작되었다는 의식을 회복한다.

인간이 완전히 잠에서 깨어나 영적인 측면에 도달하는 과정에 대해서 아무리 깊이 연구를 해봐도 늘 그 과정은 신비다. 육체적인 잠에서 깨어나는 것도 신비한 일이다. 나는 우리가 어떻게 깊은 침묵의 수면 상태에서 깨어나 의식을 회복하고 새로 주어진 하루의 일과를 시작하게 되는지 완전히 이해하지 못한다. 잠들어 있던 사람이 베갯머리에서 처음 몸을 뒤척인 후 하루를 시작하기 위해 옷을 차려입고 대문을 나서기까지의 과정을 상상해 보라. 정말 경이로운 일이다.

삶에서 일어나는 일들에 대해 깊은 의미를 깨닫게 되는 영적 각성은 매일 육체적인 잠에서 깨어나는 경험에 비유할 수 있다. 당신은 아마 몸을 약간 뒤척일 때나 자명종 소리를 듣고 잠에서 깨어날 것이다. 아니면 충분히 휴식을 취하고 난 후 서서히 의식을 회복할 것이다. 혹은 작은 의식적인 사고를 하면서 잠에서 깨어날 것이다. 몸을 뒤척이며 잠시 더 휴식을 취한 후 몸을 일으켜 앉아 눈을 뜨고 세상이 지난밤 잠자리에 들 때와 같이 여전히 존재하고 있다는 사실을 확인한다.

날이 밝아 아침이 되었지만 빛에 적응하지 못해 실눈을 뜨고 있다. 이제 서서히 몸을 일으켜 기지개를 켠다. 그리고는 지금 내가 어디에 있는지, 오늘 가장 먼저 무슨 일을 할 것인지를 생각한다. 그리고 새로운 날을 향해 첫 걸음을 내딛는다.

당신은 침실용 슬리퍼를 신고 실내복을 입는다. 그런 후 식당으로 내려가 불을 켜고, 커피를 내리고, 당신과 아내를 위해 커피잔을 준비한다. 커피를 내리는 동안 문밖으로 나가 조간신문을 집어 들고 다시 부엌으로 돌아오면 커피가 내려져 있다. 그러면 당신은 커피잔을 들고 식탁에 앉아 신문을 읽는다. 하루 중 첫 번째 의식을 거행하며 하루를 시작한 것이다.

한 사람이 영적으로 깨어날 때 일어나는 사건들도 이와 비슷하다. 영적으로 잠들어 있는 사람들은 자신이 살아가는 일차적인 세계, 사회적인 세계로부터 전수받은 삶의 양식에 안주하고 있다. 이 세계는 그들이 사용하는 언어와 가치체계, 역할 모델, 관계 맺는 법, 자아 정체성과 가치를 제공해 주었다. 그러나 때때로 영적으로 잠든 사람들에게 채워지지 않는 굶주림, 풀리지 않는 질문, 삶의 고통과 같은 일들이 다가온다. 그런 사건은 아침 기상시간에 울리는 자명종 시계처럼 큰 충격을 주어 영적으로 잠든 사람을 깨운다. 아마도 이때가 밤새도록 잘못된 자세로 잠을 잘 때 어깨에 생기는 고통을 처음으로 느끼는 시간일 것이다. 하나님을 향한 갈망을 불러일으키는 끊임없는 질문을 통해 영적인 잠에서 깨어날 수도 있다. 고통과 질문은 영적으로 잠든 사람의 삶의 질서를 무너뜨린다. 친절과 사랑이 가져다 주는 신비함을 통해 영적으로 잠든 사람은 자기 자신의 삶에 대해 놀라기 시작한다. 자신이 정말로 누구인지 또는 어떻게 확실한 관계를 형성해 가는지에 대해서 질문하게 될 것이다. 고통과 두려움과 의심과 질문과 놀라움이 가져다 주는 이런 작은 경험이 의식 속으로 스며드는 빛을 인식할 만큼 충분히 창문을 열어 준다. 이런 충격적인 경험은 햇빛을 받기 위해 창을 열 때 생기는 그림자와 같다. 아주 희미한 빛이라도, 빛이 비칠 때 어두움은 사라지기 시작한다.

영적 각성의 과정에 대해서 설명할 수는 있지만 그 신비에 대한 의문을 전부 다 설명할 수는 없다. 마음의 눈으로 보고, 변화를 느끼는 것은 삶을 새로운 관점으로 보게 한다. 그러나 그 누구도 그런 변화가 어떻게, 그리고 왜 일어나는지 완벽하게 설명할 수는 없다.

영적인 잠에서 깨어나는 법

영적인 잠에서 깨어나는 것은 다양한 방식으로 시작된다. 어떤 사람은 "지금 살면서 무슨 일을 하고 있는지 생각해 보셨습니까?"라는 질문을 받고 잠에서 깨어난다. 생각하기 위해 잠시 멈춰 서는 것도 영혼을 깨울 수 있다. 깨어나기를 거부하는 사람들은 이렇게 말한다.

"생각하기 위해 멈출 수는 없어. 멈춰 서 버리면 어떻게 다시 시작해야 할지 모르기 때문이지."

하나님과의 만남은 의식에 충격을 가져온다. 그런 충격을 통해 묵은 사고방식이 허물어진다. 우리가 하나님을 만난 경험은 이사야가 성전에서 하나님을 만났던 것과 비슷할 것이다. 다메섹으로 가던 길에서 하나님을 만났던 바울의 경험과 비슷할 수도 있다. 예수님께서 처음 손을 대셨을 때 사람들이 나무가 걸어 다니는 것처럼 보였지만 두 번째 예수님께서 손을 대셨을 때 선명하게 시력을 회복했던 눈먼 사람의 경험과 비슷할 수도 있다. 아니면 주일 예배를 드리다가 갑자기 삶의 깊은 의미를 발견할 수도 있다. 내가 가르치는 한 여학생이 교회에서 그리스도의 실재를 개인적으로 경험한 이야기를 들려준 적이 있다. 그녀는 어릴 때 세례를 받았고, 매주 교회에 출석했지만 영적인 잠에서 깨어난 것은 열일곱 살 때였다.

어떤 사람들은 자신의 삶이 무엇을 의미하는지 보여주는 강력한 환상을 통해 영적인 잠에서 깨어난다. 베드로는 욥바의 피장 시몬의 집에서 그런 환상을 보았다. 베드로가 본 환상과 그가 들은 음성은 이방인들을 새로운 각도에서 바라보게 했다. 베드로는 스스로 환상을 만들어 내지 않았다. 그 환상은 하나님께서 보여 주셨다. 그 환상이 전해 준 메시지는 그가 배워왔던 것과 정면으로 대치되었다. 그 환상은 자신이 가장 믿었던 권위에 도전했으며 결국 그 권위는 폐기처분되었다. 베드로가 보았던 환상은 예수님께서 눈먼 자의 눈에 손을 대신 것과 같았다. 베드로의 눈은 환하게 열렸고, 그 눈을 가지고 사역의 현장으로 돌아갔다.

내가 지도하는 박사 과정에 지원한 한 학생은 지원 이유를 이렇게 기록했다. 그녀는 교회처럼 생긴 건물이 있는 개척지에 도착하기까지 늪지를 간신히 빠져나가는 환상을 보았다. 숲 속에서 갑자기 키가 작은 사람, 큰 사람, 흑인, 백인, 가난한 사람, 부자 등 온갖 종류의 사람들이 몰려나오기 시작했다. 그녀는 자기를 향해 말하는 음성을 들었다.

"가서 내 교회를 재건하라."

이 명령은 자신이 감당하기에 너무나 큰 사명이었다. 그때 사람보다 더 커 보이는 천사가 나타났다. 그 천사는 교회 뒤에 서 있었다. 하나님의 도움이 있을 때에만 교회를 재건하는 데 쓰임 받을 수 있다는 사실이 분명해진 것이다. 그 환상으로 인해 그녀는 박사 과정에 지원했다.

새로운 형식의 행동을 만들어 내는 긍정적인 충동이 우리 영혼을 깨울 수도 있다. 사마리아 사람이 길을 가고 있었다. 가는 길에 유대인이 쓰러져 있는 것을 발견하자 그를 불쌍히 여겨 다가가 돌봐 주었다. 이런 행동은 사마리아 사람이 받아온 문화적인 가르침에 상반되는 것이지만 아무튼 그는 그렇게 했다. 세일즈맨이 고객은 이용할 만한 대상이 아니라 섬겨야 할 대상이라는 사실을 발견했을 때 똑같은 일이 벌어진다. 나는 거리의 부랑아들에 대한 연극을 보고 삶이 변해 버린 한 여자를 알고 있다. 그녀는 연극 한 편을 보고 나서 노숙자들을 위한 사역을 시작했다.

때때로 양심의 고통이 사람들을 잠에서 깨어나게 한다. 잘못을 저질렀거나 실패했을 때, 또한 자신의 비전과 가치에 반대되게 행동했다는 것을 깨달을 때 우리는 자신에게 깊이 실망한다. 결혼식 날, 남편이 아내에게 신실하겠다고 서약했지만 그 결심이 흔들리고 다른 여자와 바람을 피웠다고 해보자. 그가 깊은 양심의 가책을 느끼고 상담을 받고 용서를 구한다면 그 실패와 용서라는 경험은 그를 더 성숙한 영적인 차원으로 인도해 주게 된다.

어떤 사람은 조상으로부터 물려받은 세계관이 뒤흔들릴 때 잠에서 깨어난다. 물려받은 세계는 깊이도 없고 신비감도 없지만 삶에서 겪는 경험은 내세와의 신비한 만남, 설명할 수 없는 우연의 일치, 평범한 세계에서는 채울 수 없는 그리움을 담고 있다. 자신의 삶 깊숙한 곳까지 또 다른 신적 존재가 간섭하고 있다는 느낌, 연약하고 무기력할 때 느끼는 그분의 존재와 힘, 그리고 옛 자아의 삶은 팽팽한 긴장감을 자아낸다. 이런 상태에 이른 사람은 자신이 어린아이의 바지를 입고 있는 어른처럼 느껴진다.

영적인 잠에서 깨어나는 과정은 끝없이 반복된다. 어떤 사람은 한 번 깨어나면 영원히 그 의식을 회복한 것이라고 믿지만 사실은 그렇지 않다. 우리는 일생 동안 조금씩 더 깨어나 세상의 깊이를 조금씩 더 알아가고 있다.

묵상과 토론을 위한 질문

1. '잠들어 있다', '깨어 있다'는 비유를 영적인 삶에 어떻게 적용할 수 있는가?

2. '깨어 있으라'는 예수님의 말씀은 무슨 의미인가?

3. 당신은 언제 영적인 잠에서 깨어났는가? 영적인 잠에서 깨어난다는 것은 당신에게 어떤 의미인가? 영적인 잠에서 깨어났을 때 어떻게 반응했는가? 영적인 잠에서 깨어난 것이 당신의 삶에 어떤 영향을 끼쳤는가?

영성 일기 쓰기

1. 하나님의 존재를 깨달았던 순간을 떠올려 보라. 언제였는가? 하나님의 존재를 깨닫는 것은 어떤 것과 같다고 말할 수 있는가?

2. 다음 문장을 이용해 두세 문단의 글을 써 보라.
“현재 나와 하나님과의 관계는?”

3. 영적인 잠에서 깨어나게 해 주신 하나님께 감사의 글을 써 보라.

2장

신비의 참 모습을 경험하라

놀라움과 경이로움에 완전히 사로잡혔던 때를 떠올려 보라. 석양이나 보름달의 찬란함에 사로잡힌 적이 있는가? 문득 어떤 사람이 머릿속에 떠올랐는 데 얼마되지 않아 그를 예기치 않게 만나 본 경험이 있는가? 우리 인생이 평이하고 예견할 수 있는 쳇바퀴 같은 삶, 그 이상이라는 사실을 부드럽게 깨우쳐 주는 이런 사건들을 과연 어떻게 해석해야 할까? 나는 창조질서 속에도, 삶의 전개 속에도, 그리고 삶의 의미와 성취를 찾아 해매는 저항할 수 없는 탐색 속에도 우리 삶을 에워싸는 신비한 존재에 대해 알려주는 무언가 말로 표현할 수 없는 진리가 있다고 믿는다.

신비란 우리에게 예상치 않았던 순간에 잠깐 동안 인식되지만, 그럼에도 나는 신비가 우리를 둘러싸고 있는 것을 믿는다. 마치 짙은 안개와 같이 우리를 둘러싸고, 우리의 감각을 사로잡으며, 떠로는 신비로운 사건의 중심으로 우리를 초대한다. 이런 신비에 대해서, 우리가 멀찍이 떨어져서 별로 대단치 않게 생각할 때에, 문득 거대한 손길이 순식간에 다가와 놀라움과 경이로 우리를 어루만진다. 그리고 곧 우리를 뒤덮었던 구름 속으로 물러나 자신을 꽁꽁 숨겨 버린다. 이런 잠깐의 경험이 지나고 나면 신비로운 손길에 대한 기억과 신비가 불러일으켜 놓은 경이로움만 덩그러니 남는다. 신비로운 손길은 어디에서 오는 것일까? 왜 그 손길은 경이로움을 불러일으키고 지나가는가? 그리고 왜 이런 특별한 순간에 우리를 찾아오는가?

때로는 우리가 마치 바다 한가운데에서 광활한 바다가 어디인지를 찾아 헤매는 물고기와 같다는 생각이 든다. 엄마 물고기 옆에서 헤엄치며 "엄마, 바다가 어디 있어요?"라고 묻는 작은 물고기를 상상해 보라. 엄마 물고기는 "넌 지금 바다 한가운데 있단다!"라고 말해 주지만, 작은 물고기는 이를 이해하지 못하고 바다를 찾아가느라 엄마를 떠나 버린다. 우리 곁에서 일어나는 신비의 문제도 이와 같다. 우리는 신비 속에 살아가고 있고 신비를 호흡하고 있다. 하지만 또한 여전히 우리를 둘러싸고 있는 신비를 찾아 헤매고, 심지어 우리를 둘러싸고 있는 그 신비를 부인하기도 한다. 그러나 신비를 규정하려 하고, 억제하려 하고, 조정해 보려고 하는 그 시간에도 신비는 계속되고 있다.

당신이 신비에 대해서 많이 생각하건 그렇지 않건 간에 어느 순간 불현듯 신비를 경험했으리라 생각한다. 당신은 그 신비로운 경험에 특별한 의미를 부여하지 않았을 수도 있다. 어쩌면 아예 신비라고 생각조차 하지 않았을지도 모른다. 그러나 신비로운 사건은 당신에게도 일어났으며 흔적을 남겼다. 신비로운 사건은 당신의 생각 너머에 계시며 당신을 만나기 원하시는 하나님이 당신을 추격하시는 것이다. 나는 삶에 내가 규정지을 수 있는 것보다 훨씬 많은 것들이 내포되어 있다는 사실을 깨닫게 해 준 신비스런 사건들을 경험한 적이 있다. 그 사건은 운명의 수레바퀴가 돌아가다가 우연히 일어난 사건이라고만 생각하기에는 너무나 신비로웠다. 때때로 이런 특별한 순간은 하나님이 우리를 알고 계시다는 것과 경이로움 속에서 우리를 유혹하는 비밀스럽고 암호화된 메시지들을 보내고 계신다는 사실을 증명해 준다.

그런 사건은 발생 패턴을 분석해 내거나 암호를 분석하 낼 만큼 충분한 정보를 얻을 수 있게 자주 일어나지는 않는다. 하지만 신비로운 사건이 끊임없이 일어나고 있다는 사실을 인정할 만큼은 충분히 자주 발생한다. 나는 그런 신비로운 사건 하나를 꽤 생생하게 기억하고 있다.

내가 재직 중인 컬러비아신학교의 동료 교수들이 나를 기독교 영성학Christian Spirituality 교수로 선출하는 교수회의에서 만장일치로 결정했던 날의 일이다. 알고보면 이 결정은 이미 훨씬 이전에 그 시발점이 있었다. 십 년 전, 스물다섯 살이었던 나는 당시 내 남은 성애에 대해 하나님께서 어떤 계획을 가지고 계시는지 그분과 오랫동안 대화하며 조용히 시간을 보내라는 부르심을 느꼈다. 그래서 뉴멕시코주 산타

페에서 70마일 떨어져 있는 '광야의 그리스도' Christ in the Desert라는 수도원에서 두 주간을 보냈다. 그때의 나는 이후의 내 사역을 어떻게 전개해야 할지 분명한 응답을 얻고자 매우 간절한 마음이었다. 앞으로 삶의 방향을 결정해야 했기에, 그 곳에서 보낸 2주라는 기간은 짧게만 느껴졌고 시간을 헛되이 보낼수 없었던 절박하고 매우 중요한 순간이었다. 그때 내 마음 깊은 곳에서 음성이 울려 퍼졌다. 내가 '기독교 영성' 에 초점을 맞추어 목회자와 평신도들이 자기 자신을 하나님 앞에서 발견하며 그분의 임재 가운데 살아가도록 이끌어야만 한다는 말씀이었다.

그날의 교수회의는 십년 전 젊은 날의 그 음성에 대한 응답이었다. 이 결정이 있기 전, 학기 중간에 최고 교수위원회에서 대화를 나누다가 교회 성장학 교수직을 맡고 있던 내가 기독교 영성학 교수로 자리를 옮기는 문제에 대해 논의하게 되었다. 그런데 최고 교수위원회는 이것에 대해 처음부터 부정적이었고, 이 문제를 더 이상 거론하지 않기로 하고 결국 투표조차 하지않기로 결정했다. 그러나 놀랍게도 상황이 반전되어 이제 나는 내 전공을 바꾸는 안건에 대해 전원 만장일치로 찬성한 교수회의를 마치고 집으로 돌아가게 된 것이다. 그리고 집으로 돌아가는 차 안에서 신비에 가려져 있는 손길이 내 어깨를 어루만지시며 이렇게 말씀하셨다.

"넌 내가 그 일을 이룰 수 있다는 사실을 믿지 않았지? 그렇지?"

불가능하다고 생각했었던 일이 일어난 것이다. 그 사실을 깨달았을 때 나는 놀라움과 경이로움에 휩싸였다! 신비한 일이 일어났다! 십 년 전에 내 삶의 방향을 말씀해 주셨던 그분이 그 순간 다시 말씀하고 계셨다. 그 음성은 교수회의가 내린 결정이 우연한 사건이나 기회나 운명의 문제가 아니라는 것을 확신시켜 주셨다. 그 순간 나는 놀라움과 경이로움에 휩싸였다!

이런 경이감은 이성적인 능력을 순간적으로 마비시켜 그 순간 나는 이성과 논리와 통제를 넘어선 차원으로 들어갔다. 신비를 의식하자 기쁨으로 충만해졌고, 내가 할 수 있는 일은 그분께 찬양과 감사를 드리는 것이 전부였다. 신비에 대한 깨달음은 오래 지속되지는 않았지만 내 기억 속에 신비로운 느낌을 각인시키기에는 충분했다. 나를 둘러싸고 있는 신비의 하나님은 내가 그 존재를 잊어버리지 않도록 그분의 존재를 입증했다.

경이로움이란 무엇인가?

경이로움이란 무엇을 의미하는가? '경이로움' 이라는 단어는 명사이면서 동사이다. 경이로움은 놀라움과 당혹스러움과 두려움과 매혹과 황홀감을 불러일으킨다.

명사로 사용될 경우 '경이로움' 이라는 단어는 놀라운 사건으로 인해 장엄하거나 어안이 벙벙해지는 감정의 변화를 의미한다. 내게도 이런 두려움이 생기는 경이로운 순간이 찾아왔다. 바로 하나님께서 불가능한 일을 일으키시는 순간에, 내가 그 일의 일부분을 차지하고 있다는 사실을 깨달았을 때였다. 어떤 사람들은 자연과 마주칠 때 이런 경험을 하기도 한다. 데이비드 스테인들래스트David Steindl-Rast는 자연에게 받은 감동을 이렇게 이야기한다.

> 나는 멕시코 만의 한 부두 위를 걷고 있었다. 내 존재는 없어졌다. 그 순간 나는 바닷바람의 일부가 되었다. 물결과 물고기의 움직임, 부서지는 태양의 광선, 멋진 색깔의 야자수와 열대 화초의 일부가 되는 것을 경험했다. 그 순간에는 과거나 미래에 대한 어떤 느낌도 없었다. 그것은 특별히 행복한 경험이라기보다는 오히려 놀라운 경험이었다. 내가 피해 보려고 많은 에너지를 쏟아 부었던 황홀한 경험이었다. 나 자신이 마치 물과 바람, 햇빛이 된 것 같은, 그 자연과 어우러져 하나가 되는 느낌이었다. 우리는 다 함께 춤추고 있었다.[2)]

때때로 경이로움은 자연의 법칙으로 설명할 수 없는 사건을 경험할 때 찾아온다. 어떤 사람들은 이런 사건을 기적이라고 한다. 당신은 전혀 예상치 못했던 시간과 장소에서 어떤 사람을 만난 사건과 그 사람을 만난 사건이 가져다 준 신비로운 영향력을 어떻게 설명할 수 있는가?

나는 시카고에서 열린 컨퍼런스에서 에디Eddie를 처음 만났다. 그는 성장하는 교회의 목사였고, 사람들의 마음을 따뜻하게 만드는 밝은 웃음과 빛나는 표정을 지닌 사람이었다. 그 해 말 에디는 톰슨재단의 장학생이 되어 우리와 함께 컬럼비아신학교에서 열흘 동안 공부했다. 목회자들의 성지순례를 지원하는 기금을 확보했을 때 나는 에디를 성지순례에 초청했다.

그때 우리는 팔복산 정상에 있는 작은 교회에서 온종일 묵상했다. 그곳에서 에디는 예배당 바닥에 무릎을 꿇고 자신의 삶 속에서 오랜 기간동안 멘토였던 분에 대해 하나님께 감사드리며 기도했다. 그리고 기도를 마치고 교회 밖으로 나갔는데, 놀랍게도 바로 그 순간에 그 멘토가 눈 앞에 나타난 것이다. 고등학교 시절 롤모델이었으며, 로욜라Loyola대학을 다닐 때 후원자였고, 목사 안수식 때에도 함께 해 주셨던 그분, 바로 그 멘토를 만난 것이다. 그에게는 아주 특별한 분이었다. 그는 이제는 늙어버린 인생의 동반자에게 달려가 그분을 와락 끌어안았다.

에디는 방금 전에 그분을 위해 드린 기도의 놀라움을 느꼈다. 그리고 곧바로 그분의 품안에 안겼다. 물론 그 사건을 곁에서 지켜본 우리들은 그 사건을 이성적으로 바라볼 수 있으며, 그 상황이 이뤄진 사건들의 순서를 설명할 수 있다. 그러나 논리와 이성이 에디의 감정을 조절할 수는 없었다. 그는 땅바닥에 무릎을 꿇고 기도했으며 교회 밖으로 나오자마자 뜻밖에도 조금 전에 기도했던 그분을 만났다. 그 일은 그에게는 우연한 일이 아니었고 이성도 그 놀라운 경험을 억제할 수 없었다.

때때로 경이로움은 우리를 당황하게 하거나 의심하게 한다. 예수님께서 십자가에 못 박히시고 부활하신 후 제자들이 모인 곳에 나타나셨을 때 그들이 보인 반응은 다양했다. 성경은 예수님께서 부활하신 후 제자들에게 갈릴리에서 그를 만나라고 명하셨음을 보여준다. 그리고 예수님을 따르던 제자들 가운데 일부는 갈릴리에 모여서 부활하신 그리스도를 뵈었다.

"예수를 뵈옵고 경배하나 아직도 **의심하는 사람들**이 있더라"마 28:17.

때때로 놀라움과 의심은 함께 일어난다. 우리는 이런 현상을 예수님의 제자들에게서 발견한다. 제자들이 예수님을 만나기 위해 갈릴리로 갔을 때 부활하신 예수님의 모습이 어떤 제자들에게는 놀라움을, 어떤 제자들에게는 의심을 불러일으켰다. 제자들은 어떻게 예수님께서 무덤 문을 열고 나오셨는지, 어떻게 예루살렘에서 갈릴리로 오셨는지 이해할 수 없었기 때문에 놀랐다. 한편으로는 보편적으로 죽은 사람이 다시 살아날 수는 없기 때문에 의심했다.

또한 경이로움과 놀라움은 실존의 상태를 묘사해 준다. 교수회의를 마치고 집으로 돌아가면서 황홀함에 휩싸였던 나의 경험이 그런 상태였다. 내가 설명했던 경험들나의 경험, 스테인들래스트의 경험, 에디의 경험, 제자들의 경험은 잠시 동안 우리의 이성을 마비시키고 황홀경으로 몰아간다. 그러고 나면 실재의 또 다른 측면을 인식하게 된다. 그 어느 누구도 이런 사건들을 통제할 수 없다. 그런 일들은 불현듯 우리에게 온다.

이제 우리는 신비로움에 휩싸이는 경험을 아는 사람이 된다.

경이로움에 대한 성경적 관점

삶에서 경험하는 경이로움과 예수님의 가르침은 '놀람' amazement 으로 묘사할 수 있다. 예수님은 자기를 따르는 사람들이 믿지 않음을 보고 놀라셨다 막 6:6. 또한 자신을 찾아온 이방인의 믿음을 보고 놀라셨다 마 8:10. 예수님의 말씀과 행동은 듣고 있던 무리를 자주 놀라게 했다 마 15:31; 막 1:27. 예수님 가까이에서 이해할 수 없는 것을 보고 들었던 사람들은 놀라지 않을 수 없었다. 예수님께서 행하신 일은 그들의 세계관과 충돌했으며, 그들의 기대를 만족시켜 줄 수도 없었다. 그들은 놀랐다. 우리가 보는 방식과 조화되지 않는 사건이 발생할 때 우리는 충격을 받으며 그런 사건은 믿음과 변화의 출발점이 된다. 우리는 존재의 더 깊은 측면을 인식함으로써 놀라움을 극복하거나 이와 반대로 오히려 믿음에 대한 요청을 거절하고 신비로움에 대하 더 강하게 저항할 수도 있다. 예수님께서 가버나움에서 중풍병자를 고치신 사건에 대해 설명하셨을 때 이 놀라운 사건에 대한 다양한 관점들이 제기되었다. 마가는 경이로움으로 가득찬 이 사건에 대해 이렇게 기록한다.

수일 후에 예수께서 다시 가버나움에 들어가시니 집에 계시다는 소문

> 이 들린지라 많은 사람이 모여서 문 앞까지도 들어설 자리가 없게 되었는데 예수께서 그들에게 도를 말씀하시더니 사람들이 한 중풍병자를 네 사람에게 메워 가지고 예수께로 올새 무리들 때문에 예수께 데려갈 수 없으므로 그 계신 곳의 지붕을 뜯어 구멍을 내고 중풍병자가 누운 상을 달아내리니 예수께서 그들의 믿음을 보시고 중풍병자에게 이르시되 작은 자야 네 죄사함을 받았느니라 하시니 어떤 서기관들이 거기 앉아서 마음에 생각하기를 이 사람이 어찌 이렇게 말하는가 신성 모독이로다 오직 하나님 한 분 외에는 누가 능히 죄를 사하겠느냐 그들이 속으로 이렇게 생각하는 줄을 예수께서 곧 중심에 아시고 이르시되 어찌하여 이것을 마음에 생각하느냐 중풍병자에게 네 죄 사함을 받았느니라 하는 말과 일어나 네 상을 가지고 걸어가라 하는 말 중에서 어느 것이 쉽겠느냐 그러나 인자가 땅에서 죄를 사하는 권세가 있는 줄을 너희로 알게 하려 하노라 하시고 중풍병자에게 말씀하시되 내가 네게 이르노니 일어나 네 상을 가지고 집으로 가라 하시니 그가 일어나 곧 상을 가지고 모든 사람 앞에서 나가거늘 그들이 다 놀라 하나님께 영광을 돌리며 이르되 우리가 이런 일을 도무지 보지 못하였다 하더라 막 2:1~12.

가버나움에서 일어난 치유의 사건은 경이로웠다. 마가는 예수님의 치유 사건을 이렇게 마무리하고 있다.

"그들이 다 놀라 하나님께 영광을 돌리며 이르되 우리가 이런 일을 도무지 보지 못하였다 하더라."

가버나움 사람들이 보편적인 시각으로부터 벗어나도록 뭔가가 충격을 주었다. 그들은 설명할 수 없는 신비를 경험했다.

"우리가 이런 일을 도무지 보지 못하였다."

"도대체 어떻게 된 거지?"

"이 사건이 뭘 의미하는 걸까?"

중풍병자를 예수님께 데려온 네 명의 친구들과 같은 사람을 보지 못했다는 것일까? 그런 대범하고, 위험천만하고, 엄청난 대가를 지불하면서까지 지붕을 뚫고 예수님 앞에 데려간 행동을 보지 못했다는 것일까? 그런 것이 놀라움의 원인이었을까?

아니면 '이런 일' 이란 예수님의 말씀이나 행동을 의미하는 것일까? 예수님께서는 자기 주위에 모여든 무리에게 하시던 말씀을 멈추셨다. 예수님은 중풍병자를 보시고 "작은 자야 네 죄사함을 받았느니라" 라고 말씀하셨다. 그들이 놀란 이유가 방해하는 무례한 행동에 대해 놀라울 정도로 인내하시거나 그렇게 권세 있는 말씀을 전하는 분을 이전에 만나보지 못했기 때문일까? 그들이 놀란 이유가 예수님께서 "작은 자야 네 죄사함을 받았느니라" 라고 말씀하시며 하나님만이 하실 수 있는 죄사함을 선포하셨기 때문일까?

놀라움을 불러일으킨 '이런 일' 이란 그 방 안에 앉아 있던 서기관들의 태도를 의미하는 것일까? 그들은 마음속으로 이렇게 질문했다.

"이 사람이 어찌 이렇게 말하는가 신성 모독이로다 오직 하나님 한 분 외에는 누가 능히 죄를 사하겠느냐?"

그 마을 사람들이 태어날 때부터 알고 있었던 이 중풍병자를 예수님께서 용서하신다고 말씀하시며 은혜 베푸시는 것을 보았을 때, 아마도 무리는 거룩한 회당의 서기관들이 예수님의 행동을 깎아내릴 수밖에 없었다는 사실에 놀랐을 것이다.

그렇지 않다면 '이런 일' 이란 중풍병자의 죄를 용서하실 뿐만 아니라 그의 불편한 몸까지 회복시키시는 예수님의 능력을 언급하는 것일까? 아마도 '이런 일' 이란 "일어나 네 상을 가지고 집으로 가라"는 예수님의 명령을 말할 것이다. 그게 아니라면 '이런 일' 이란 수년 동안 누웠던 침상을 가지고 걸어 나가고 있는 중풍병자를 말하는 것이다. 무리들은 예수님의 명령이 가진 능력에 놀랐는가? 아니면 중풍병자를 회복시키시는 능력에 놀랐는가?

위에 언급한 것들 하나하나가 무리들의 마음에 놀라움과 경이로움을 불러 일으켰을 수 있다. 그러나 그 모든 것들을 모으면 경이로움은 저항할 수 없는 수준이 된다. 성경은 우리 마음에 놀라움을 자아내는 우연한 만남과 행동과 사건들로 가득 차 있다.

마가복음 2장의 사건은 예수님께서 자신의 말씀과 행동으로 경이로움을 불러일으킨 유일한 사건은 아니다. 여러 곳에서 예수님을 따르던 사람들이 보인 반응의 특징은 놀라움이다. 놀라움을 불러일으키는 예수라는 분에 대해 우리는 무엇이라고 말할 수 있을까? 그분은 어떻게 신비에 연결되어 있는 것일까?

성경은 예수님으로 인한 놀라움뿐만 아니라 오순절날 설교한 베드로, 빌립보 감옥에 갇혔던 바울, 밧모섬에 유배된 요한 같은 제자들로 인한 놀라움도 기록하고 있다. 신약의 기사記事들은 아브라함을 부르신 사건이나 이삭을 희생제물로 드린 사건, 홍해를 건넌 사건 같은 구약의 놀라운 경험을 기초로 두고 있다.

성경에는 놀라움과 경이로움을 불러일으키는 사건들이 끝도 없이 많다.

- 하나님께서 말씀하시는 사건
- 가시떨기가 불타는 사건
- 홍해가 갈라진 사건
- 산이 흔들리는 사건
- 도끼날이 물 위로 떠오른 사건
- 천사가 나타나 말하는 사건
- 죽은 자가 살아나는 사건
- 성령이 임하는 사건
- 하늘에서 보자기가 내려온 사건

특별히 오늘날 그리스도인들에게 예수님과 만나는 사건은 경이로움을 자아낸다. 오래전 신약 시대의 성도들처럼, 지금 우리들에게도 경이로움은 자기최면을 통해 경험할 수 있는 것이 아니다. 경이로움은 예상치 못한 방식으로, 예측할 수 없는 순간에 자연스럽게 우리의 의식을 사로잡아버리는 신비를 통해 경험된다. 경이로움은 어떤 사건에 대해 이성적으로 묵상한 결과 얻어지는 것이 아니라 우리를 찾아와 어루만지시며 말씀하시고 놀라움으로 가득 채워 주시는 살아계신 그리스도와의 만남에 대해 마음을 열고 받아들인 결과로 주어지는 것이다!

예수님에 대한 이야기를 읽을 때 우리는 그분의 탄생성령으로 잉태되신 예수님, 그분의 지혜성전에 올라가신 예수님, 그분의 가르침비유들, 그분의 부활하여 살아계신 임재부활과 약속하신 성령 때문에 놀라는 자신을 발견한다.

성경에는 우리를 놀라게 할 수많은 사건들이 있다. 예수님의 어머니 마리아처럼 여전히 마음속 깊이 생각해 보아야 할 주제들이 산재해 있는 것이다.

경이로움명사을 넘어 경이로워하는동사 단계로 나아가라

경이로움이 성경 속에서만 발견되는 것은 아니다. 경이로움은 이스라엘 백성이 거룩한 하나님과 살아있는 관계를 유지하도록 그들을 각성하고 몰아갔다. 또한 헬라인들을 철학의 샘으로 이끌어갔다. 경이로움은 오늘날에도 현대인들을 깨워 예전에 자신이 알지 못했던 자기 속의 깊은 경지로 안내한다. 경이로움은 삶의 의미를 회복하는 초대장이다.

신비로움에 대해 알고 있는 사람들에게 경이로운 사건은 종교적

지식의 뿌리에 양분을 공급해 준다. 하지만 경이로움이 지속되지 않으면 하나님을 향한 열정은 메말라 버리고, 삶을 향한 에너지는 사라지고, 하나님 안에 있는 영적인 기쁨과 환희는 지루함과 평범함으로 전락해 버린다. 당신도 다시 한번 경이로움을 느끼고 싶지 않은가?

영어에서 경이로움wonder이라는 단어가 명사이면서 동시에 동사로 쓰인다는 사실을 알고 있는가? 지금까지는 명사적 용법, 즉 신비롭고 자연발생적이며 예기치 못한 강력한 사건을 만났을 때 우리에게 일어나는 어떤 변화에 대해 설명했다. '경이로워하다' woncer라는 동사는 참여 여부를 선택할 수 있는 행동을 말한다. 예를 들면, 우리는 우리를 둘러싸고 있는 신비에 대해 경이로워할 수 있다. 나는 교수회의를 마치고 집으로 돌아가면서 경험한 사건 때문에 놀라고 경이로워했다. 그러므로 '경이로워하다' 라는 동사는 우리가 보고 느끼고 만지고 듣는 사건에 대한 호기심에 찬 반응을 묘사하는 주관적인 단어다. 이 단어는 우리가 보거나 경험하는 사건에 대해 놀라게 하고, 우리 삶에서 일어나는 사건에 대해 묵상할 기회를 제공한다. '경이로워하다' 라는 말은 우리가 경험한 사건을 이해하고, 그 사건의 의미를 찾아내려고 노력하는, 찾고 질문하고 연구하는 존재로 우리를 묘사한다.

나는 '경이로움' 이라는 명사가 '경이로워하다' 라는 동사를 이끌어 낸다고 생각한다. 당신에게 일어나는 사건에 대해 경이로워하라. 당신을 둘러싸고 있는 신비에 대해 놀라워하라. 영혼의 열망과 굶주림에 대해 놀라워하라. 보통 경이로움으로 인해 깨어난 사람들이 던지는 첫 번째 질문은 "왜?"이다. 우리 삶에 존재하는 "왜"라는 질문이 존재 이유와 존재 의미에 대한 해답을 발견할 때까지 우리를 쉬지 못하게 만든다.

존재 의미에 대한 질문은 인간의 영혼이 신비를 경험했기 때문에 생겨난다. 우리 눈에서 비늘이 떨어진 이상, 우리 눈을 열어 이 세계의 깊이를 발견한 이상 우리는 결코 깊은 잠에 다시 빠져들 수 없다.

경이로움을 체험할 수 있는 다양한 실험

이 책을 읽으면서 분명 이제까지 당신이 경험했던 놀라움의 순간을 되돌아보았을 것이다. 아마도 당신은 비극적인 일이 닥치거나 놀라운 계시가 주어졌을 때 당신의 관심을 끌거나 일시적으로 삶을 방해하는 몇몇 장애물을 발견했을지도 모른다. 하지만 나는 대부분의 경험이 초보적이라고 생각한다. 당신이 경험한 놀라운 사건들이 전혀 해답을 발견할 수 없는 질문을 하게 만들었는가? 그런 질문은 바쁜 낮 동안 감당해야 하는 일의 부담 때문에 우선순위에서 밀려나 우리의 기억 언저리에 존재한다. 왜냐하면 '왜?' 또는 '어떻게?'에 대한 해답을 찾는 문제는 부부관계를 회복하거나 자녀를 양육하는 것만큼 우리를 심하게 압박하지 않기 때문이다. 그 결과 우리는 그 질문에 대한 대답을 찾지 못할 때가 많다.

우리에게 다가오는 삶의 존재 의미에 대한 힌트를 오랫동안 제쳐

두고 무시한다면 결국 자신이 부정해 버린 실체의 희생자가 되고 만다. 낮 동안 감당해야 하는 일에 대한 부담감이 묵상할 시간을 빼앗아 간다. 텔레비전이라는 마취제와 지나치게 많은 약속으로 인한 압박감이 우리의 깊은 자아와 만나지 못하게 하고 그 결과 우리는 삶의 표면적인 영역 안에 갇혀 살게 된다.

나는 당신이 눈을 뜨고, 새로운 시각으로 보고, 당신 자신으로부터 도망가기 위해 사용해 왔던 낡은 방어책들을 포기했으면 좋겠다. 또한 자신의 삶에 대해, 다시 말해 과거에 일어난 사건들과 오늘 일어난 사건들에 대해 관심을 갖기를 강권한다. 평범한 사건의 이면을 살펴보라. 그런 사건의 의미를 생각해 보라. 세상이 평범하고, 의미 없고, 방향성 없는 쪽으로 흘러가지 않는다는 사실을 믿으라. 경이로움은 이 세상의 깊은 곳으로 우리를 이끌어 가는 통로를 제공한다. 경이로움이 제공하는 이 통로는 적어도 '우리가 살아가고 있고 움직이고 있으며 우리들이 존재하고 있는' 신비를 향해 다가서게 한다.

보이지 않는 것을 보고, 존재의 놀라움을 인식할 수 있는 '새로운 눈'으로 보기 위해 당신은 익숙한 방식으로 사물을 바라보던 것을 멈추고 기꺼이 다른 관점에서 삶을 바라보려고 노력해야만 한다. 만약 당신이 세상을 평범하게 바라보고 당신의 경험을 예측 가능한 것으로 보아왔다면, 그리고 의식적이든 무의식적이든 당신의 패러다임에 맞지 않는 모든 것들을 무시해 왔다면 아마도 당신에게 새로운 시각은 아주 흥미롭고 도전적일 것이다.

이번에는 '새롭게 보는 방식' 이라는 주제로 어느 그룹을 가르치고 있었던 내 친구가 낸 과제를 한번 만나보자. 그 친구는 강의 중 갑자기 칠판을 향해 돌아서서 분필을 잡고 아래와 같이 정사각형을 이루는 3줄로 늘어선 9개의 점을 그렸다. 그리고 그 그룹에 참여한 사람들에게 연필을 옮기지 말고 4개의 직선으로 9개의 점을 연결해 보라고 했다.

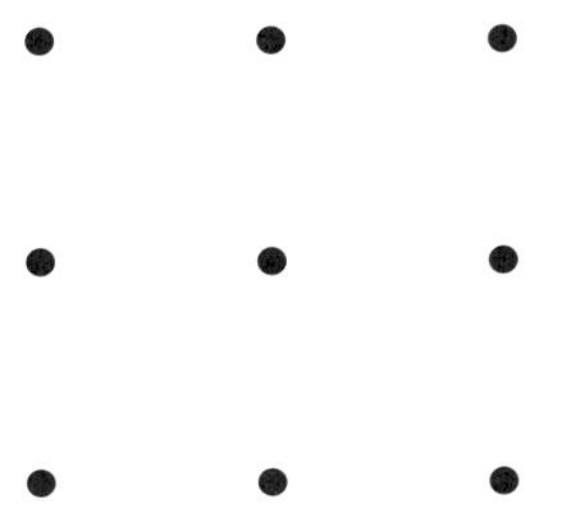

힌트_ 이 과제를 수행하기 위해서는 고정관념에서 벗어나야만 한다. 그러면 놀라운 일을 경험할 것이다(정답은 62쪽을 보라).

당신이 경이로움을 느낄 만한 다음과 같은 수많은 주제가 있다.

1. 당신이 느끼는 열망

성취하고 싶어하는 당신의 깊은 열망 말이다. 당신은 더 큰 공동체 의식을 통해 열망을 성취하고 싶은가? 더 큰 목적의식을 가지고 열망을 성취하고 싶은가? 당신의 삶에 존재하는 더 큰 가치와 의미를 가지고 열망을 성취하고 싶은가?

2. 피할 수 없는 인생의 질문

나는 누구인가?

나는 어디로부터 왔는가?

나는 여기서 무엇을 하고 있는가?

나는 어디로 가고 있는가?

3. 이상한 사건

이런 열망과 피할 수 없는 인생의 질문들 외에도 당신의 삶을 되돌아보면 아마 말로는 설명할 수 없는 사건들을 발견할 수 있을 것이다. 걱정을 줄이거나 더 심각하고 어쩌면 위협적인 어떤 기억들로부터 벗어나기 위해 이런 사건을 사고나 우연히 일어난 사건으로 여기며 잊어버리려 했을지도 모른다. 그러나 그런 사건은 아무 목적 없이 일어난 사건이 아닐지도 모른다. 삶이 '바보 얼간이가 전해준 소음과 분노로 가득한, 아무런 의미 없는 이야기'가 아니라면 어떻게 될까? 당신에게 일어난 모든 사건이 메시지를 전하고 있다면 어떻게 될까?

4. 반복되는 생각

때때로, 설득력 있게 당신을 찾아온 생각은 당신을 가만히 내버려 두지 않을 것이다. 어디서 이런 생각이 생겨나는지 의심해 본 적이 있는가?

5. 삶에서 중요한 의미를 차지하는 사람

하나님은 사람을 보내셔서 우리에게 말씀하신다. 하나님께서 당신에게 말씀하고 계실 때 어떤 느낌이 드는가?

조금 전에 이야기한 삶의 중요한 측면들 각각에 대해 의심해 본 결과 무엇을 발견했는가? 어떤 주제에 대한 깊은 묵상이 당신을 사로잡을지 확실하게 예견할 수는 없다. 그러나 경이로움은 영적인 잠에서 깨어나도록 도와주는 강력한 동력이며, 반복적으로 작용한다. 그러므로 깨어 있어라.

경이로움Wonder과 경이로워함Wondering과 경이로워할 만한Wonderful

나는 지금까지 거룩한 신비를 열어 보이며 경이로운 경험을 설명하려고 애썼다. 경이로움을 상태뿐만 아니라 행위로 보는 것은 두 가지 접근을 가능하게 한다. 우리는 한 종류의 경이로움명사은 통제할 수 없다. 하지만 다른 한 가지, 즉 경이로워하는 것동사에 대해서는 통제가 가능하다. 아마 당신은 내가 제안한 것에 대해 곰곰이 생각하기 시작했을 것이며, 더불어 당신의 삶에 대해 놀라기 시작했을 것이다.

'신비', '놀라움', '믿음' 같은 하나님 앞에서 살아가는 우리 삶의 많은 부분을 보여주는 단어들은 추상적으로 보여서 우리들 대부분은 이런 단어와 경험 뒤에 존재하는 심오한 의미를 이해하려고 발버둥 친다. 대부분의 경우 나는 이끌어주는 모델이나 이야기가 있을 때 더 잘 볼 수 있다. 아마도 내 친구가 겪은 경험담이 도움이 될 것 같다. 나는 루이스라는 친구를 알고 있는데, 경이로움으로 가득 차 있는 그녀의 이야기는 놀라운 변화라는 주제를 이해하기 쉽게 설명해 준다.

조지아 주 콘여스Conyers 근처에 있는 트라피스트 수도회 소속 수도원인 성령수도원에서 온종일 리트릿직장이나 가정 같은 일상생활에서 벗어나 자기만의 공간 또는 민간 관례에 잠기는 생활양식_편집자주을 하던 어느 날 루이스를 만났다 나는 30년 이상 이 수도원에서 리트릿을 해왔다. 나는 광야의 그리스도 수도원을 경험한 이후 내 삶과 비전의 부흥을 위해 매월 하루씩을 투자한다. 그녀를 만난 바로 그날 나는 그 지역에 있는 오래된 친구들을 방문하기 위해 먼 길을 걸어갔다. 대화하는 동안 그들은 나에게 루이스에 대해 말해 주었다. 루이스는 한 때 CNN에서 일했지만 지금은 수도원 근처에 집을 빌려 살고 있었다. 그녀 얘기를 듣는 순간 만나봐야 한다는 생각이 들었다. 다음날 아침 그녀를 만나러 갔지만 만날 수 없었다.

나는 수도원 원장인 거스Gus 신부에게서 루이스의 전화번호를 알아내 그날 오후 만나기로 약속했다. 그리고 나는 거의 3시간 동안 그녀가 겪은 고통과 깨달음의 이야기를 들었다. 루이스는 이탈리아에서 미국으로 이민 온 가정에 입양된 아이였다. 그녀의 부모는 원래 귀족층이었지만, 대공황 기간 동안 아버지가 도박으로 가산을 탕진해 버렸고 온 가족은 돈 한 푼 없이 길바닥에 나앉았다. 다행히 뉴욕 주 북부지방에 있는 신부 한 분이 사택의 지하실을 사용하도록 허락해 주었다.

하지만 그녀의 삶은 그 후로도 평탄하지 않았다. 루이스가 어렸을 때 그곳을 방문한 신부가 그녀를 성적으로 희롱했다. 성희롱이 발각되자 그녀는 기숙학교로 보내졌고, 거기서 수녀들의 보호와 가르침, 그리고 그들의 삶의 모습을 통해 신앙을 가지게 되었다.

학교를 졸업한 후 그녀는 수도회에 헌신했다. 하지만 이미 성적인 순결을 잃어버렸기 때문에 수도회 측에서는 그녀가 수도회에 입문하는 것을 허락하지 않았다. 이 사건은 그녀의 영혼에 깊은 절망을 안겨 주었고, 이 일로 인해 그녀는 15년 동안 교회를 떠나게 되었다.

35세쯤 되었을 때 그녀는 자신의 삶에 존재하는 고통과 공허함을 깨닫기 시작했다. 어느 날 그녀는 집에서 무릎을 꿇고, 하나님께 부르짖기 시작했다.

"하나님, 당신을 알기 원합니다. 당신을 사랑하기 원합니다. 당신의 교회와 어떻게 화해해야 할지 모르겠습니다. 그러나 저는 제 삶에 당신이 함께하기를 정말로 소원합니다."

그녀가 기도했을 때 분노와 원한의 짐은 사라지고 자유를 느꼈다. 그녀는 새로운 발견을 해 나가고 있었다. 그리고 자신의 삶이 무엇인지, 어떻게 인생의 목적을 이룰 수 있는지에 대해 놀라기 시작했다.

하나님을 새롭게 만나기 위해 그녀는 교회를 찾았다. 어떤 집회를 마치고 그녀는 신부님을 찾아가 기도하는 법을 배우고 싶다고 말했다. 그 신부는 그녀를 은사중심적인 기도그룹에 참여하게 했다. 그 그룹은 얼마동안 그녀에게 도움이 되었지만 결국 그녀에게 필요했던 영적인 자양분을 공급해 주지는 못했다. 그녀가 다시 신부님을 찾아가자 그녀에게 성령수도원을 소개해 주었다. 그리고 그곳에서 거스 원장을 만났고, 그분은 그녀의 영혼을 신실하게 이끌어 주었다.

2~3년 후에 그녀는 기도와 그리스도께 온전히 순종하는 삶에 헌신하라는 강한 부르심을 느꼈다. 그녀는 미디어 사업을 그만두는 문제에 대해 거스 원장과 여러 차례 이야기를 나누었다. 그러나 거스 원장은 그녀에게 기다리라고만 했다. 마침내 거스 원장은 그녀의 계획에 동의했다. 그녀는 자신의 자산을 계산해 본 후 절약해서 살면 무리없이 살아갈 수 있겠다고 생각했다. CNN에서 일할 때 그녀는 1억이 넘는 고액 연봉을 받는 사람이었다. 그러나 돈과 성공은 그녀의 마음속 깊이 자리잡은 필요를 채워주지 못했다. 그녀가 경험한 신비로운 체험은 그녀의 가치를 재정렬하게 만들었고 세상적인 성공이나 물질보다 더 의미 있는 실체를 맛보게 해주었다.

그녀는 섬김과 기도에 자신의 삶을 드리기 위해 직장을 그만두었다. 퇴직하고 곧바로 그녀의 남편은 캐나다로 이사하고 싶어했다. 그녀는 남편의 말에 순종해 캐나다로 함께 이사했다. 그녀는 자신의 계획과 반대되는 이 우회로를 거대한 영적 성장의 기회로 사용했다.

세상적인 성공이나 돈벌이로는 얻을 수 없는 하나님과 풍성한 삶에 대해 아주 민감한 영성을 소유하고 있는 이 놀라운 여인은 경이로움과 경이로워함과 경이로워할 만한 조건을 이해하기 쉽게 구체적으로 설명해 준다. 입양되어 성적인 학대를 받고, 집을 떠나게 되고, 사랑의 하나님에 대해 가르쳐 주었던 사람들에게서 거부당한 그녀 자신이 바로 경이로움 자체다. 어떻게 그녀가 지금까지 하나님께 나아올 수 있었을까? 그녀는 자신의 삶을 하나님의 대용물인 세상적인 성공과 물질적인 보상으로 가득 채웠다. 그러나 이런 물질적인 성취가 그녀의 영혼에 존재하는 깊고 깊은 갈망을 채워 주지는 못했다. 해결하지 않고는 잠재울 수 없는 씨앗이 뿌려진 것이다.

어느 날 쓰라린 굶주림이 너무도 커져서 그녀는 더 이상 그 굶주림을 외면할 수 없었다. 신비가 굶주림과 갈망의 모양을 하고 그녀의 의식 속에 찾아왔다. 하나님을 인정하고 자신의 삶을 활짝 열어둔 것이 그녀를 하나님이 주시는 신비로움과 경이로움으로 이끌어 갔다.

그리고 아마도 거룩함에 대한 놀라움 못지않게 '사랑'이 그녀가 어린 시절 겪었던 자매들의 거부와 교회에 대한 분노를 지워 주었을 것이다. 무조건적인 사랑에 대한 놀라움은 그녀의 고통을 쓸어내 주었고 그 자리를 하나님의 깊은 은혜로 충만하게 했다.

그녀가 하나님과 만난 사건은 그녀의 삶을 경이로움으로 가득 채웠다. 경이로움은 다양한 형태로 찾아왔다. 교회로 돌아온 일, 한 사역자를 신뢰하게 된 일, 은사주의자들과 함께 기도한 일, 영적인 지도자를 찾아 헤맨 일, 영적 재충전을 위해 직업을 포기한 일 …… 그녀는 경이로움에 가득 차 이렇게 고백했다.

"하나님, 당신은 정말 살아 계셨군요! 왜 나같은 사람을 끝까지 사랑하십니까? 어떻게 하면 당신을 더 잘 알 수 있습니까?"

그녀가 하나님을 만난 경이로움wonder과 그녀의 삶에 계속 유지되는 하나님의 임재에 대한 경이로워함wondering은 그녀를 정말 경이로운wonderfull 사람으로 변화시켜 주었다. 나는 자신이 살아온 삶의 여정에 대해 이야기하는 사람들을 많이 만나 보았지만, 그렇게 짧은 기간에 평안하고 온전하고 자연스러워진 사람을 만나본 적이 없다.

묵상과 토론을 위한 질문

1. 명사로서의 '경이로움' wonder의 의미는 무엇이며, '경이로워하다' wonder라는 동사의 의미는 무엇인가? 그 명사형은 동사형과 어떤 차이가 있는가?

2. '경이로움'이 신앙 성장의 출발점으로서의 역할을 어떻게 한다고 생각하는가?

3. 당신이 살아오면서 특별히 경이로운 순간을 경험해 보았다면 그 순간을 되새겨 보라. 그 순간을 어떻게 묘사할 수 있겠는가?

영성 일기 쓰기

1. 당신의 삶을 되돌아보고 당신을 경이롭게 만든 사건의 리스트를 적어 보라.

2. 기도문의 형식으로 요즘 당신의 삶에 대해 당신이 경이로워하는동사 사건들에 대해 써 보라.
   "사랑의 하나님, 저는 ______________________에 대해서 경이로워하고 있습니다."

3. 다음 문장을 완성하라.
   "만약 ______________________ 하다면 제 삶은 경이로울 것입니다(혹은 제 삶은 경이롭습니다. 왜냐하면 ______________________ ______________________ 때문입니다)."

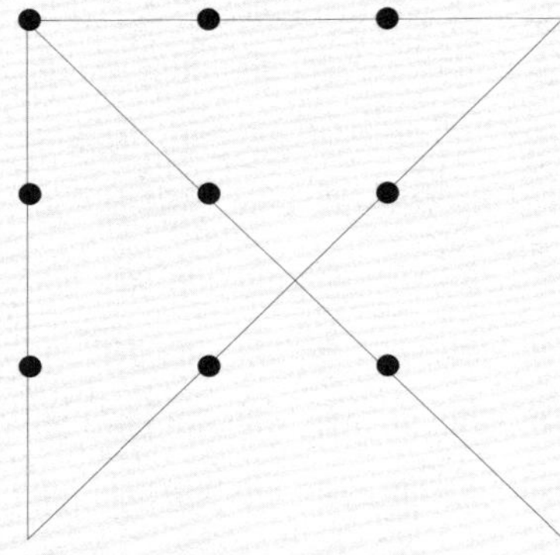

해답_ 52쪽 퍼즐에 대한 해답

3장

말씀을 손에서 놓지 마라

경이로워할 수 있는 능력은 다른 피조물에게는 없는, 인간에게만 주어진 선물이다. 이 선물은 하나님의 신비에 대해 탐구하게 하는 무한한 에너지와 열정을 준다. 경이로움은 모든 알려진 것의 경계선을 무너뜨려 더 이상 현실성이 없어 보이는 대답들을 규명해 낸다. 경이로움의 모습은 영적 신비에 가깝다. 경이로움은 우리를 깨어 있게 하며 새로운 가능성에 대해 살아있게 만들어 준다. 아마도 다른 어떤 인간의 수용력도 하나님 앞에서 살아가려는 의지 안에 존재하는 경이로움보다 더 강하지 않을 것이다.

경이로움은 우리가 이미 주어진 해답으로 가득 차 있는 삶에 만족하지 않게 한다. 그러나 정보와 훈련이 없는 경이로움은 때때로 우리를 엉뚱한 길로 이끌 수 있다. 경이로움이라는 주어진 과제를 감당하기 위해서는 실제적인 도구가 필요하다. 성경이 바로 이런 도구의 역할을 한다.

성경에서 얻는 통찰력

성경 본문은 다양한 방식으로 접근할 수 있다. 사실 지난 여러 해 동안 내가 여기서 언급할 수 있는 것보다 훨씬 더 많은 성경연구 방법들이 소개되었다. 어떤 사람은 성경을 역사로 읽는다. 어떤 사람은 성경이 과학적 이론과 부합되지 않는다는 의심의 눈초리로 성경을 읽는다. 또 어떤 사람은 문학 비평의 눈으로 성경을 읽는다. 그리고 많은 사람은 성경의 아무 페이지나 펼쳐도 개인적인 질문에 대해 정확한 해답을 찾을 수 있다고 믿는 믿음으로 성경을 읽는다. 또한 많은 그리스도인들은 진리가 결집된 본문의 집합체가 성경이라고 여기면서 성경을 교리의 원천으로 생각하며 읽는다.

나는 학자들이 내놓은 성경 해석의 결과들을 인정하고 감사하게 생각한다. 그분들의 연구 결과는 정말 중요하다. 그러나 이런 비판적인 접근을 넘어서서 성경의 진리 안으로 들어가기 위해 성경을 읽고 그 결과로 하나님의 현존하심 안으로 들어가는 길은 여러 갈래가 있다. 우리가 다루는 것은 성경이지 성경에 대해 기록한 글이 아니다. 성경은 읽는 데서 끝나서는 안 된다. 성경을 읽는 것이 우리를 하나님께로 인도해야만 한다. 우리는 성경이나 교리가 아니라 먼저 하나님과 교제해야만 한다. 우리가 그분 앞에서 살아가고 있기 때문이다.

우리는 이제 경건한 그리스도인들이 말씀을 대해왔던 독창적인 방법들 가운데 한 가지를 검토해 볼 것이다. 이 접근법을 발견하기 위해 나는 시간을 거슬러 올라가 초기의 수도사들이 성경을 대하던 방식을 살펴보기로 했다. 초기의 수도사들은 성경이 증거하는 하나님을 경험하기 위해 성경의 문자 속에서 하나님의 말씀을 만나는 데 집중했지 교리 체계를 구축하는 데는 관심이 없었다. 주후 590년부터 604년까지 교회를 다스렸던 그레고리Gregory the Great 교황은 성경을 대하는 그리스도인들의 믿음과 생활에 대한 통찰력을 보여 준다.

성 그레고리를 통해 얻는 통찰력

그레고리 1세는 개혁적인 교황이었다. 그는 우리가 하나님 앞에서 두 가지 방식으로 살아가고 있다고 믿었다. 한 가지는 긍휼에서 우러나온 섬김과 사역 같은 활동적인 삶이다. 여기에는 가르치거나 배고픈 사람들을 먹이거나 하나님을 떠나 방황하는 영혼들을 구원하는 것이 포함된다. 또 다른 한 가지는 묵상의 삶이다.

묵상하는 삶을 통해 사람들은 섬김과 긍휼에서 우러나온 활동적인 사역을 떠나 휴식을 취하면서 기도와 하나님을 묵상하는 데 자신을 내어드린다. 많은 신앙의 선배들처럼 그레고리는 마리아와 마르다의 예를 들면서 묵상에 대한 자신의 견해를 설명했다. 마르다는 요리하고 식사를 준비하는 일에 분주했다. 반면 마리아는 예수님과 대화하며 그분을 돌보면서 그분의 발아래 앉아 있었다.

그레고리는 삶을 세상과 관계된 활동적인 일과 하나님을 묵상하는 조용한 일로 나누면서 우리가 긍휼과 묵상 사이에서 어느 한쪽을 선택해야만 한다고 말하고 있는 것은 아니다. 그는 그리스도를 따르는 이들이 이웃을 섬기는 일에 소홀해지지 않도록 격려했다. 그레고리는 형제 자매들이 도움이 필요할 때 그들을 도우라고 했다. 하지만 끊임없이 교회 내부에 존재하는 필요를 채워주면서도, 묵상하는 삶을 더 중요하게 여겼다.

21세기를 살아가는 우리들 대부분은 기도의 삶과 섬김의 삶을 그레고리 교황처럼 날카롭게 구분하고 싶지 않을 것이다. 내가 생각하기에 신앙에 대한 그레고리 교황의 이해는 그 시대의 신학과 영적인 시각을 반영하는 것이다. 초대교회의 많은 교부들처럼 그레고리 교황은 인간의 죄 많음과 그가 때때로 빛으로 상징화시켰던 하나님의 무한하고 피할 수 없는 거룩함을 믿었다. 하나님과 사람 사이에 그리스도께서 중보자가 되신다. 그리스도께서는 하나님의 거룩함, 빛, 아름다움, 자비하심을 죄 많고, 어둡고, 무기력한 인간들에게 전달하신다. 그리스도께서는 하나님의 본성과 인간의 본성을 모두 다 가지고 계시기 때문에 거룩한 성령을 우리의 인간성 안으로, 우리의 인간성을 하나님의 임재 안으로 가져가실 수 있다.

그리스도인의 삶의 목표는 하나님과 깊고 심오한 관계를 맺어 하나님 안에서 살아가는 것이다. 그레고리 교황은 인간의 마음속에 있는 어두움을 비추는 태양과 같은 그리스도를 통해 하나님과 이런 관계를 맺었다. 하나님의 아들이 인간의 양심을 비추실 때, 죄로 가득 찬 캄캄한 밤은 사라지고 거룩한 빛줄기가 가득 차게 된다.

이런 내적인 변화는 말씀이신 주님과의 만남을 통해서 일어날 때가 많다. 주님과의 만남은 성찬식의 떡과 포도주를 통해서, 성경을 통해서 우리에게 찾아온다. 두 가지 경우 모두 동일한 말씀되신 주님이 우리를 만나 주신다. 묵상하는 중에 성경 본문이 우리에게 그리스도를 깊이 생각할 방법을 가르쳐 준다. 우리가 이 말씀을 묵상할 때 그리스도께서 성령을 통해 우리에게 말씀하신다. 그레고리 교황이 말한 것처럼 "성자는 말씀이시고 성령은 혀이시다. 성자는 성령을 통해 말씀하신다."

지속적으로 성경을 묵상할 때 우리는 하나님과 평화롭고 고요한 관계를 누리게 된다. 그레고리 교황은 묵상을 하나님과의 관계를 보장해 주는 기술로 이해하지 않았다. 오히려 묵상은 우리가 하나님을 향하게 하고 성경은 우리의 생각과 기도에 정보를 제공한다. 그러나 우리가 아무리 훈련한다고 해도 하나님이 응답하셔야 할 의무는 없다. 인간은 하나님을 조정할 수 없다.

따라서 우리는 가난함과 겸손의 정신으로 말씀에 기도와 같은 깊은 묵상의 태도로 접근해야만 한다. 물리적 힘으로는 하늘 문을 열 수 없다. 그러나 우리는 고용 계약을 맺은 종처럼 하나님의 집으로 인도되어야만 한다. 우리가 처한 상황의 궁핍함 때문에 우리는 겸손과 헌신과 사랑을 통해 하나님과 심오한 관계를 맺으며 자라간다. 그레고리 교황은 이 관계를 '하나님과의 연합'이라고 부른다. 종교개혁의 영향을 받은 내가 하나님과의 연합이라는 개념을 이해하는 것은 어려운 일이다. 내가 볼 때 인간과 하나님은 그런 방식으로 교제할 수 없다. 그러나 아마도 그레고리 교황은 부모와 자녀 사이에 혹은 연인 사이에 존재하는 일종의 친밀감과 같은 관계에 대해서 이야기하고 있는 것 같다. 성자께서 성부와, 성부께서 성자와 성령과 관계를 맺는 것처럼 우리는 하나님의 말씀을 묵상함으로써 이 관계 안으로 들어가게 된다.

위에서 말한 것들이 정말 사실일까? 하나님의 비전을 갖고 하나님과 연합하고 거룩한 삶을 살아가는 것이 가능한가? 그레고리 교황이 비전이라고 말할 때 그는 항상 물리적으로 보이는 것을 의미한 것은 아니라고 분명히 말했다. 주목해서 보는 것to look과 그냥 보는 것to see은 다르다. 그러나 그레고리 교황은 주목해서 보는 것a look이 사물을 붙들어 둘 수는 없지만 보고자 하는 욕망을 나타낸다고 했다. 당신이나 내가 가질 수 있는 비전이 어떠하든지, 여기서든지 아니면 하나님의 존재 앞에서든지 간에 보는 것은 궁극적인 비전의 출발점이 된다.

그레고리 교황은 일반적인 의미에서의 비전을 말하고자 하는 것은 아니었다. 왜냐하면 그가 정의한 비전은 이미지를 포함하고 있지 않았기 때문이다. 또한 비전은 이성적인 분석을 포함하지도 않는다. 오히려 보는 사람과 보이는 대상과의 연합을 의미한다. 훌륭한 일은 비전을 요구할 필요가 없다. 또한 금욕적인 활동이 비전을 만들어낼 수도 없다. 그러나 우리는 우리가 누구이며 우리 삶의 목적이 무엇인지에 대해서 회상함으로써, 성경을 묵상함으로써, 우리의 욕망과 동기를 순결하게 함으로써 비전을 준비할 수 있다. 분명 우리는 이 은사를 요구하지 않는다. 그러나 하나님은 그분의 목적에 따라서 선택하시고 그분의 본성을 계시하신다.

그레고리 교황은 성경과 대면하는 것에 대한 이런 신학적인 틀을 제시해 주었다. 그리고 성경을 대하는 목적은 하나님과의 친밀함이라는 사실을 분명히 제시해 주었다. 어떻게 우리가 그레고리 교황의 통찰력을 우리 논의의 구조 속으로 끌어올 수 있을까? 나는 그가 약간은 잔인하게 하나님과의 교제 단절, 어두움과 잘못된 방향으로 가득한 우리 인간들의 상태를 묘사했다고 생각한다. 그리스도께서는 당신의 죽으심과 부활을 통해 우리를 다시 하나님께로 이끌어 오셨다. 종교개혁 이전 시대를 살았던 그레고리 교황은 믿음의 역할에 대해 우리가 지금 보는 것처럼 명확하게 볼 수는 없었을 것이다.

그러나 그레고리 교황에 대한 우리들의 관심은 성경과 특별히 연관되어 있다. 세례식이나 성만찬식처럼 성경은 거룩한 임재를 가져다준다. 분명 그레고리 교황은 성경과 우리 영혼의 성장에 기여하는 성경의 역할에 대한 수준 높은 견해를 갖고 있었다.

그레고리 교황은 우리가 복음서나 바울서신을 읽을 때 그리스도께서 우리를 만나 주신다고 주장한다. 우리가 묵상할 때성경말씀에 대해 생각하고, 숙고하고, 질문을 던질 때 그리스도께서는 끊임없이 깊어지는 교제 안으로 우리를 끌어들이신다. 말씀을 통해 그리스도와 교제하는 것은 우리가 그의 사랑과 은혜와 자비로운 섭리를 인식하게 한다. 역시 이런 신성한 만남을 통해 그리스도께서는 우리의 죄와 불순종을 깨닫게 하신다.

그리스도께서 주시는 확신과 말씀을 통해 성령이 주시는 죄 씻음은 그리스도께로 나아가는 성장과 평안으로 우리를 인도한다. '내주하시는 그리스도'와 '그리스도와의 연합'에 대한 사도 바울의 비유들은 그레고리 교황이 연합이라 표현했던 것을 의미하는 것 같다. 만약 우리가 이 길로 계속 내려간다면 우리 마음과 정신은 그리스도를 증명해갈 것이다. 그리스도께서는 우리를 통해 생각하시고, 우리를 통해 이웃을 사랑하시고, 하나님의 뜻이 우리 안에 이루어지기를 소원하신다.

그림자와 어두움이 드리운 우리들의 내면생활은 지속적인 말씀 묵상을 통해 밖으로 드러난다. 죄의 고백과 죄 씻음은 어둠을 몰아내는 하나님의 빛을 향해 우리 영혼을 열어 준다. 우리들의 의식 깊은 곳을 비추는 성령의 빛은 하나님과의 관계를 더욱 깊고 풍요롭게 만들어 준다. 그 여정의 어느 순간, 우리들의 마음이 하나님 안에서 평안을 누리고 형상image 없이도 '보게 될 것이다'. 우리의 여정을 통해 도달할 얼마나 놀라운 목적지인가. 그곳은 감사와 기쁨으로 우리를 가득 채우시는 하나님과 교제하며 하나님의 비전을 갖게 되는 곳이다.

묵상하는 법

그레고리 교황에게서 우리는 다음과 같은 사실을 배운다. 하나님 앞에서 살아가는 삶은 성경을 묵상함으로써 풍성함과 실체substance를 얻게 된다. 그러나 그의 강력한 주장은 묵상이 무엇인지에 대한 의문을 안겨 준다. 묵상이란 무엇인가? 어떻게 하면 우리가 묵상하는 삶을 살아갈 수 있는가? 왜 묵상하는 데 방법이 필요한가?

성경에 대한 고전적인 묵상 방법 중 한 가지는 렉시오 디비나Lectio Divina 혹은 영적 독서spiritual reading라고 부르는 방법이다. 이 방법은 이집트의 사막에서, 혹은 안디옥을 중심으로 일어났던 경건 생활devotional life을 통해 혹은 알렉산드리아의 지적 축적에서 기원된 것인지도 모른다. 아무도 정확한 기원을 알 수 없다. 그러나 6세기경부터 성 베네딕트Benedict, 480~547로 추정의 지도 아래 수도생활을 하던 수도사들은 렉시오 디비나로 매일 기도생활을 훈련했다. 시편으로 기도하는 것과 성경 통독에 참여하는 공식적인 일정 이외에 베네딕트 수도사들은 매일 오랜 시간 성경을 묵상했다. 베네딕트 수도사들은 단어와 구절을 묵상하고 숙고하면서 성경을 통해 자신들의 나아갈 길을 찾았기 때문에 그들이 성경의 많은 부분을 암송하고 있었다는 사실이 그리 놀랄 일은 아니다. 어떤 사람은 성 베네딕트가 모든 수도사들에게 신약성경과 시편 전부를 암송하도록 했다고 한다.

렉시오 디비나는 성경구절을 천천히, 심사숙고하며, 묵상하는 방식으로 읽어가는 것을 말한다. 핵심은 얼마나 많은 성경구절을 읽느냐 하는 것이 아니다. 성경은 정보를 얻기 위해서가 아니라 그리스도와의 교제를 위해서 읽는 것이기 때문이다. 마음은 활동적이기보다는 수용적이다. 본문에서 새로운 통찰력이나 진리를 찾기보다는 본문이 당신을 발견하도록 해야 한다.

이런 묵상 방법이 하나님과의 연합을 저절로 가져다주지는 않는다. 묵상의 기술을 따라한다고 해서 반드시 그리스도를 만나는 것은 아니다. 이 같은 주장은 하나님과의 관계는 선물이지 노력으로 얻거나 기술로 조작해서 주어지는 것이 아니라는 그레고리 교황의 확신과 유사하다. 렉시오 디비나에는 정해진 순서가 있지만 융통성 없이 무조건 적용되는 규칙은 아니다.

성경을 통해 하나님과 만나는 방법에는 네 단계 과정이 있다. 렉시오lectio, 메디타티오meditatio, 오라티오oratio, 그리고 컨템플라티오contemplatio가 그것인데, 이 네 마디의 라틴어를 쉽게 번역하면 '읽기', '묵상', '기도' 그리고 '경청'이다. 사막의 수도사들은 이 네 단계를 체계적인 시스템으로 명명하지는 않았지만, 내 생각에 그들은 성경을 읽을 때 자신들에게 무슨 일이 일어나는지 알고 있었다.

먼저 본문을 읽고 경청하는 마음으로 본문을 생각했다.

두 번째로 다른 관점에서 본문을 생각했을 때, 본문이 삶의 일부분을 비추게 되고, 이런 더 깊은 인식이 더 깊은 생각의 단초들을 제공한다. 본문에 대한 묵상이 자신의 실체와 거룩한 존재에 좀 더 근접하게 만들어 준다.

세 번째로, 본문이 묵상하는 이의 삶에 존재하는 구체적인 필요와 연관될 때 그들은 그 문제를 놓고 기도했다. 기도할 때 더 깊은 통찰력을 얻게 되었고 그들의 삶은 더 활짝 열렸다.

네 번째로, 본문의 바다에 푹 빠질 때 그들의 관심이 자신에게서 하나님에게로 옮겨진다. 묵상을 통해 하나님과 점점 더 깊은 교제 속으로 빠져들게 된다. 그레고리 교황은 이것을 하나님과의 연합이라 불렀다. 경청은 교제로 인도할 뿐 아니라 비전을 보여준다. 환각 같은 이미지로서의 비전이 아니라 하나님에 대한 내적인 비전 말이다.

여러 차례 이런 네 단계를 경험하면서 그들은 이런 방식을 활용해 본문을 대하기 시작했다. 그리스도를 따르는 신실한 자들이 하나님 앞에서 살아가는 삶의 방식, 영혼을 살찌우는 삶의 방식을 발견했을 때 그들은 신앙의 동료들과 함께 이 방법을 공유했다.

성경을 이런 방식으로 읽고 묵상하는 방법을 사람들은 다양한 방식으로 설명한다. 어떤 사람은 이것을 소가 풀을 먹는 것으로 묘사했다. 먼저 소가 들판에서 풀을 뜯어먹는다. 이 과정은 본문을 읽는 것과 흡사하다. 두 번째로 소는 풀을 씹어 삼킨다. 씹어 삼키는 두 단계는 묵상하고 기도하는 단계와 유사하다. 소는 위장을 다 채운 후에 위장에 든 음식물을 게워 올려 다시 씹는다. 이 과정은 경청하는 단계와 유사하다.

어떤 사람은 렉시오 디비나의 과정을 포도를 먹는 것에 비유한다.

먼저 포도를 먹기 위해서는 포도를 손에 집어 들고 이곳저곳 돌려가면서 살펴본다. 두 번째로 포도를 입술이나 입에 가져와 혀로 잠시 굴려볼 것이다. 세 번째로 포도를 씹기 시작해 점점 더 잘게 만들 것이다. 완전히 씹고 나면 삼킨다. 네 번째로 당신이 삼킨 포도는 위장으로 들어가 육체를 위한 음식으로 바뀐다. 포도는 몸의 일부분이 된다. 렉시오 디비나를 통해 우리가 바라는 바는 말씀이라는 매개물을 통해 그리스도를 받아들이고 그리스도의 삶이 우리 안에서 내재화되는 것이다.

6세기까지 렉시오 디비나는 교회 경건생활에 잘 정착되었다. 분명 그레고리 교황도 베네딕트 수도사로 지낸 기간 동안 이 기도법을 사용했다. 아마도 그레고리 교황이 말씀 묵상을 하나님과의 교제에 필수적인 요소로 만든 이유는 자신이 그 유익을 직접 경험했기 때문일 것이다.

나는 우리도 하나님 앞에서 살아가기 위한 명확하고 단순한 습관으로 렉시오 디비나를 선택할 수 있다고 믿는다. 그렇게 생각하는 첫 번째 이유는 렉시오 디비나의 과정이 그리스도인의 삶에 잘 접목되어온 오랜 역사를 가지고 있기 때문이다. 그 과정은 또한 개신교도들이 선호했던 방식으로 성경 본문에 우리를 묶어준다. 그리고 이 방식으로 성경을 읽어야 하는 가장 거부할 수 없는 이유는 렉시오 디비나가 하나님과 우리를 연결시켜 준다는 데 있을 것이다.

초기 개신교도들은 이성에 매여 있었다. 그들은 성경을 읽고 이해하는 데 모든 노력을 쏟아 부었다. 반면 가톨릭 신비주의자들은 성경 말씀을 가볍게 여기고 하나님을 묵상하는 단계로 나아갔다. 개신교도들은 하나님을 경험하는 것을 이성적인 요구를 만족시키는 데서 그치고, 가톨릭 신비주의자들은 인지적이고 신학적인 바탕이 부족하다. 성경을 읽는 데서 출발해 하나님을 묵상하는 단계까지 명확하게 정렬된 렉시오 디비나의 과정은 이 두 가지 결핍 모두를 수정해 준다.

렉시오 디비나 연습

내가 생각할 때 렉시오 디비나를 가장 잘 배우는 법은 단계별 모델을 보여주는 것이다. 어깨 너머로, 내가 어떻게 성경본문을 이 네 가지 단계를 통해 묵상하는지 살펴보도록 하라.

먼저 성경의 짧은 본문을 선택한다. 이번 연습을 위해서 나는 포도나무 비유를 선택했다.

> 나는 참포도나무요 내 아버지는 농부라 무릇 내게 붙어 있어 열매를 맺지 아니하는 가지는 아버지께서 그것을 제거해 버리시고 무릇 열매를 맺는 가지는 더 열매를 맺게 하려 하여 그것을 깨끗하게 하시느니라 너희는 내가 일러준 말로 이미 깨끗하여졌으니 내 안에 거하라 나도 너희 안에 거하리라 가지가 포도나무에 붙어 있지 아니하면 스스로 열매를 맺을 수 없음 같이 너희도 내 안에 있지 아니하면 그러하리라 나는 포

도나무요 너희는 가지라 그가 내 안에, 내가 그 안에 거하면 사람이 열매를 많이 맺나니 나를 떠나서는 너희가 아무 것도 할 수 없음이라 사람이 내 안에 거하지 아니하면 가지처럼 밖에 버려져 마르나니 사람들이 그것을 모아다가 불에 던져 사르느니라 너희가 내 안에 거하고 내 말이 너희 안에 거하면 무엇이든지 원하는 대로 구하라 그리하면 이루리라 너희가 열매를 많이 맺으면 내 아버지께서 영광을 받으실 것이요 너희는 내 제자가 되리라요 15:1~8.

먼저 본문을 천천히 묵상하면서 읽는다. 그리고 관심을 끄는 단어나 구절을 집중해서 묵상한다. 이 본문을 읽을 때 몇 구절이 나를 사로잡았다.

"나는 참포도나무요"
"내 안에 거하라 나도 너희 안에 거하리라"
"나를 떠나서는 너희가 아무것도 할 수 없음이라"
"너희가 내 안에 거하고 내 말이 너희 안에 거하면 무엇이든지 원하는 대로 구하라 그리하면 이루리라"

이런 구절들을 선택하고 나면 이 본문을 대하는 첫 번째 단계를 마무리한 것이다. 나는 내게 말씀하시는 단어들에 귀 기울였다.

두 번째로는 본문을 묵상한다. 묵상이란 본문이 내 삶의 일부분과 연관되도록 본문에 대해 질문하고 본문을 내 마음속에서 이리 저리 뒤집어보면서 생각하는 의도적인 행동이다. 묵상이 본문을 읽을 때 생겨나는 표면적인 생각에서 그치는 것이 아니라 더 깊은 단계로 들어갈 때 더 많은 기도의 재료를 얻게 된다.

이제 내가 묵상한 내용들을 살펴보자.

"나를 떠나서는 너희가 아무것도 할 수 없음이라."

능력과 인도하심을 간구하며 당신을 의지한다는 것은 무엇을 의미하는가? 나는 이 놀라운 진리에 대해서 여러 차례 주님과 대화했다. "제가 더 깨달아야만 하는 것들이 있습니까?"

나는 지금 무슨 일을 하고 있는가? 나는 지금 어떤 사역을 시도하고 있는가? 나는 지금 목회자들과 평신도들을 대상으로 영성훈련 학위 프로그램을 계발하고 있다. 또한 다른 신학교에 이 프로그램을 제공하는 문제를 놓고 다른 신학교들과 협의하고 있다. 우리는 컬럼비아신학교의 목회학 석사 과정 학생들을 위해 영성 개발에 대한 학위과정을 시작했다. 또한 영적 인도Spiritual Direction에 대한 석사 과정을 시작하고 싶다. 이런 사역들은 내 사역의 핵심을 이루고 있다.

그리스도께서 간섭하지 않으신다면 나는 아무것도 할 수 없다. 아마도 프로그램을 기획하고, 커리큘럼을 만들고, 이 사역이 효과적인 방법으로 진행되도록 조절할 수는 있을 것이다. 하지만 그 모든 것이 그리스도께로부터 온 것이 아니라면 아무런 가치가 없다. 그분 없이는 아무것도 할 수 없다.

영성과 관련된 사역에 대한 내 희망과 꿈은 무엇인가? 컬럼비아신학교의 명성을 고양시키는 것인가? 나 자신의 왕국을 건설하려는 것인가? 나는 나 자신에 대해서 꽤나 잘 알고 있다. 하지만 만약 내가 사라질 영광을 위해서 일한다면 나는 나 자신에 대해 올바로 인식하지 못한 것이다. 완벽함이나 절대적인 동기의 순수성을 요구하는 것이 아니다. 그것은 불가능하기 때문이다. 나는 교회를 염려한다. 특별히 내가 속해 있는 장로교회PCUSA를 염려한다. 나는 교회에 소금과 누룩과 빛이 되는 갱신된 목회자들과 힘찬 평신도 지도자들이 나타나기를 소망한다. 내 희망은 그리스도께 근거한다. 그분은 교회를 새롭게 하려는 이런 겸손한 노력들을 사용하신다. 나는 그분 없이 아무것도 할 수 없다.

그리스도와 관계된 삶에 있어서 나는 어떤 부분에 주의해야만 하는가? 내가 관심을 가지고 있는 내 삶의 모든 부분은 신실한 제자가 되는 데 있다. 삶을 되돌아볼 때 후회되는 아주 부끄러운 실패의 파편들을 보게 된다. 지난 20여 년 동안 내 삶 속에 들어와 있는 주님의 뜻 때문에 그리스도를 향한 깊은 열망을 느꼈다. 나는 다양한 훈련을 받았고 그분의 사역에 헌신해 왔으며 신뢰할 만한 제자가 되기 위해 아주 많이 기도했다. 나는 이 본문을 통해 그리스도를 떠나서는 모든 노력이 아무런 가치가 없다는 사실을 알게 되었다. 그리스도께서 어떠한 초대를 하셨든지 나는 응했고, 성령이 어떻게 움직이셨든지 나는 움직였고, 그 어떠한 은혜가 나에게 임했든지 그 은혜만이 나의 전부였다. 그리스도 없이 나는 아무것도 할 수 없다.

이와 같은 무능력은 수동적인 상태에 머물러 있어야만 한다는 뜻인가? 아니다. 그리스도께서 원하시는 방법은 아주 다르다. 당신은 당신이 일하고 있는지 아니면 그리스도께서 당신을 통해 일하고 계시는지에 대해서 절대로 확신할 수 없다. 다른 말로 하면 자주 우리는 일하시는 분이 그분이신지 아니면 우리 자신인지에 대해서 인식하지 못한다.

"나를 떠나서는 너희가 아무것도 할 수 없음이라"라는 구절에 대해 질문을 던지는 것이 내가 본문을 묵상하는 방법이다. 묵상이 어떻게 더 깊은 생각과 느낌과 기도의 단계로 이끌어 가는지를 주의해서 살펴보라. 그 순간 나는 영혼이 꿰뚫어지고 열리는 것을 느꼈다. 마치 편지칼로 편지봉투를 여는 것처럼 내 영혼이 열리는 것을 느꼈다. 벌거벗겨지고, 백일하에 드러나는 것을 느꼈다. 내가 선택한 다른 구절들도 묵상의 주제가 될 수 있다. 그러나 위에 소개한 부분만으로도 렉시오 디비나의 두 번째 단계를 명확하게 보여 준다. 그리고 다음 단계인 오라티오로 나아가는 길을 준비해 준다.

세 번째로 본문이 오늘 내 삶과 연관되어 있는 방식에 대해서 기도한다. 본문이 내 마음에 자리 잡았을 때 마음속에 솟아나는 생각들은 다음과 같았다.

"나는 참포도나무요."

예수님은 내 삶의 참 근원이시다. 의미 있고 가치 있는 모든 일은 그분에게서 시작된다. 그러나 나는 자주 소위 생명의 근원이라고 하는 다른 근원들에 한눈을 판다. 어떤 날은 내 힘을 생명의 근원으로 여긴다. 그러면 삶은 건조해져 간다. 나는 내가 가진 소유로 인해 안전이 보장된다는 생각으로 가득찬 내 마음을 발견한다. 주님, 당신이 내 생명의 근원이십니다. 이런 엉뚱한 생각의 싹들은 잘라내시고, 당신의 임재에 대한 감각을 새롭게 하소서.

"내 안에 거하라 나도 너희 안에 거하리라."

주님, 이 본문을 다시 읽었을 때 참 포도나무 구절을 읽고 드린 제 기도에 응답하시는 것 같았습니다. 제 비밀은 제 영혼이 당신의 손 안에서 휴식을 취하기 위해 당신 안에 거하는 것입니다. 당신은 제 삶에 더 많은 가지치기를 하는 것에 대해서는 한 마디도 말씀하지 않으십니다. 그러나 당신께 초점을 맞추라고, 당신을 중심으로 살아가라고 말씀하십니다. 저는 "내가 너희 안에 거하는 것같이"라고 하신 말씀에 주목합니다. 저는 참 포도나무이신 당신께 접붙임 받았기 때문입니다. 당신은 벌써 제 안에 들어와 계십니다. 그리고 당신이 제 안에 들어와 계신 것을 깨닫도록 저를 초대하고 계십니다. 당신은 저도 동일한 방식으로 당신 안에 거하기를 원하십니다. 이건 정말 신비로운 일입니다.

"나를 떠나서는 너희가 아무것도 할 수 없느니라."

제 자신의 힘으로 당신의 일을 할 수 있다고 생각하는 것은 거의 본능적인 사고의 패턴입니다. 당신께서는 하나님의 일은 오직 하나님만이 이루실 수 있다는 사실을 재확인해 주셨습니다. 그러나 여전히 당신께 귀 기울일 때 당신의 말씀은 저를 정죄하지도 심판하지도 않습니다. 당신은 온유하게 말씀하시며 기억나게 하십니다. 그래서 즐거이 당신의 말씀을 듣습니다. 당신과 함께라면 모든 것이 가능하다는 당신의 제안을 받아들입니다.

"너희가 내 안에 거하고 내 말이 너희 안에 거하면 무엇이든지 원하는 대로 구하라. 그리하면 이루리라."

얼마나 대단한 약속인지요. 얼마나 확신에 찬 말씀인지요. 당신은 저를 제 인생의 핵심적인 초점으로 되돌려 놓았습니다. 당신 안에 거하는 것이 제 인생이 초점을 맞춰야 하는 핵심입니다. 그 결과 어떤 것이라도 간구할 수 있는 약속을 주셨고, 구할 때 응답해 주신다는 약속도 주셨습니다. 당신은 제가 당신 안에 거할 때 이미 당신이 제 안에 거하고 있는 것처럼 폭력적이거나 미친 것을 요구하지 않을 것을 아십니다. 제 안에 거하는 당신과 당신의 말에 거하는 것이 제가 간구할 제목을 알려줍니다. 제 기도는 제 안에 계신 당신의 기도가 됩니다. 하나님께 간구하는 당신의 기도는 항상 응답받습니다.

당신이 이 본문을 통해 저에게 말씀하신 것을 돌이켜볼 때 당신이 제 삶의 원천이라는 사실을 명확하게 깨달을 수 있습니다. 제가 누구인지, 무엇을 해야 하는지는 당신으로부터 출발합니다. 제 존재 자체는 당신으로부터 기원합니다. 당신이 지속적으로 제 안에 거하시는 것처럼 제가 당신 안에 거할 때 생명의 근원에 연결될 수 있습니다. 제 안에 계신 당신의 현존하심을 떠나거나 저를 통해 일하시는 당신의 능력을 떠나서는 당신의 왕국을 위해 가치 있는 일을 할 수 없습니다. 그러나 제가 당신 안에 거하고 당신의 말씀이 제 삶에 뿌리박고 있으면 그 어떤 것정말 그 어떤 것이라도 간구할 수 있는 특권을 가지게 되고 그 간구는 응답될 것입니다. 오, 주님! 당신께 감사드립니다. 저를 향한 당신의 말씀에 진심으로 감사드립니다.

어떻게 기도가 묵상으로 되돌아오고 묵상이 기도로 표현되는지 주목해 보라. "나는 참포도나무요"라는 표현에 대한 묵상은 그리스도에 대해서 객관적으로 생각하는 것에서부터 시작되었다. 그러나 곧 내 의식은 그리스도에 '대해서 생각하는 것' 에서 그리스도와 '대화하는 것' 으로 변화되었다.

네 번째로 나는 성경 본문을 경청한다. 경청은 본문과 함께 시작한다. 하지만 본문을 그리스도하나님의 현존하심으로 들어가는 수단으로 이용한다. 이 순간 이 세상에서 구조화된 내 존재방식이 그리스도의 말씀으로 점검되는 것을 깨닫는다. 그리스도께서는 나의 직업적인 삶과 개인적인 삶에 그분의 도우심이 필요한 것들에 대해 내게 해답을 주신다. 그분을 떠나서는 아무것도 할 수 없다. 이 사실을 깨닫고 나서 나는 그분의 현존하심 안으로 들어가기를, 그분 앞에 있기를 마음 깊이 소원했다.

그 현존하심 안으로 들어가는 것이 내가 아무것도 아니라는 생각,

나의 무력감, 신실한 그리스도의 제자가 되고자 하는 내 모든 생각들을 뛰어넘게 만들어 준다. 경청은 생각과 느낌과 욕망과 의도를 뛰어넘어 있는 존재 상태를 만들어낸다. 경청으로 들어가는 길은 모든 것을 "버리라"고 요구한다. 오직 그분을 인정하고 그분만을 사랑하라고 요구한다.

> 경청할 동안에 나는 두 눈을 감고, 번갈아가면서 두 문장에 대해서 생각했다.
>
> "나를 떠나서는 아무것도 할 수 없다."
>
> "내 안에 거하면 모든 것을 할 수 있다."
>
> 나는 이 두 문장을 주문 외우듯이 두세 번 반복해서 외웠다. 그러면 그 문장의 단어들이 떨어져 나가기 시작하고 결국 "나는 아무것도 할 수 없다. 나는 아무것도 할 수 없다"고 고백하는 자신을 발견하게 된다. 마침내 모든 단어들이 떨어져 나가고 다른 차원으로 접어든다.
>
> 주의가 산만해지기 시작한다. 아내가 마루를 가로질러 2층으로 올라간다. 비행기가 굉음을 내며 지나간다. 어떻게 다시 마음의 초점을 잡을 수 있을지 당황스러웠다.
>
> 이런 방해물들과 싸운 후에 나는 마음속에 그려놓은 그리스도의 하얀 이미지로 방향을 선회했다. 내 영혼 깊은 곳에 내가 그분을 자주 만났던 장소가 있는 것 같다. 내가 이 중심으로 찾아 들어가면 그분은 거기 계신다. 예외가 없었다.

주님께 집중하면서 내면에 있는 주님을 만나는 장소에서 조용히 잠잠히 기다리는 데 실패하여 실망했기 때문에 나 스스로의 노력으로 그분을 만나려고 애쓰기 시작했다. 내 노력이 실패했을 때 내가 그분에 대해 깊은 인식을 갖고 있든 그렇지 않든 간에 그분은 나를 알고 계신다는 느낌에 이르렀다.

잠시 동안 나는 그분이 나를 인식하고 계신다는 사실을 깨달았다. 그 순간 아무런 생각도 나지 않았고, 투쟁도 없었고, 어떤 배고픔이나 두려움도 없었다. 오직 평화만이 나를 감싸고 있었다.

또다시 방해를 받았다. 전화벨이 울렸고 아내가 아래층으로 내려왔다. 그 순간 나는 내 삶의 평화되신 그리스도에게 연결되어 있는 거룩한 현존에 대한 묵상을 즐기고 있었다.

위에 제시한 렉시오 디비나의 모델을 공부할 때에 다음 사실을 꼭 기억하기 바란다. 나는 어떤 특정한 날의 일화들을 여러분들에게 제시한 것이다. 위에 제시한 예를 법칙이나 규범으로 생각하지 말아야 한다. 보여준 예를 모방하려고 하지 말아야 한다. 독자들에게 이 모델을 제시한 것은 단순히 독자들에게 렉시오 디비나의 네 단계에 대한 접근법을 소개하기 위한 것이다.

렉시오 디비나를 함께 나누라

사막의 옛 수도사들이 렉시오 디비나를 공동체에서 나누었는지 나누지 않았는지 확신할 수는 없다. 하지만 최근에 나는 성경공부 모임에서 렉시오 디비나를 통해 말씀을 나누는 것이 도움이 된다는 것을 발견했다. 몇 년 전 내가 잘 아는 한 자매가 성경공부 모임에서 렉시오 디비나를 가르쳤다. 렉시오 디비나를 성경에 대한 개인 경건 생활의 방법으로 공부한 후에 그룹 안에서 렉시오 디비나를 나누는 방법을 소개해 주었다. 그녀가 이 아이디어를 냈는지, 다른 누군가가 가르쳐 주었는지는 확실하지 않다. 따라서 먼저 그 나눔의 원형을 확인하지 못하고 여러분들에게 소개하는 것에 대해 양해를 구한다.

렉시오Lectio_ 하나님의 말씀을 읽으라

1. 한 사람이 선택된 말씀을 큰 소리로 두 번 읽으라. 말씀을 읽는 동안 그룹에 속한 사람들은 자신에게 특별히 의미 있게 다가오는 부분에 집중하라.
2. 1~2분 동안 침묵하라. 각자 조용히 침묵하면서 자신의 관심을 끄는 단어나 구절을 마음속으로 계속 반복해 읽으라.
3. 소리 내어 나누라. 각자 상세히 부연 설명하지 말고 단어나 구절을 반복하라.

메디타티오Meditatio_ 하나님의 말씀을 묵상하라

1. 두 번째 사람이 동일한 성경본문을 읽으라.
2. 2~3분 동안 침묵하라. 그룹에 속한 모든 참여자들은 다음 질문을 묵상하라. "방금 읽은 말씀의 내용이 오늘 내 삶에 어떤 부분을 터치하는가?"
3. 다음의 내용을 소리 내어 나누라. 각 사람은 다음의 내용을 간단하게 나누라. 오늘 읽은 성경 말씀이 자신에게 어떤 의미로 다가오는가? 예를 들어 나는 OOO을 들었어요. 나는 OOO을 보았어요. 나는 OOO에 도전을 받았어요.

오라티오Oratio_ 하나님께 반응하라

1. 세 번째 사람이 동일한 성경본문을 읽으라.
2. 2~3분 동안 침묵하라. 각자 하나님께서 자신에게 어떻게 반응하기를 원하시는지 묵상하라.
3. 소리 내어 나누라. 그룹에 속한 각 사람이 간단하게 자발적인 기도를 드려라. 하나님의 부르심에 대한 자신의 반응을 표현하라.

컨템플라티오Contemplatio_ 하나님 안에 거하라

1. 네 번째 사람이 동일한 성경본문을 읽으라.
2. 렉시오 디비나에 참여하고 있는 사람들이 말씀 안에 2~3분간 조용히 안식하라.

3. 모든 사람들이 소리 내어 "우리 하나님 아버지"라고 말하라.

오페라티오Operatio_ 행동으로 반응하라

1. 다섯 번째 사람이 동일한 본문을 읽으라.
2. 1~2분 동안 침묵하라. 각 사람은 다음 질문을 묵상하라. "하나님께서는 내가 어떤 일을 행하기를 원하시는가? 어떤 단어나 어떤 구절을 받아들여 적용해야 하는가?"
3. 소리 내어 나누라. 렉시오 디비나에 참여한 각 사람은 자신이 삶에서 실천하도록 도전한 단어나 구절에 대해서 간단히 나누라.

마무리

성경을 통해 그리스도를 만나는 이 방법이 어떻게 당신을 영적으로 변화시킬 수 있는지 알겠는가? 어떻게 렉시오 디비나를 적용하는 것이 당신 안에 있는 하나님의 현존하심에 대한 인식을 더 민감하게 만드는지 볼 수 있는가? 그리고 이제 이런 방식으로 성경을 읽는 것이 어떻게 분별력의 기준을 제시하는지 이해하는가? 우리가 성경을 통해 그리스도를 추구할 때 이런 모든 성장의 징후들이 주어진다.

이런 식으로 성경을 읽어가는 접근법을 개인적인 훈련생활에 풍성하게 적용할 수 있는 방법을 생각해 보라. 또한 렉시오 디비나를 소개할 만한 그룹이 있는지 생각해 보라.

묵상과 토론을 위한 질문

1. 성경은 어떻게 하나님의 현존하심을 전하고 있는가?

2. 성경말씀을 읽고 묵상해야 하는 이유는 무엇인가?

3. 렉시오 디비나를 통해 말씀을 묵상할 때 가장 적합한 순서는 어떤 것인가? 이 순서는 당신이 평소에 성경을 읽는 방식과 어떤 점에서 같고 어떤 점에서 다른가?

영성 일기 쓰기

1. 간략한 성경본문을 선택하라. 앞에서 소개한 예를 따라 성경을 읽고, 묵상하고, 주신 기도제목에 대해 기도하고, 주어진 본문을 경청하며 실습한 내용을 기록해 보라.

2. 이 과정이 마무리되면 렉시오 디비나를 경험하면서 느낀 점을 기록해 보라.

4장

사소한 거짓말에도 넘어가지 마라

하나님 앞에서 살아가려고 애쓰면 애쓸수록 오랜 역사를 간직한 거짓말에 직면하게 된다. 이 거짓말은 인류의 기억 깊숙한 곳으로 거슬러 올라가는 진리에 대한 질문이다. 내가 가장 큰 거짓말이라고 부르는 이 거짓말은 인간의 의식과 더불어 탄생했다. 오래된 역사를 가진 왜곡된 진실에 직면하는 것은 의식이 깨어나는 바로 그 순간부터 마지막 숨을 거둘 때까지 계속해서 우리 모두를 위협한다. 때때로 이 거짓말은 너무나 가까이 있어서 우리가 그 거짓말로부터 벗어날 수 없을 것 같이 보인다. 이 거짓말은 마치 궁극적인 진리에 대한 우리의 갈망과 씨줄 날줄로 엮여 직조된 옷감처럼 가깝게 느껴진다.

이 거짓말은 우리가 살아있는 믿음에 이르기 전 우리들의 귀에 메아리친다. 인생의 방향에 대해 묵상할 때 우리의 의식에 스며든다. 또한 가장 존귀하신 하나님의 정직하고 순종적인 종으로 살아갈 우리의 운명에 대해 생각할 때 우리를 떠나지 않고 괴롭힌다.

무엇이 가장 큰 거짓말인가? 어떤 의미에서 모든 유혹은 진리에 대한 질문으로 귀결된다. 이 거짓말이 주장하는 내용을 대수롭지 않게 여기며 잊어버리기 전에 우리 마음의 불신의 가능성을 생각해 보라. 우리는 하나님의 백성으로서 하나님의 신실하심에 대한 확고부동한 신뢰를 드러내 보여야만 한다. 아담과 하와는 이 사실을 알고 있었다. 그러나 뱀이 그들을 잘못된 길로 인도하도록 내버려 두었다. 초대교회의 전통에 따라 이 시험에 대한 해석을 살펴보기로 하자.

첫 번째 유혹

> 그런데 뱀은 여호와 하나님이 지으신 들짐승 중에 가장 간교하니라 뱀이 여자에게 물어 이르되 하나님이 참으로 너희에게 동산 모든 나무의 열매를 먹지 말라 하시더냐 여자가 뱀에게 말하되 동산 나무의 열매를 우리가 먹을 수 있으나 동산 중앙에 있는 나무의 열매는 하나님의 말씀에 너희는 먹지도 말고 만지지도 말라 너희가 죽을까 하노라 하셨느니라 뱀이 여자에게 이르되 너희가 결코 죽지 아니하리라 너희가 그것을 먹는 날에는 너희 눈이 밝아져 하나님과 같이 되어 선악을 알 줄 하나님이 아심이니라 여자가 그 나무를 본즉 먹음직도 하고 보암직도 하고 지혜롭게 할 만큼 탐스럽기도 한 나무인지라 여자가 그 열매를 따먹고 자기와 함께 있는 남편에게도 주매 그도 먹은지라 이에 그들의 눈이 밝

아져 자기들이 벗은 줄을 알고 무화과나무 잎을 엮어 치마로 삼았더라 그들이 그날 바람이 불 때 동산에 거니시는 여호와 하나님의 소리를 듣고 아담과 그의 아내가 여호와 하나님의 낯을 피하여 동산 나무 사이에 숨은지라 여호와 하나님이 아담을 부르시며 그에게 이르시되 네가 어디 있느냐 이르되 내가 동산에서 하나님의 소리를 듣고 내가 벗었으므로 두려워하여 숨었나이다창 3:1~10.

히브리어 성경 첫 부분에 등장하는 이 이야기는 창조자 하나님의 신실하심과 진실하심을 의심하는 최초의 유혹 기사를 담고 있다. 이 이야기를 '타락'에 대한 역사적 이야기로 받아들이든지 아니면 고대 문학이나 신화의 일부분으로 받아들이든지 간에 그것은 그리 중요한 문제가 아니다. 어떻게 받아들이든지 간에 이 이야기에 함축된 의미는 동일하다. 인간의 의식이 깨어나는 순간 '창조질서와 조화되지 않는 이질적인 목소리'가 그 목소리가 간교한 동물의 목소리이든, 사단이나 악마의 목소리이든 그것은 문제가 되지 않는다 하나님의 신실하심에 대해 의문을 제기했다.

사단의 주장은 이러했다.

"하나님이 참으로 너희에게 동산 모든 나무의 열매를 먹지 말라 하시더냐?"

하와가 재빠르게 대답했다.

"동산 나무의 열매를 우리가 먹을 수 있으나 동산 중앙에 있는 나무의 열매는 하나님의 말씀에 너희는 먹지도 말고 만지지도 말라 너희가 죽을까 하노라 하셨느니라."

다시 사단이 하나님의 진실성을 공격했다.

"너희가 결코 죽지 아니하리라 너희가 그것을 먹는 날에는 너희 눈이 밝아져 하나님과 같이 되어 선악을 알 줄 하나님이 아심이니라."

사단은 최초의 부부에게 주신 하나님의 말씀을 부인했을 뿐만 아니라 하나님은 신뢰할 수 없는 분이며 인간이 하나님의 신성에 참여하지 못하도록 막고 있다는 암시를 넌지시 내비친다. 사단은 동산 중앙에 있는 나무의 실과를 먹음으로써 아담과 하와가 하나님같이 될 수 있다고 이야기했다. 또한 하나님을 하나님으로 신뢰할 수 없고, 하나님은 아담과 하와에게 하나님의 본성과 교제하는 것을 허락하지 않는다고 주장했다.

우리들의 조상 아담과 하와는 그 거짓말을 믿고 선악을 알게 하는 나무의 실과를 따먹었다. 그 결과 아담과 하와는 서로 관계가 소원疏遠해졌고 하나님과의 관계도 소원해졌다. 이 타락은, 참 하나님으로부터 분리되어 우리 자신이 신이 된 것처럼 우리가 우리에게로 관심을 돌릴 때마다 어김없이 일어난다. 아담과 하와처럼 우리도 하나님께서 우리 이름을 부르실 때 두려워한다.

이 타락의 핵심에 아주 단순한 신뢰의 문제가 자리하고 있다. 당신은 하나님의 선하심을 신뢰할 수 없다. 당신은 하나님의 뜻과 목적을 신뢰할 수 없다. 당신이 성실하게 살아간다 하더라도 당신의 필요를 채우시는 하나님을 신뢰할 수 없다. 에덴동산에서 첫 타락이 일어난 그날부터 지금까지 인류는 에덴동산의 유혹에 약한 모습을 보여 왔고, 거룩한 목적을 완벽하게 이루시는 하나님의 선하심과 신실하심과 진실하심을 불신하는 경향을 보여 왔다.

마귀가 "너희가 그것을 먹는 날에는 너희 눈이 밝아져 하나님과 같이 되어 선악을 알 줄 하나님이 아심이니라"라고 말했을 때 인류의 조상들의 마음속에는 사악한 의심이 새겨졌다.

당신은 사단의 존재를 믿는가?

자, 그러면 당신에게 한 가지 화두를 던져 주겠다. 당신은 사단의 존재를 믿는가? 나 또한 이 질문에 대해 고민해 보았다.

나는 어떤 기독교 모임에서 영적 성장을 위한 강의를 해달라는 요청을 받았다. 강의는 질의 응답과 소그룹 나눔, 기도로 시작되었다. 첫째 날 저녁, 강의를 마무리하고 참석한 사람들에게 작별인사를 하고 있을 때 한 자매가 "교수님은 인격적인personal 사단의 존재를 믿으시나요?"라고 물었다.

그 질문에 대해 다음과 같이 대답한 것으로 기억한다.

"저는 이 세상에 악의 세력이 존재한다고 믿습니다."

그녀는 이렇게 말했다.

"그렇다면 인격적인 사단의 존재를 믿지 않고도 인격적인 하나님을 믿을 수 있나요?"

그녀의 질문은 순간 나를 약간 멈칫하게 만들었다. 나는 이렇게 대답했다.

"제 생각에 자매님은 인격적인 사단의 존재를 믿지 않고도 하나님을 믿을 수 있다고 생각하는 것 같군요. 그러나 저는 이 세상에서 역사하고 있는 하나님의 뜻과 하나님께 대항하는 권력과 세력이 존재한다고 믿습니다."

그녀는 이렇게 반응했다.

"그렇게 말씀해 주셔서 기쁘군요. 왜냐하면 목사님이 인격적인 사단의 존재를 믿지 않는다면 제가 이렇게 주말을 몽땅 투자해 목사님의 강의를 듣는 것이 허사라고 생각했거든요."

그날 저녁 집에 도착한 후, 나는 이 질문들을 스스로에게 다시 던져보았다. 나는 정말 인격적인 사단의 존재를 믿고 있는가? 사단을 남성으로 표현해도 될지 모르겠지만 그는사단은 어떤 존재인가? 이 세상과 인간의 마음속에서 역사하고 있는 적대적인 세력이 존재하는가? 성경은 이 문제에 대해서 무엇이라고 말씀하시는가? 이 악의 세력에 대해서 내가 경험한 것은 무엇인가?

사단에 대해서 심각한 의심을 품고 있었던 내 친구 중 한 명이 70년대 초반 애틀랜타에 있는 빌리 그레이엄 전도집회의 진행을 맡게 되었다. 그날 밤 집회가 시작되기 전 그는 빌리 그레이엄 목사와 집회 진행진들을 즐겁게 해주었다. 그리고 저녁 식사를 하는 동안 그 친구는 자신은 인격적인 사단의 존재를 믿지 않는다는 말을 무심코 내뱉었다.

빌리 그레이엄 목사는 매력적인 미소를 지으며 이렇게 대답했다.

"이 집회가 끝나기 전에 당신은 인격적인 사단의 존재를 믿게 될 것입니다."

다음날 내 친구는 이상한 일이 일어나기 시작했다고 말했다. 행사 기획자들은 사람들을 신속하게 행사장으로 이동시키는 운송 시스템을 만들어 두었다. 그런데 집회가 시작되는 날 밤, 버스 운전사들이 살쾡이를 들이받았다. 살쾡이들은 사흘 연속 버스와 충돌했다.

다음으로 우리와 반대편에 선 애틀랜타의 한 흑인 지도자가 지역 신문 머리기사에 등장했다. 그는 빌리 그레이엄 전도집회가 백인들의 종교요 흑인들은 백인들 틈에 흡수되어 버렸다고 주장했다. 그는 집회가 열리는 경기장을 둘러서서 어떤 흑인도 집회에 참석하지 못하도록 했다.

그 외에 또 다른 어려움이 발생했다. 행사 기획자들은 좋은 스피커를 설치하고 고장이 났을 때 대체할 시스템까지 준비해 두었다. 그러나 집회 첫째 날 밤 준비된 스피커 시스템과 대체할 시스템까지 말썽을 일으켜 참석자들은 강사의 메시지를 제대로 듣지 못했다. 내 친구는 "그때가 사단의 존재를 믿기 시작한 주간이야!"라고 말하며 이야기를 마무리했다.

이런 일련의 사건을 가지고 사단의 존재를 증명해 보려는 것은 아니다. 그저 그 집회에서 일어난 세 가지 주요 사건들이 나를 놀라게 했다는 것이다.

몇 해 전 여름, 나는 애틀랜타에서 파트타임 레지던트로 일하던 카렌 홀Karen Hall이 쓴 소설 「어두운 빚」*Dark Debts*을 읽었다. 그 소설의 아주 짧은 한 장이 사단의 존재에 대한 문제를 다루고 있다. 홀의 관점을 이해하기 위해 몇 페이지를 요약한다.[3)]

두 명의 성직자들이 귀신을 쫓아내기 위해 축사를 시도하고 있었다. 그 장면은 영화 〈엑소시스트〉The Exorcist, 12세 소녀의 몸에 깃들인 악령을 퇴치하기 위하여 사투를 벌이는 신부들의 이야기를 그린 영화 _역자주 에서처럼 극적이지는 않았지만 축사를 행하는 나이 많은 성직자 밥과 젊고 회의적인 성직자 마이클 사이의 대화를 통해 저자 홀은 많은 현대인들이 사단에 대해 품고 있는 생각들을 다루었다.

그 두 사람이 축사를 시작하려고 준비하고 있을 때 귀신들린 사람이 마귀의 목소리로 마이클의 삶에 가장 개인적이고 숨겨진 죄악들을 폭로했다. 마이클은 숨겨진 죄악들이 폭로되자 망연자실했다. 그는 그 방을 떠나면서 악의 존재와 세력에 직면했다고 확신했다. 두 사람의 대화는 이렇게 진행되었다.

마이클이 밥에게 말했다.

"이해되도록 제대로 설명해 주세요."

밥이 설명하기 시작했다.

"자네는 하나님을 믿기 때문에 영의 개념을 믿지."

"그렇습니다."

밥이 계속해서 말했다.

"만약 자네가 선한 영에 대해서 믿는다면 왜 악한 영이 존재한다는 사실을 믿기 어려운가?"

마이클이 대답했다.

"그래요. 저는 '루시퍼', '사단', '마귀를 쫓아내신 예수님' 같은 단어들을 자주 씁니다. 저는 그런 표현들이 비유적인 것이라고 생각해요. 하지만 밥, 당신은 사단의 존재를 믿으시나요?"

밥이 이렇게 대답했다.

"나는 뿔이 달려 있고 쇠스랑을 들고 다니는 작고 붉은 악마는 믿지 않아. 내 생각에 그런 이미지는 모든 게 복합적으로 작용해 만들어진 것 같아. 아마도 악의 세력이 겹겹이 역사해서 생긴 것 같아. 적어도 두 종류의 악을 생각할 수 있어. 두 종류의 악이란 인류 안에 있는 악과 인류를 넘어서 있는 더 큰 악이야. 내가 생각할 때 그들은 천국의 계급 조직과 비슷하다고 생각해. 다시 말하면 하나님, 성도들, 그리고 천사들의 등급이 있는 것처럼 사단, 마귀들, 더 작은 마귀들로 구분된다는 거지. 사단이 어떻게 생겼는지는 하나님이 어떻게 생겼는지에 대해서 아는 것보다 더 몰라. 내가 사단에 대해서 아는 것은 큰 악이 인간의 영역 안으로 침입해 우리가 이해할 수 있는 수준으로 표현될 때 드러나는 수준이야. 악의 세력은 막연하거나 애매한 그 어떤 힘이 아니지. 악은 실제로 존재해. 우리가 사는 방 안에, 자네의 얼굴에 실제로 존재하는 거야. 악은 개인적이고 인격적이지."

악의 세력에 대한 저자의 묘사 방식은 내가 이해하고 경험한 부분과 많은 부분 일치하는 것 같다. 나는 '뿔이 달리고 쇠스랑을 들고 있는 작고 붉은 악마'를 믿지 않는다. 그러나 나는 우리가 이해할 수 있는 방법으로 의사를 표현하는 악의 세력이 존재한다고 믿는다. 그리고 그런 방식으로 의사를 표현하는 악의 세력으로 인해 도전받고 때때로 억압당한다.

당신은 어떤가? 당신도 사단이라는 악의 세력이 당신이 아주 깊이 믿고 있는 사실들에 대해서 도전하는 음성을 들은 적이 있는가? '당신의 면전에서' 당신이 무엇을 해야 하는지, 무엇을 믿어야 하는지, 무엇을 의심해야 하는지를 말해 주는 이 부정적이고 '인격적인' 악의 능력이 존재한다고 느낀 적은 없는가? 당신이 그 음성에 순종했다면 비극적인 실수를 저지른 것이다.

사단은 거짓말쟁이

유대인들과의 대결에서 예수님께서는 우리를 대적하고 하나님의 뜻을 대적하는 자의 본성을 명확하게 드러내 보여주셨다. 예수님께서는 사단을 거짓말쟁이요, 거짓의 아비요, 본성이 타락하고 사기성이 농후한 존재라고 설명하셨다. 우리에게 대항하는 사단의 음성은 거짓말한다. 사도요한은 유대인들과 예수님의 대결을 이렇게 묘사한다.

> 예수께서 이르시되 하나님이 너희 아버지였으면 너희가 나를 사랑하였으리니 이는 내가 하나님께로부터 나와서 왔음이라 나는 스스로 온 것이 아니요 아버지께서 나를 보내신 것이니라 어찌하여 내 말을 깨닫지 못하느냐 이는 내 말을 들을 줄 알지 못함이로다 너희는 너희 아비 마귀에게서 났으니 너희 아비의 욕심대로 너희도 행하고자 하느니라 그는 처음부터 살인한 자요 진리가 그 속에 없으므로 진리에 서지 못하고 거짓을 말할 때마다 제 것으로 말하나니 이는 그가 거짓말쟁이요 거짓의 아비가 되었음이라 내가 진리를 말하므로 너희가 나를 믿지 아니하는도다 너희 중에 누가 나를 죄로 책잡겠느냐 내가 진리를 말하는데도 어찌하여 나를 믿지 아니하느냐 하나님께 속한 자는 하나님의 말씀을 듣나니 너희가 듣지 아니함은 하나님께 속하지 아니하였음이로다 요 8:42~47.

본문에서 예수님께서는 우리를 기만하는 사단의 음성이 가진 본성을 폭로하신다. 예수님은 특별히 자신을 죽이려 하는 유대 지도자들을 향해 말씀하셨다. 유대 지도자들은 자기 조상이 아브라함이라고 말했지만 예수님께서는 그들이 그들의 아비 사단으로부터 기원한 존재들이라고 말씀하시면서 그들의 주장이 가진 불합리성을 분명히 드러내 보여주셨다. 예수님께서는 마귀의 정체를 '거짓말쟁이요 거짓의 아비'로 규정하셨다. 예수님이 지적하신 사단의 가장 주요한 특성은 속임수다.

예수님께서는 경험을 통해 사단이 가장 큰 거짓말쟁이라는 사실을 아셨다. 예수님께서는 광야에서 세 가지 시험을 받으셨을 때 사단을 경험하셨다.

> 네가 만일 하나님의 아들이어든
> "명하여 이 돌들로 떡덩이가 되게 하라."
> "성전 꼭대기에서 뛰어내리라 기록되었으되 그가 너를 위하여 그의 사자들을 명하시리니 그들이 손으로 너를 받들어 발이 돌에 부딪히지 않게 하리로다." 거짓말!
> "만일 내게 엎드려 경배하면 이 모든 것(천하만국과 그 영광)을 네게 주리라." 또 거짓말!

만약 사단이 거짓말쟁이이고 모든 거짓말의 아비라면, 온 세상을 속이기 위해 태어난 존재이다. 당신은 사단이 하는 거짓말이 무엇이라고 생각하는가?

사단은 사람들에게 하나님이 없다고 말한다. 그것은 거짓말이다. 그러나 가장 큰 거짓말은 아니다. 어떤 사람은 그 거짓말에 넘어가지만 대부분의 사람들은 눈을 들어 해질녘의 석양과 달이 떠오르는 것이나 꽃이 피는 것을 보고도 그 말이 거짓이라는 사실을 알게 된다.

사단은 사람들에게 이렇게 말한다. 하나님은 존재할 수도 있다. 그러나 그분은 사람들의 삶에 개입하지 않으신다. 사단은 우리가 다음과 같이 믿도록 만든다. 하나님은 세상을 창조하시고 태엽을 감아놓으시고 제대로 기능하도록 만드신 후 은하계의 또 다른 곳에 물러나 계신다고 말한다. 그러나 이것 역시 거짓말이지만 가장 큰 거짓말은 아니다.

그는 고통 받는 사람들에게 이렇게 말한다. 하나님은 그들의 고통을 완화하기 위해 무언가 행하실 수 있지만 아무것도 행하지 않으실 것이다. 이것은 거짓말이다. 그러나 가장 큰 거짓말은 아니다.

사단은 하나님의 무심함 때문에 흔들리지 않을 사람들에게 이렇게 말한다. 하나님은 그들을 돕고 싶어하시지만 도울 수 없다. 큰, 아주 큰 거짓말이다. 그러나 여전히 가장 큰 거짓말은 아니다.

사단의 가장 큰 거짓말은 따로 있다. 이제 내가 소개할 거짓말이 가장 큰 거짓말이다. 왜냐하면 그 거짓말은 대부분의 사람들에게 영향을 미치고 가장 광범위하게 영향을 미치며, 가장 파괴적인 힘을 가지고 있기 때문이다.

사단의 가장 큰 거짓말은 바로 "당신은 하나님을 하나님으로 믿을 수 없다"는 것이다.

우리는 하나님을 우리를 돌보시는 분으로 신뢰할 수 없다. 우리는 하나님을 우리를 채우시는 분으로 신뢰할 수 없다. 우리는 우리에게 나쁜 일이 생길 때 하나님을 신뢰할 수 없다. 이와 같은 수천 가지의 거짓말들이 하나님의 진실성을 공격한다. 우리의 영혼을 쏟아지는 의심으로부터 보호하기 위해 우리는 하나님의 자비 안에서 피난처를 찾는다.

거짓말에 대항해 싸우라

하나님의 임재를 경험하는 삶을 진지하게 추구해 가는 사람치고 사단의 음성과 대면하지 않은 사람을 보지 못했다. 사단의 음성은 우리 영혼에 혼돈과 의심을 불러일으킨다. 성경에 등장하는 가장 첫 번째 음성은 창조자 하나님의 목소리이다. 그러나 두 번째 소리는 혼돈의 목소리이다. 그 혼돈의 목소리는 하나님의 창조적인 말씀에 저항하며 거룩하신 하나님의 존재 앞에서 신실하게 살아가려는 사람들의 확신을 흔들어 놓는다. 나는 이런 사람들을 여러 곳에서 만났다.

내가 캘리포니아에 있는 한 교회에서 강연을 마쳤을 때 굉장히 멋진 자매가 나에게 다가왔다. 그녀는 이렇게 물었다. "왜 제가 하나님께 귀 기울이는 것에 대해 두려워해야 하죠?"

나는 이렇게 대답했다.

"잘 모르겠어요. 왜 그렇게 생각하죠?"

그녀는 이렇게 대답했다.

"제 생각에는 하나님께서 제게 말씀하실 내용에 더해서 두려워하는 것 같아요."

"하나님께서 자매에게 뭐라고 말씀하실 것 같아요?"

"제가 가장 두려워하거나 걱정하거나 하고 싶지 않은 일을 말씀하실 것 같아요."

나는 이렇게 물었다.

"그런 생각이 하나님께 귀 기울이지 못하게 하나요?"

그녀는 하나님을 하나님으로 신뢰할 수 없다는 사단의 가장 큰 거짓말로 인해 두려움에 휩싸여 있었다. 사단은 이렇게 말한다.

"만약 당신이 하나님께 삶을 내어드리고 그분이 원하시는 대로 당신의 삶에 행하시기를 허락한다면 하나님은 곧바로 상상할 수 있는 가장 최악의 것을 행하라고 요구하실 것이다."

이것이 하나님의 참 성품인가?

나도 그런 사단의 음성과 싸웠던 경험이 있다. 대학에 다닐 때 나는 하나님께서 나를 아프리카로 부르실까 봐 두려워하고 있었다. 아프리카에 정말 가기 싫었기 때문이다. 타문화권에 선교사로 부름 받는다는 것은 나에게 가장 큰 두려움이었다. 그래서 학교에서 선교 집회가 있을 때마다 참석하지 않았다. 집회에 참여하지 않는다면 하나님께서 나를 부르지 않으실 거라 생각했다. 나의 두려움은 하나님을 하나님으로 신뢰하지 않았기 때문에 생겨난 것이다. 하나님께서는 분명 나의 은사를 알고 계시며, 그 은사가 어디에 사용될 때 가장 잘 사용될 수 있는지를 알고 계시며, 좋으시고 사랑 많으신 하나님께서는 내 인생을 파괴하기를 원하시는 것이 아니라 내 인생을 사용하시고 내 인생을 향한 계획을 완성하기를 원하신다.

어떤 사람은 고통이나 불행이나 절망의 수렁 속에서 하나님이 신뢰할 만한 분이 아니라는 거짓말을 믿기 시작한다. 그들은 악의 세력에 직면할 때 그 거짓말을 부인하거나 저항할 힘이 없다.

얼마 전에 나는 제니라는 학생을 만난 적이 있다. 그녀는 수많은 악과 대면하여 굳게 서 있었고 그녀에게 덤벼드는 모든 거짓말에 저항했다. 사단의 가장 큰 거짓말을 믿어야 될 이유가 있는 사람이 있다면 그녀가 바로 그런 사람이었다. 그녀는 욕설이 난무하는 집에서 자랐다. 부모님은 늘 싸웠고 아버지는 그녀와 형제자매들에게 폭력을 행사했고 정신적으로 괴롭혔다. 그녀의 엄마는 도움을 요청하는 심정으로 목사님과 상담했지만 그 목사님은 잔인한 남편과 결혼생활을 계속하라고 설득했다.

제니가 열다섯 살 되던 해에 아버지가 부엌칼을 가지고 어머니를 위협하는 모습을 보았다. 그녀는 겁에 질려 아버지의 등으로 달려들어 어머니를 죽이려는 아버지를 막아보려고 애썼다. 그녀가 아버지의 눈을 쳐다보았을 때 그 눈 속에서 본 것은 한 인간이 아니라 어두움밖에 없었다. 아버지를 쳐다보았을 때 그녀는 겁에 질렸고 압도당해 한마디 말도 할 수 없었다. 아버지는 그녀가 보는 앞에서 엄마를 죽였다. 아버지는 재판에 회부되어 유죄판결을 받았지만 감옥생활은 몇 년밖에 하지 않았다. 이런 경험들이 선하신 하나님에 대한 신뢰를 시험하지 않는가?

제니는 가수로 성공하기 위해 어린 나이에 고향을 떠나 뉴욕으로 갔다. 그러나 그녀는 가수가 되지 못했다. 가수가 되는 데 실패한 이후에 자동차에 마이크와 음향기기특별히 제작된 25,000달러나 되는 비싼 장비를 싣고 마지막 물건을 가지러 아파트로 올라갔다. 그리고 다시 내려왔을 때 어떤 사람이 차와 그녀의 모든 것, 값비싼 음향기기까지 훔쳐 가버린 것을 발견했다. 이 우주에 있는 어떤 세력이 이런 일을 허용했단 말인가?

이 비극은 또 다른 상실의 가장자리에서 겪은 것이었다. 몇 달 전에 그녀는 애인과 함께 캘리포니아로 여행을 떠났다. 남자친구는 여행에서 돌아온 지 얼마 되지 않아서 심장마비로 사망했다. 이런 상황은 마치 노도하는 바다의 파도처럼 하나의 재앙에 또 다른 재앙이 잇따라 그녀를 몰아치는 것 같았다.

2년 후에 그녀는 가스펠 음반을 만들기 위해 뉴욕으로 돌아왔다. 그러나 스튜디오는 대체용 가수로 스트립쇼의 무희를 고용했다. 그녀는 그 프로젝트를 포기했다.

그녀가 뉴욕에 있는 동안 그녀는 컴퓨터 회사를 컨설팅해 주는 좋은 직업을 얻었고 빠르게 진급했다. 회사 측은 그녀가 이전에 제안 받았던 것보다 훨씬 더 많은 돈을 벌기 위해 시카고로 옮길 것을 제안했다. 뉴욕시를 떠나기 바로 직전에 그녀는 맥도날드에서 음료를 구입하고, 롤러블레이드를 타러 센트럴 파크Central Park로 가고 있었다. 그녀는 공원으로 가는 길에 스케이트를 신다가 넘어져 다리가 심하게 부러졌다. 그녀의 다리는 정상인의 두 배로 부어올랐다. 그녀가 퇴원해 고향으로 돌아온 이후에 목사가 그녀를 심방했다. 목사가 이렇게 물었다.

"자매님은 이제 어떤 일을 하고 싶습니까?"

그녀는 이렇게 대답했다.

"교회에서 일하면서 하나님을 섬기고 싶어요." 당신은 이런 대답을 상상할 수 있는가?

목사는 "그렇게 하세요."라고 말했다. 그래서 그녀는 사역을 준비하기 위해 애틀랜타에 있는 컬럼비아신학교에 입학했다.

그녀의 머리에 떠올랐던 사단이 영감한 대화를 상상할 수 있는가? "만약 하나님께서 너를 향해 선한 것을 원하신다면 왜 하나님께서는 어머니가 아버지와 함께 살도록 허락하시지? 왜 아버지가 네 눈앞에서 엄마를 살해하도록 허락하셨을까? 왜 하나님께서 애인이 죽는데도 그냥 계실까? 왜 불량배들이 네 재산을 훔쳐가도록 내버려 두시는 걸까? 왜 하나님께서 네 다리가 부러지도록 내버려 두셔서 직업을 잃게 만드실까? 하나님은 정말 존재할까? 하나님이 정말 너를 사랑하실까? 이보다 더 심한 일이 너에게 일어날 수 있단 말인가? 너는 이런 질문들 속에서 배신의 무게를 느끼지 못하는가?"

그리스도의 능력 안에서 하나님의 자녀가 된 그녀는 대답했다.

"아니오. 나는 당신을 믿을 수 없어요. 나는 내 삶을 주관하시는 하나님을 신뢰해요."

우리가 우리의 의지를 내려놓고 하나님께 맡길 때 얼마나 놀라운 능력이 우리 삶에 부어지는지 모른다.

질문에 대면하라

당신이 하나님의 나라를 진지하게 추구하고자 결정하면 모든 영혼의 대적과 대면하게 될 것이라고 확언할 수 있다. 이런 주장에 대해 반대하는 사람이 있더라도 별로 두렵지 않다. 당신은 "하나님은 믿을 만한 분이신가?"라는 질문을 던져보지 않고 살아갈 수 있는가. 아마도 당신은 제니가 당했던 것만큼 많은 상실을 경험하지는 않았을 것이다. 그러나 당신도 이런 비슷한 어려움을 경험하게 될지 모른다. 그리고 그 질문이 자연스럽게 머릿속에 떠오를 것이다.

우리는 각자 자신이 만들어 놓은 질서정연한 세계 속에 살아간다. 우리는 사건들이 어떻게 전개되어야 하는지, 그리고 그 일이 어떻게 되기를 바라는지 나름대로의 그림을 가지고 있다. 그러나 직장을 잃는다든지, 가까운 사람이 죽는다든지, 또는 생명을 위협하는 질병에 걸린다든지 하는 예기치 않은 사건들이 일어날 수 있다. 인생은 당신이 계획한 대로 굴러갈 수 없다. 당신의 계획은 꺾이게 된다. 당신이 가지고 있는 실재에 대한 그림이 파괴될 때 혼돈을 막아오던 모든 장벽들이 무너진다. 따라서 당신은 대홍수로 인해 흔들거리고 두려움과 혼합된 질문이 당신의 마음을 가득 채운다. 왜? 왜 하필 나인가? 하나님은 어디에 계시는가? 지금 나는 하나님을 신뢰할 수 있는가?

이런 혼돈의 순간에 직면했을 때 나는 먼저 도망치려 했고, 혼돈스런 경험이 나에게 일어나지 않은 것처럼 행동하려고 했다. 그러나 도망갔을 때 혼돈과 무질서는 늘 나를 덮쳤다. 수많은 실패를 경험한 이후에, 도망치는 행동이 내가 겪고 있는 혼란과 두려움을 경감시켜 주지 못한다는 사실이 명백해졌다.

나는 내가 겪고 있는 어두움이나 공허, 혼란에 직면하고 나 자신과 하나님에 대한 느낌을 받아들이는 것이 힘들기는 하지만 그렇게 하는 편이 더 좋다는 사실을 발견했다. 나는 마음속에 자리잡고 있는 부정적인 느낌을 인정하고 다음과 같은 피할 수 없는 질문을 다루려고 노력했다.

"내 삶의 모든 것이 하나님의 존재를 부인하고 있을 때에도 하나님을 신뢰할 수 있는가?"

이 질문을 억누르거나 당신을 괴롭히지 않는 것처럼 행동하는 것은 자기 기만으로 이끌 뿐이다. 부인否認은 그 다음 단계인 허위로 이끌어간다. 자신의 두려움을 경건한 가면 뒤에 숨긴다 해도 여전히 당신은 마음속 깊이 잠복해 있는 질문들을 알고 있다.

내가 저지른 또 다른 실수는 사단과 논쟁했다는 것이다. 때로는 이 질문에 대해 투쟁할 필요가 없다고 생각한다. 또한 과거에 내가 하나님을 믿었기 때문에, 그리고 다른 사람들이 하나님을 믿었기 때문에 지금 내가 하나님을 신뢰할 수 있다고 생각했다. 하나님을 믿을 수 있는가에 대한 이 논쟁은 진실이다. 그러나 그 논쟁은 고통당하는 사람들이 겪는 마음의 고통을 경감시켜 주지는 않는다.

나는 신뢰의 문제를 대면하는 가장 단순하고 정직한 방법이 기다리고 쉬는 데 있다는 사실을 발견했다. 보통 하나님 앞에서 내가 처한 상황을 인식한 이후에 "만약 하나님이?" 혹은 "왜 하나님이 ~하게 하셨는가?" 같은 내면의 음성을 듣기 시작한다. 당신이 그런 내면의 질문들을 그냥 내버려 둔다면 결국 그런 질문이 결코 이길 수 없는 사단과의 논쟁을 촉발시킬 것이다.

나는 논쟁이 시작될 때 이렇게 말함으로써 논쟁을 멈춘다.

"나는 이 문제에 대해 너와 논쟁하지 않을 것이다. 나는 하나님께 속해 있으며 하나님께서 나를 내버려 두지 않으실 것이다."

이렇게 말하면 논쟁은 끝나 버린다.

그런 후 나는 하나님을 바라본다. 상실과 혼란과 질문이 나를 하나님께로 향하게 만든다. 내가 이 자세를 취할 수 있을 때, 바로 그 순간 사단의 견제는 하나님의 의도로 변화된다. 나는 하나님 앞에서 하나님이 위기를 극복할 길을 보여주시기를 기대하며 열린 마음으로 기다린다. 지금까지는 하나님께서 결코 실패하지 않으셨다.

묵상과 토론을 위한 질문

1. 당신은 마귀나 사단이라는 단어의 의미를 어떻게 이해하고 있는가?

2. 예수님이 광야에서 사단과 싸우셨던 사건은 어떤 의미를 담고 있는가?

3. 당신은 하나님의 선하심을 의심하도록 유혹받았던 적이 있는가? 그런 경험을 다루는 방법에 대해 내가 제안한 내용이 도움이 되는가?

4. '하나님의 선하심을 불신하는 것' 이 모든 유혹의 핵심을 차지하고 있다는 것이 사실인가?

영성 일기 쓰기

1. 당신이 시험 당했던 때를 구체적으로 나열해 보라.

2. 그 시험 기간 중에 영성 일기 쓰기에 활용할 기간을 하나 선택하라. 당신의 인생에서 그 시간이 차지하는 의미를 깊이 생각해 보라. 그리고 "그때는 ~하던 때였다"라고 기록해 보라.

3. 그때의 경험에 대해 다음 문장으로 시작하는 글을 써보라.
"내가 시험 당했을 때 ~"

4. 이 경험을 통해 당신이 무엇을 배웠는지 짧은 문장으로 정리해 보라.

5장

영적 청각을 회복하라

하나님의 임재를 경험하는 삶이란 무엇인가? 우리의 관련된 모든 것 뿐만 아니라 우리 자신을 가장 잘 아시는 하나님, 바로 그 하나님과 더불어 우리 삶 속의 가장 깊은 감정과 갈증을 서로 나누는 삶을 의미한다. 우리들 대부분은 너무 오랫동안 우리 편에서의 일방적인 대화만 해왔지, 초월자로부터의 응답을 기대하지 않았다. 그러나 초월자이신 하나님이 말씀하시면 우리는 그 음성을 깨닫기 위해 열린 마음과 깨어 있는 자세로 하나님께서 말씀하시는 소리를 듣는 법을 배워야 한다.

우리는 얼마나 자주, 우리 안에 거하시는 초월자 하나님의 성품을 규정하는 언어를 잊어버리는가? 하나님은 말씀하시는 하나님이다. 만약 우리가 성경의 기록을 믿으려 하면 스스로를 나타내시는 하나님께서 먼저 우리에게 다가오시고 우리에게 필요한 말씀을 해 주신다. 하나님께서는 소리의 장벽을 무너뜨리고, 침묵을 깨뜨리고, 변화무쌍한 미디어를 통해 우리가 처한 상황에 대해 말씀하신다. 비유적으로 말하자면 '음성' 은 목소리와 음성기호를 의미할 뿐만 아니라 기호signs나 상징symbols이나 움직임movements을 의미한다. 말하자면, 하나님께 귀 기울이는 사람은 계속해서 말씀하시는 하나님의 언어를 배우기 위해 항상 하나님께 귀를 쫑긋이 세우고 있어야 한다.

하나님과 대화를 나누는 방법은 헤아릴 수 없을 정도로 많다. 우연히 성경을 펼쳐드는 사람이라도 그 놀라운 다양성을 알아챌 수 있을 정도다. 경청하려고 시도하면 우리는 하나님의 독백을 듣게 될 것이다. 곧바로 우리는 고독한 하나님이 대화로 우리에게 다가오신다는 사실을 발견하게 될 것이다. 하나님은 말씀하실 뿐 아니라 들으시는 분이다. 그리고 우리는 하나님께서 간접적인 언어의 직관적이고 상상을 동원한 인식을 통해서만이 아니라 명확하게 기름부음 받은 음성을 통해서도 말씀하신다는 사실을 알게 될 것이다. 하나님의 대화 방식을 배우면 자신을 말씀으로 계시하시는 하나님의 이야기와 성찬식의 상징적이고 소통하는 능력을 탐구하게 될 것이다.

하나님의 독백

성경의 첫 페이지에서 우리는 하나님의 독백을 만난다. 어떤 것으로부터의 자극도 없었지만 이 고독한 음성은 말씀하신다.

하나님이 이르시되 빛이 있으라 하시니 빛이 있었고 빛이 하나님이 보시기에 좋았더라 하나님이 빛과 어둠을 나누사 하나님이 빛을 낮이라 부르시고 어둠을 밤이라 부르시니라 저녁이 되고 아침이 되니 이는 첫째 날이니라창 1:3~5.

이 거침없는 음성은 창조의 시작을 알리며 말씀하시는 하나님을 우리들에게 소개해 준다.

"~ 가 있으라"는 최초의 단어의 필요성을 발견하기 전까지는 그 어느 누구도 어두움을 꿰뚫어 보지 못했다. 그리고 그 이후로 아무도 그렇게 하지 못했을 것이다. 많은 사람들이 창조의 목적에 관해 연구를 거듭했다. 역사와 성경에 힌트가 있지만 하나님의 창조목적은 여전히 신적인 신비 안에 감추어져 있다.

신약에 나오는 예수 그리스도의 삶과 사역에 대한 이야기에서 우리는 또다시 하나님의 독백을 발견한다. 그 음성은 하나님을 향해 말하거나 하나님을 부르는 어느 누구에 대한 응답으로 하신 말씀이 아니다. 일찍이 예수님께서는 세례를 받으시기 위해 요한에게 나아가셨다. 그리고 그때 하나님은 말씀하셨다. 예수님께서 세례를 받으실 때 하신 말씀은 나름의 이유가 있고 자발성이 있었다. 누가복음은 다음과 같이 하나님의 음성을 기록하고 있다.

백성이 다 세례를 받을새 예수도 세례를 받으시고 기도하실 때에 하늘

이 열리며 성령이 비둘기 같은 형체로 그의 위에 강림하시더니 하늘로 부터 소리가 나기를 너는 내 사랑하는 아들이라 내가 너를 기뻐하노라 하시니라눅 3:21~22.

"너는 내 사랑하는 아들이라 내가 너를 기뻐하노라"라는 하나님의 자발적인 말씀은 예수님의 신분을 명확히 정의해 주었고 예수님의 공생애 사역의 시작을 선언해 주었다. 혹자는 예수님의 순종이 하나님을 기쁘시게 했고, 그래서 하나님께서 자신의 기쁨을 표현하셨다고 주장하거나 혹은 예수님의 기도가 하나님 아버지의 기쁨을 이끌어내었다고 말한다. 그러나 내가 생각할 때 하나님의 음성은 자발적인 말씀이었다.

자의적이고 아주 강력하게 표현되는 하나님의 독백을 어떻게 우리는 그렇게도 쉽게 무시해 버릴 수 있는가? 우리는 하나님의 음성에 집중하지 못하는 것 같다. 아마도 떠들썩한 표현을 기대하기 때문이다. 그러나 하나님께서는 창조세계를 향하여 말씀하실 때 소리를 내지 않고 말씀하신다. 예수님이 세례를 받으실 때에 하나님께서 하신 말씀도 예수님을 제외하고는 그 누구도 듣지 못했다.

그럼에도 예수님이 하나님의 음성을 듣는 것은 중요했다. 하나님의 음성을 듣는 것이 하나님의 아들로서의 자신의 신분을 확증해 주었을 뿐만 아니라 광야의 시험을 직면할 힘을 주었기 때문이다. 이상하게도 광야에서 당한 시험은 모두 예수님의 신분에 초점이 맞춰져 있었다. "네가 만약 하나님의 아들이어든"이라는 말로 시작된 각각의 시험은 예수님을 사랑하는 아들로 인정하신 하나님의 선언을 불신하게 하는 직접적인 시험이었다.

우리들 역시 예수님이 경험하셨던 것과 같이 의식 속으로 찾아 들어오시는 하나님의 온화하고 자발적인 간섭하심을 자주 경험하지 않는가? 만약 우리가 그분께 귀 기울이고 있다면 이 방식이 하나님께서 우리에게 말씀하시는 하나의 통로가 되지 않는가?

하나님의 자발적인 독백이 나에게 말씀하셨던 다양한 순간을 기록해 두지는 않았지만, 그런 음성은 나에게 자주 들려왔다. 그런 음성을 들었을 때는 대개 깊은 통찰력이 필요했다. 특별히 중요한 문제가 걸려있는 경우에는 더더욱 그랬다. 어떤 경우에는 하나님이 말씀하시고 재빨리 그 음성의 증거를 첨부하시는 것 같았다.

나는 조지아 주 콘여스Conyers 근교에 있는 성령수도원the Monastery of the Holy Spirit에서 묵상의 시간을 보내는 동안 하나님의 독백이 들려온 순간을 기억하고 있다. 그때 나는 작은 책상 앞에 앉아 글을 쓰며 반나절 이상을 보냈다. 내가 책상에 앉자마자 하나님께서 말씀하셨다.

"리처드 프랭크를 만나라."

그날은 금요일이었다. 나는 하나님께서 말씀하신 내용을 바로 일기에 기록해 둘 정도로 '그 음성'에 감동했다.

나는 리처드를 알고 있었지만 가까운 친구는 아니었다. 나는 왜 하나님이 그렇게 말씀하셨는지 전혀 알 수 없었지만 그 지시를 따르려

했다. 하지만 흔히 그랬던 것처럼 얼른 실천에 옮기지는 못하고 있었다. 월요일이 되어서도 리처드 프랭크에게 연락하지 않고 있었다. 화요일 어느 수업시간에 한 그룹의 학생들이 주말 동안 리처드의 교회에 다녀온 내용을 이야기했다. 그들은 그 교회에서 일어나고 있는 일에 대해서는 한마디도 언급하지 않았지만 목회자의 이름을 언급했다. 그들이 목사의 이름을 언급하자마자 하나님의 음성이 기억났다.

"리처드 프랭크를 만나라."

바로 그날 리처드에게 전화를 걸었다. 대화를 시작했을 때 약간 어색하고 불편한 느낌이 들었다.

"리처드, 이렇게 급작스럽게 전화하게 돼서 나도 참 당혹스럽네. 그런데 지난주 수도원에서 이상한 일이 있었어."

나는 리처드에게 내가 들었던 음성과 그 인도하심에 순종하고자 했던 내 의도를 이야기했다.

그는 이해한 것 같아 보였다. 그리고 어리둥절한 내색도 전혀 하지 않았다. 몇 분간 인사를 나누고 그 동안 연락하지 못한 것에 대해 사과를 하고 나서 리처드는 자기 이야기를 털어놓기 시작했다.

그는 이렇게 질문했다.

"자네 우리 교회 성도들 가운데 무슨 일이 벌어지고 있는지 아나?"

"아니. 그걸 내가 어떻게 알겠나."

리처드는 자기가 처한 상황에 대해 이야기하기 시작했다.

"몇 달 동안 난 교회에서 나를 퇴진시키려는 사람들과 대치해 왔어. 일 년도 훨씬 전에 시작된 갈등이지만, 몇 달 전에 그 중에 한 사람이 내 사무실에 들어와 일기장을 훔쳐갔다네. 그리고 내 사적인 몸부림과 매서운 유혹을 기록해 둔 부분을 복사했다네. 그들은 내 일기를 성도들에게 뿌리고 내가 겪은 몸부림과 유혹을 흉악한 죄악으로 탈바꿈시켜 버렸지. 나는 모독을 당했고, 동료 목회자까지 이 일에 가담했네.

지난 주일 밤, 분쟁은 절정에 이르렀고 교단에서 파송된 위원회와 우리 교회 인사위원회가 만났어. 그들은 내가 즉시 사임하도록 요구했고 금년 안에 새로운 교역자를 찾을 것을 결정했네.

벤, 자네도 느끼겠지만 내 생각에 '리처드 프랭크에게 연락하라'고 하신 하나님의 음성에는 충분한 이유가 있어. 사실, 나는 그분의 음성과 자네의 연락을 하나님께서 나를 잊어버리지 않으셨다는 확신으로 받아들였다네. 고마워."

이런 일은 진짜 우연한 사건일 수 있다. 계몽주의 운동은 이런 사건을 우연으로 받아들이도록 만들었다. 그러나 하나님의 음성이 리처드에게 연락하도록 한 방식과 리처드가 자신을 발견한 상황과 타이밍은 뭔가 더 심오한 일이 일어나고 있다는 사실을 은연중에 보여준다. 하나님께서 리처드에게 연락하도록 지시하셨다는 사실을 증명할 수는 없다. 하지만 나는 그에게 연락할 이유가 전혀 없었다. 나는 이 세상을 창조하실 때와 예수님께서 세례 받으실 때에 독백으로 말씀하신 하나님께서 우리와 같은 평범한 사람들에게도 말씀하신다는 사실을 확신한다. 하나님 앞에서 살아가는 우리 삶의 과제는 그 음성을 듣고 분별하는 법을 배우는 것이다.

삼위 하나님과의 대화

하나님의 음성에 집중한다는 것은 때때로 우리에게 주어지는 온화한 힌트와 지시에 집중해야만 한다는 사실을 의미한다. 그러나 이것이 하나님의 음성을 듣는 유일한 방식은 아니다. 하나님께서는 영혼의 깊고 내면적인 감동을 통해서도 말씀하시지만 우리들의 직접적인 질문이나 관심사에 응답하시기도 한다.

우리는 창세기 초반부에서 하나님과 인간의 대화를 처음 접하게 된다. 아담과 하와가 동산 중앙에 있는 나무의 실과를 따먹은 이후에 하나님과 나눈 대화가 첫 번째 예이다.

> 그들이 그날 바람이 불 때 동산에 거니시는 여호와 하나님의 소리를 듣고 아담과 그의 아내가 여호와 하나님의 낯을 피하여 동산 나무 사이에 숨은지라 여호와 하나님이 아담을 부르시며 그에게 이르시되 네가 어디 있느냐 이르되 내가 동산에서 하나님의 소리를 듣고 내가 벗었으므로 두려워하여 숨었나이다 이르시되 누가 너의 벗었음을 네게 알렸느냐 내가 네게 먹지 말라 명한 그 나무 열매를 네가 먹었느냐 아담이 이르되 하나님이 주셔서 나와 함께 있게 하신 여자 그가 그 나무 열매를

내게 주므로 내가 먹었나이다 여호와 하나님이 여자에게 이르시되 네가 어찌하여 이렇게 하였느냐 여자가 이르되 뱀이 나를 꾀므로 내가 먹었나이다 창 3:8~13.

우리는 지금 인간의 양심이 눈뜨기 시작하는 역사적인 순간에 하나님과 인류가 나눈 대화를 보고 있다. 모든 성경은 생명력 있는 종교란 하나님과 인류 사이에 지속되는 대화로 구성되어 있다는 전제에 기초해 기록되어 있다. 구약에서는 하나님과 이스라엘 국가 사이에 그 대화가 이루어졌다. 신약에서는 그리스도와 그리스도를 따르는 제자들, 그리고 그리스도와 그의 몸된 교회 사이에 이루어졌다. 성육신 하신 예수님이 더 이상 그를 따르는 제자들과 육체로 거하실 수 없게 되었을 때, 그분은 성령을 통해 소통하셨다.

나는 성령을 그리스도의 우주적인 현현이라고 생각한다. 그리스도의 부활은 시간의 제한에서 그리스도를 해방시켰고, 승천은 공간의 제한에서 그리스도를 해방시켰다. 우주를 통한 성령의 부으심은 부활하신 주님께서 모든 순간과 모든 장소에 충만하시다는 사실을 말해준다. 이 현현은 우리가 그리스도와 지속적으로 대화할 수 있게 해준다.

사도 바울의 경험은 예수님께서 승천하신 이후에 하나님과의 대화를 예증해 준다. 사도 바울은 육체의 가시를 주님께 아뢰었다. 우리는 바울의 가시가 무엇인지 확실히 알 수 없다. 그것이 눈의 질병이었는지, 작은 키였는지, 아니면 어떤 육체적인 질병이었는지 알지 못한다. 그러나 그 가시가 무엇이든지 간에 바울은 그 가시가 그리스도를 섬기는 데 방해된다고 판단했다.

바울은 이렇게 기록하고 있다.

"이것이 내게서 떠나가게 하기 위하여 내가 세 번 주께 간구하였더니 나에게 이르시기를 내 은혜가 네게 족하도다 이는 내 능력이 약한 데서 온전하여짐이라 하신지라."

그래서 바울은 이렇게 응답했다.

"그러므로 도리어 크게 기뻐함으로 나의 여러 약한 것들에 대하여 자랑하리니 이는 그리스도의 능력이 내게 머물게 하려 함이라"고후 12:8~9.

바울이 주님과 나눈 대화는 아주 간단하게 기록되어 있다. 나는 고린도후서의 내용이 바울과 주님이 나눈 대화의 많은 부분들이 함축된 요약본이라고 생각한다. 바울과 주님 사이에 이루어진 이 대화가 어떠했는지를 정확히 알지는 못하지만 나는 두 분의 대화가 사도 바울의 마음속에서 이루어졌다고 생각한다. 바울은 자기 자신만의 단어와 사고 과정을 통해 주님과 대화했다. 우리가 누구이고 어디에 있는 사람이든지 간에에덴동산에 있었던 아담과 하와이든, 광야에 있었던 이스라엘 백성이든, 아시아에 있었던 사도 바울이든, 오늘 날을 살고 있는 우리이든 간에 하나님의 임재를 경험한다는 것은 우리가 현존하고 계시는 주님과의 대화 속으로 들어가는 것을 의미한다.

하나님과의 대화는 오늘 날에도 경험할 수 있다. 시간을 구별하고 조용히 묵상할 수 있는 곳을 준비하고 대화중에 자신을 하나님께 드리고자 원할 때 하나님의 음성을 들을 수 있다.

때로는 하나님이 우리 자신의 입술을 통해 말씀하신다는 사실을 알게 되면 당신은 놀랄 것이다. 하나님께서 내 입술을 통해 하나님의 견해를 피력하시는 것을 내가 처음으로 경험한 것은 40년도 훨씬 이전인 대학교 1학년때였다. 어떤 사람이 내게 프랭크 루박Frank C. Laubach이 쓴 「프랭크 루박의 편지」라는 소책자를 읽어 보라고 했다. 루박 박사가 이 편지를 썼을 때 그는 필리핀 선교사로 사역하고 있었다.

그는 그 책에서, 매일 저녁 시그널 언덕Signal Hill에 올라 도시를 내려다보며 하나님과 이야기한 내용들을 묘사하고 있다. 어느 날 밤 하나님과 대화를 하고나서 그는 주님께 자기 입술을 빌려드려야만 한다는 느낌을 받았다. 놀랍게도 말씀이 자기 음성을 통해 응답되기 시작했다. 그 말씀은 하나님께로부터 온 것 같았다. 이 말씀은 확정적이었고 예언적이기도 했다. 그는 이렇게 진술하고 있다.

"가장 최근의 경험 중, 현재 가장 짜릿한 실험은 하나님께서 내 혀를 사용하셔서 말씀하시게 하는 것이요, 하나님께서 내 손가락을 이용해 타이핑하시게 하는 것이다."

이제, 루박이 타자기 앞에 앉아 있을 때 받았던 계시의 내용을 소개하고자 한다.

프랭크 루박의 메시지

나는 네 혀를 통해서 뿐만 아니라 네가 자연 속에서 보는 모든 것들을 통해서 너에게 말한다. 이 석양의 아름다움을 통해서 이야기하며, 네가 말하는 것을 이해하지도 못하고, 구름 속에서 네가 보고 있는 것을 경이로워하며 네 옆에 서 있는 작은 모로족남부 필리핀 회교 말레이족_ 역자주 소년을 통해서도 이야기한다.

만약 때때로 내가 단어를 사용해 말하지 않는다면, 너에 대한 모든 실재를 언어라는 사물의 불완전한 상징으로는 모두 다 담아낼 수 없기 때문이다. 네 혀로 말할 필요가 없다. 심지어는 어떤 명확한 생각도 네 마음을 비출 필요가 없다. 왜냐하면 내가 너에게 줄 수 있는 그 어떤 것보다도 나 자신이 너에게 훨씬 더 중요하기 때문이다. 심지어 가장 번뜩이는 생각보다도 더 중요하기 때문이다. 그러므로 생각이 떠올랐을 때 그 생각을 받아들여라. 그리고 생각이 자유롭게 흘러가지 않을 때 그냥 편안하게 등을 기대고 앉아서 그 상황을 사랑해라. 그리고 나에게도 너에게 사랑받는 기쁨을 나누어 다오. 왜냐하면 본성적으로 최고의 순간에 너의 사랑이 네 주변의 모든 사람들에게 미치게 되는 것처럼, 나에게도 너희들 모두의 사랑에 대한 만족할 줄 모르는 욕구와 갈급함이 있기 때문이다.

너희들은 바보스럽게도 나를 두려워하거나 내 선물에 대해 거만해지는구나. 그러나 나 너의 하나님은 비굴한 복종보다는 사랑과 우정을 더 원한다. 그러므로 얘야. 우리가 서로 사랑하는 동안 나의 나눔은 너의 나눔만큼 섬세하고 적극적일 것이다.

그는 이야기를 계속 이어간다.

> 나는 이 편지에서 내 혀가 말하는 내용을 그대로 기록했다. 내가 기록한 그 어떤 내용을 예언으로 추천하고 싶어서 그렇게 한 것이 아니다. 그저 하나님과 그들 자신의 교제에 부족함을 느끼는 사람들과, 이 방법이 하나님과의 교제에 실제적인 도움이 된다는 것을 발견하게 될 사람들에게 이 방법이 유익하리라는 확신이 있기 때문이다.[4]

또 다른 대화도 잘 기록되어 있다. 나는 때로 루박이 말로 전달하는 대화가 어색해 보이고 어려워 보인다. 오히려 글로 기록된 대화가 훨씬 더 쉬워 보인다. 내게 대화를 기록하도록 처음 가르쳐 준 분은 아이라 프로고프Ira Progoff, 칼 융의 제자다. 대화를 기록하는 그분의 방법은 게슈탈트 테라피Gestalt therapy, 게슈탈트 심리학을 응용, 발전시킨 정신 치료 요법_역자주에서 사용하는 것과 유사하다. 프로고프가 진행하는 수업에는 한 번도 참석을 못했지만, 나는 그의 책 「저널 워크숍」*At a Journal Workshop*[5]을 읽고 그가 소개한 모든 연습문제를 풀어 보았다. 그가 가르쳐 준 방법대로 대화를 기록하는 기술을 사용해 기록을 남기는 작업은 시간을 투자해야 하는 과정이지만 그럴 만한 가치가 있다. 나는 그 작업이 나를 치유하고 통합하고 구원시켜 준다는 사실을 발견했다.

대화를 기록하는 작업을 통해 내가 배운 것은 나의 영성 일기를 기록하게 하는 데 기초가 되었다. 물론 이 유익은 프로고프가 의도했던 것이다. 나는 수업이나 워크숍, 리트릿에 참여하는 사람들에게 그리스도와의 대화를 기록하도록 한다. 마가복음에 나오는 중풍병자의 치유 사건을 읽은 후에 참석자들에게 주님께서 기거하시던 가버나움의 집에 예수님과 단 둘만 남아있다고 상상하게 한다. 그분의 현존하심 앞에서 그들은 의심되는 모든 질문을 던질 수 있다. 그들에게 떠오른 첫 질문을 기록한 이후에 자신에게 들려오는 응답에 귀 기울이게 한다. 그런 후 그 내용을 기록하게 한다. 더 질문할 내용이 없을 때까지 이 대화를 계속한다. 많은 사람들이 이런 과정을 통해 그리스도와 대화를 나누는 데 큰 도움을 받는다는 것을 발견했다.

대화에 대한 나의 관심은 다른 그리스도인들, 특히 기독교 작가들이 대화의 방법을 사용하는 특별한 방식에 대해 민감하게 반응하게 했다. 최근에 나는 카를로 카레토Carlo Carretto에 대한 세미나를 인도했다. 그의 책을 다시 읽는 동안 나는 그가 얼마나 자주 그리스도와 대화를 나누었는지를 발견했다. 「오시는 주님」에 나오는 카를로의 대화 내용 일부를 인용한다.

> "이것이 모든 것의 요약이다."
>
> "나는 더 이상 내가 사랑할 수 없다고 말할 수 없다. 왜냐하면 그분이 '내가 오순절에 자비를 베풀었노라' 라고 말씀하시기 때문이다."

"나는 더 이상 '사랑이란 것이 무엇입니까? 제가 그것을 어떻게 알 수 있겠습니까?' 라고 고집할 수 없다. 왜냐하면 그분이 나에게 '내가 한 것처럼 하거라. 내가 사랑한 것처럼 사랑해' 라고 말씀하실 것이기 때문이다."

"그러면 예수님, 당신께서는 어떻게 사랑하십니까?"

"나는 널 위해 죽기까지 사랑했단다. 너도 형제를 위해 목숨을 내어놓는 훈련을 하거라."

"주님, 그게 무슨 뜻입니까, 형제를 위해 목숨을 내어놓다니요? 저도 당신의 죽음과 같이 죽을 것을 소망해야 하는 겁니까?"

"아니다. 난 그렇게 생각하지 않아. 그리고 그렇게 되기도 원치 않는다. 왜냐하면 십자가의 의미는 기억해야겠지만, 십자가에 못 박혀 죽는 사람이 있어야만 한다는 사실이 좋지 않아. 네 형제를 위해 목숨을 내어놓는다는 의미를 설명해 주마. 잘 듣거라! 너희 원수를 사랑하며 너희를 미워하는 자를 선대하거라눅 6:27. 너의 이 뺨을 치는 자에게 저 뺨도 돌려 대거라눅 6:29. 너희 아버지의 자비로우심 같이 너희도 자비로운 자가 되거라눅 6:36. 비판하지 말거라 … 정죄하지 말거라 … 용서하거라" 눅 6:37.

"주님, 충분합니다. 충분해요. 저는 이 말씀들을 잊어버리는 습관이 있습니다. 그러니 쉬운 예를 들어 주세요."

"좋다. 탕자의 이야기를 읽어 보거라. 나는 용서하는 아버지란다."[6)]

이 대화를 읽으면서, 나는 하나님을 깊이 이해하는 경험을 했다. 카레토의 책은 하나님의 존전에 나아가 있는 깊은 의식으로부터 나온 글이다. 그는 하나님 앞에 앉아 하나님의 얼굴을 바라보며, 그분과 대화한다. 그리고 그 과정을 통해 자신에게 주어진 내용을 글로 남긴다. 그가 쓴 작품들은 하나님과 나눈 대화를 기록한 일기와 같다.

하나님께 대화를 통해 접근하는 방식은 루박이나 카레토 같은 성자들에게 뿐만 아니라 우리 같은 평범한 사람들에게도 유익하다. 하나님과의 대화는 우리 모든 삶의 적용에 적합한 방법이다. 기도나 묵상처럼, 대화를 기록하는 것은 하나님과의 더 깊은 교제로 우리를 이끌어 준다.

예언의 말씀

하나님의 자기 계시는 예언적인 표현을 통해 주어질 때가 많다. 하나님의 말씀이 하나님의 종에게 임한다. 그러면 하나님의 종은 자신의 마음을 새로운 가능성을 상징하는 진리와 이미지들로 가득 채운다. 하나님께서 계시하신 내용을 말하도록 강요하는 강한 충동이 예언자를 이끌어간다. 예언의 말씀은 하나님의 영에 감동을 받아 전달한 인간의 말이다. 거의 대부분 예언의 말씀은 "이스라엘의 하나님 여호와께서 이같이 말씀하시기를"로 시작된다. 그러나 아론의 누이 선지자 미리암의 경우 하나님께서 이스라엘을 바로의 손에서 구원하신 사건이 있은 이후에 노래로 예언의 말씀을 시작했다. 이스라엘 백성이 홍해를 건넌 후에 미리암이 손에 소고를 잡으매 모든 여인도 그를 따라 나오며 소고를 잡고 춤추었다.

"미리암이 그들에게 화답하여 이르되 너희는 여호와를 찬송하라 그는 높고 영화로우심이요 말과 그 탄 자를 바다에 던지셨음이로다 하였더라"출 15:21.

선지자 사무엘은 이렇게 말했다.

"이스라엘 자손에게 이르되 이스라엘 하나님 여호와께서 이같이 말씀하시기를 내가 이스라엘을 애굽에서 인도하여 내고 너희를 애굽인의 손과 너희를 압제하는 모든 나라의 손에서 건져내었느니라 하셨거늘 너희는 너희를 모든 재난과 고통 중에서 친히 구원하여 내신 너희의 하나님을 오늘 버리고 이르기를 우리 위에 왕을 세우라 하는도다 그런즉 이제 너희의 지파대로 천 명씩 여호와 앞에 나아오라"삼상 10:18~19.

이사야는 히스기야 왕에게 예언했다. 왕의 신하들이 이사야를 찾아왔을 때 이렇게 예언했다.

"너희는 너희 주에게 이렇게 말하라 여호와께서 이같이 말씀하시되 너희가 들은 바 앗수르 왕의 종들이 나를 능욕한 말로 말미암아 두려워하지 말라 보라 내가 영을 그의 속에 두리니 그가 소문을 듣고 그의 고국으로 돌아갈 것이며 또 내가 그를 그의 고국에서 칼에 죽게 하리라 하셨느니라"사 37:5~7.

예언의 말씀은 애굽에서의 구원이라든지, 백성들의 불신앙이라든지, 불확실한 미래를 직면한 상태에서 인도하심이나 확신이 필요할 때와 같은 특별한 상황에 대한 반응으로 주어진다. 하나님께서 감동시키신 말씀은 선지자들의 의식 깊은 곳에서부터 나와 선지자 자신의 준거 기준frame of reference을 통해 자신만의 단어를 사용해 표현되었다. 예언은 진리를 능력 있게 나타내 보여준다.

오늘날 사람들은 귀에 들리는 하나님의 직접적인 말씀을 잃어버렸다. 예언의 내용이 사기와 기만이 아닐까 하는 두려움은 미리암과 사무엘, 이사야를 통해 말씀하셨던 하나님의 계속되는 말씀을 배제시켜버렸다. 우리는 이렇게 합리화한다.

"확실히 하나님은 더 이상 말씀하지 않으셔. 만약 그분이 말씀하신다면 거의 확실히 우리에게 말씀하시는 것은 아닐 거야."

그러나 나는 예언의 영이 아직 죽지 않았고 여전히 말씀하신다는 사실을 확실히 믿는다.

왜냐하면 예언의 말씀이 완전히 망각되지도 않았고 우리들 중에 여전히 예언자들이 있기 때문이다. 나는 함께 가르치는 동료 교수 중에 예언자들이 있음을 확신한다. 그 중에는 예언의 은사를 가진 목사들도 있고, 위원회 모임이나 수업시간이나 개인적인 대화중에 예언의 은사를 나타내는 평신도 교수도 있다. 하나님 앞에서 살아가는 삶은 예언의 말씀에 귀 기울이고 다른 사람들을 통해서도 주어지는 하나님의 음성에 세밀하게 반응하는 삶을 의미한다.

그렇다면 하나님의 이 예언의 말씀은 우리들의 입술을 통해서 주어질 수 있다. 때때로 우리는 하나님께 예언의 말씀을 구한다. 경우에 따라서는 저절로 주어지기도 한다. 예언의 말씀은 우리가 그 내용을 말해야 한다는 확신을 준다.

예언의 말씀은 카를로 카레토의 글 속에서 그 예를 찾아볼 수 있다. 예언의 말씀은 그 음성 자체로는 어떤 주의도 끌지 않는다. 예언의 말씀은 본문 속에 너무나 자연스럽게 섞여 있어서 신중하게 찾아보지 않으면 놓칠 것이다. 예언적 말씀의 한 예는 카를로의 책 「오시는 주님」에 나온다. 이 메시지는 표면상으로는 하나님께서 카를로에게 주신 것이지만 읽어보면 카를로가 자신만이 아니라 우리 모두를 위해서 이 메시지를 듣고 있다는 사실을 쉽게 깨닫게 된다. 따라서 그에게 주어진 하나님의 메시지는 우리를 향한 예언의 말씀이 된다. 예수님께서 카를로 카레토에게 이렇게 말씀하셨다.

"너의 포옹을 받아들이기 전에 나는 네가 가진 충성의 증거를 원한다."

"너에게는 사랑이 없고, 이기주의로 똘똘 뭉쳐 있구나. 너를 위해 나 자신을 내어 주는 나를 너의 욕구를 위해서만 필요로 하는구나."

"넌 날 사랑한다고 믿고 있지만 현실적으로 보면 단지 너 자신을 사랑하고 있는 거야."

"항상 동일하지!"

"네가 너 자신과 네가 가진 것을 떠나기 위해서는 먼저 더 성숙해져야 한다."

"너의 유익을 위해 나는 내 소유를 버리고 너에게로 왔다."

"너도 그렇게 하거라."

"내가 매일 저녁 찾아왔던 것처럼 너의 모든 삶으로 나를 기다려라. 반드시 내가 너를 찾아갈 것이다. 하지만 너는 나를 볼 수 없을 것이다. 내가 너의 등불이 되어줄 것이다. 하지만 너는 그 사실을 깨닫지 못할 것이다. 내가 널 감싸 안아줄 것이다. 그러나 너는 아무것도 느끼지 못할 것이다."

"그러면 나는 단지 내가 네 하나님이기 때문에 네가 나를 사랑하는지, 아니면 내가 네 문제를 해결해 줄 수 있기 때문에 사랑하는지를 알게 될 것이다."

"있는 그대로 믿어라. 늘 찾아와 네 호기심을 충족시켜 주시기 위해 자신을 나타내 보이지는 않지만 네가 신실하고 겸손할 때 나타내 보이시는 하나님을 네 일생을 다해 기다려라."[7)]

하나님의 음성에 귀 기울이는 것은 교사나 설교자나 수련회 인도자들이 스스로를 준비하는 생산적이고 창의적인 방법이다. 우리가 하나님의 말씀을 말하지 않는다면 누구의 말을 하겠는가? 우리가 그리스도를 나타내려고 하지 않는다면 누구를 나타내겠는가? 언젠가 펜실베이니아주 허쉬Hershey에서 400여 명의 사역자들을 대상으로 강의를 한 적이 있다. 그때 나는 무슨 말을 해야 할지에 대해 주님께 질문했다. 세미한 음성 가운데 다음과 같은 말씀이 내게도 왔다.

하나님의 사람들에게 내가 그들을 버리지 않으며 그들의 몸부림과 그들의 고통과 내 백성들을 향한 그들의 말씀 선포 속에 함께하고 있다고 전하여라. 하나님의 약속은 진실하며 하나님의 약속에 삶을 걸어도 된다고 말해 주어라.

나의 종들이 자신의 소명을 재확인하도록 초청하여라. 그들에게 처음 부름 받았을 때 서 있었던 거룩한 땅으로 돌아오라고 이야기하거라. 그들이 거룩한 땅에 서서 귀 기울이며 소명을 향해 마음을 열어놓고 있다면 소명이 그들의 귀에 다시 메아리치게 될 것이다. 그리고 이번 컨퍼런스를 통해 그들이 성령의 능력 안에서 나와 함께 다시 한번 시작하고 있다는 깊은 인식을 가지고 돌아갈 수 있을 것이다.

그들의 영혼 깊은 부분으로 들어가 그곳에서 내게 귀 기울이는 기도에 대해서 그들과 함께 이야기하거라. 내가 그들에게 이야기하고 있다고 생각하는 내용을 기록하는 것이 전혀 문제가 되지 않는다는 사실을 이야기해 주어라. 나는 그들의 마음과 생각을 통해서 말한다. 그들은 그 사실을 잊어버릴 때가 많다.

너는 침묵하는 가운데, 때때로 희미하게 체험되는 하나님의 임재를 묵상하며, 믿음의 골짜기에서 함께하는 성령님에 대한 확신을 가지고 기도하는 더 깊은 기도의 방법을 소개해 줄 수 있을 것이다. 나는 어둠 속에서 말하고 행동한다. 하지만 내 종들 가운데 많은 사람들은 이 사실을 알지 못한다. 그들은 인생 가운데서 밝고 기쁜 순간에만 내가 그들과 함께 있다고 생각한다. 내가 그들이 고통하는 골짜기에도 동행하고 있다는 사실을 알려 주어라.

너는 '엘리야의 동굴의 교훈'에 대해 이야기해 줄 수 있다. 홀로 어둠 속에서, 공포와 전율 속에서 무엇을 배우는가? 그들에게 이 이야기를 해 주어라. 내가 그들이 겪고 있는 어둠 속에서도 그들과 함께하며 함께 일한다는 사실을 나의 종들이 깨달아 알도록 하라.

당신은 하나님의 예언의 말씀을 듣는 것이 거룩하신 하나님 앞에서 살아가는 우리에게 놀라울 만큼 큰 영향력을 미친다는 사실을 믿는가? 그 도전은 모든 목회자들의 마음속 깊이 도달했을 뿐만 아니라 예언의 말씀의 대리자였던 모든 세례 받은 사람들에게도 희망을 가져다 주었다. 아마도 우리는 계속해서 그 하나님을 인식하게 될 것이다. 그때를 준비하며 하나님께서 우리를 통해 말씀하고자 하시는 창조적인 말씀에 우리 자신을 열어놓도록 하자.

예배를 통해 주어지는 하나님의 말씀

하나님의 임재를 경험하는 삶은 하나님의 독백, 삼위 하나님과의 대화, 예언의 말씀뿐만 아니라 예배 중에 하나님의 말씀을 듣는 것을 통해서 강화된다. 하나님께서는 회중 가운데서 이루어지는 예배를 통해서 말씀하신다. 아마도 예배를 통해서 말씀하시는 방법이 다른 어떤 방법보다도 우리가 하나님께 뿌리박고 자라가는 데 견고한 길을 제공해 줄 것이다.

나는 시편을 읽는 중에 성례전을 통해 주어지는 하나님의 말씀을 처음 인식하기 시작했다. 나는 동료 월터 브루그만에게 시편에 나오는 기도나 주장의 결론 부분에서 하나님의 음성이 쏟아져 나오는 것 같다고 이야기한 적이 있다. 그는 이스라엘 백성들이 하나님께 고백한 이후에 성가대 지휘자나 제사장이 하나님의 말씀을 선포한 적이 있다고 설명해 주었다. 시편 32편이 그 예이다. 시편 32편의 시작 부분에서 저자는 허물의 사함을 받고 자신의 죄가 가려진 자의 복에 대해서 노래한다. 그런 후 죄를 자백하려는 저자의 몸부림과 죄를 자백하지 못하게 방해하는 육체의 상태를 고백한다. 그러나 자신의 죄를 깨달았을 때 자신이 얼마나 행복했는지를 계속해서 노래하고 있다. 죄의 자백을 통해 자신이 누린 복 때문에 저자는 모든 사람이 자신의 모든 죄를 낱낱이 고백하도록 권면한다.

시편 저자의 권면을 들어보자.

"이로 말미암아 모든 경건한 자는 주를 만날 기회를 얻어서 주께 기도할지라 진실로 홍수가 범람할지라도 그에게 미치지 못하리이다 주는 나의 은신처이오니 환난에서 나를 보호하시고 구원의 노래로 나를 두르시리이다"시 32:6~7.

그런 후 하나님의 음성이 들린다.

"내가 네 갈 길을 가르쳐 보이고 너를 주목하여 훈계하리로다 너희는 무지한 말이나 노새 같이 되지 말지어다 그것들은 재갈과 굴레로 단속하지 아니하면 너희에게 가까이 가지 아니하리로다" 시 32:8~9.

브루그만 교수가 말한 것처럼 이 말씀들이 성가 지휘자나 제사장이 선포한 말씀이라면 이 말씀이 회중에게 선포되었을 때 그 말씀이 가진 능력을 상상할 수 있겠는가? 제사장의 음성은 하나님의 음성이 된다.

그러나 우리는 매번 드리는 예배에서 인간의 음성을 통해 선포되는 하나님의 음성에 귀 기울일 동일한 기회가 없지 않은가? 예배에로의 부르심이나 회개의 말씀이나 축도를 통해 무슨 일이 일어나는가?

나는 예배 중에 하나님 앞으로 나아가려는 노력을 통해 인간의 음성으로 나타나는 거룩한 하나님의 음성을 듣는다. 예를 들어 말로 표현된 것이든, 노래로 표현된 것이건 간에 예배에로의 부르심을 통해 하나님의 초대를 예민하게 듣는다. 내가 가장 좋아하는 예배에로의 부르심은 시편 100편에 있는 말씀이다.

"감사함으로 그의 문에 들어가며 찬송함으로 그의 궁정에 들어가서 그에게 감사하며 그의 이름을 송축할지어다 여호와는 선하시니 그의 인자하심이 영원하고 그의 성실하심이 대대에 이르리로다" 시 100:4~5.

나는 이 말씀을 들을 때마다 하나님 앞으로 나를 초청하시는 주님의 음성으로 생각하려고 애쓴다.

죄를 자백한 후에 예배 인도자가 죄사함의 확신을 선포할 때 다시 한번 내게 말씀하시는 주님의 음성을 듣는다.

"네 모든 죄가 사하여졌느니라!"

예배가 마무리될 때 축도를 통해 내게 복을 베푸시는 하나님의 음성을 듣는다. 축복기도가 드려지는 동안 하나님께서 주시는 복을 받기 위해 팔을 넓게 벌려 하늘을 향한다. 그리고 축복기도가 드려지고 나면 때때로 하나님께서 주시는 복을 상징적으로 내 존재에 눌러 담기 위해 팔을 가슴에 모아 누른다.

이 모든 것이 이상하게 들릴지도 모르고 심지어는 어린아이들이 나누는 이야기같이 들릴지도 모른다. 하지만 이러한 의식들은 내 모든 삶이 하나님 앞에서 살아가는 삶이라는 사실을 일깨워 주며, 주님의 날에 예배를 통해 하나님께서 나를 의식意識적으로 하나님 앞으로 초대하셔서 내 모든 죄를 사하시고 다시 세상으로 나가 하나님께서 내게 주신 삶을 기쁘게 살아가도록 축복해 주신다는 사실을 일깨워 준다.

마무리

하나님의 음성에 대한 연구와 우리가 나눈 네 가지 형식에 대한 설명을 통해 몇 가지 사건들이 시작되었으리라 소망한다. 하나님께서 오늘날 우리의 삶 속에서 말씀하신다는 사실을 당신이 다시 확신하게 되었으리라 믿는다. 하나님의 음성을 기대하는 태도는 하나님께서 우리들에게 전달하기 원하시는 진리를 받아들이도록 우리를 여는데 도움을 준다. 그리고 당신이 예배와 매일 일어나는 사건들을 통해 당신을 향한 하나님의 말씀에 귀 기울일 수 있는 새로운 가능성을 발견하기를 희망한다. 하나님과 당신이 나누는 대화가 하나님의 독백이든 삼위 하나님과의 대화이든 예언적인 말씀이든 예배를 통해 주어지는 말씀이든, 중요한 것은 당신이 당신의 관심을 원하시는 하나님의 음성에 귀 기울이는 삶이다.

묵상과 토론을 위한 질문

1. 하나님의 음성의 네 가지 형식이 가지고 있는 공통점과 차이점은 무엇인가?

2. 하나님께서 당신과 대화하고 계신 것 같았던 때가 있는가? 그때 상황이 어떠했는가? 하나님의 음성에 어떻게 반응했는가?

3. 어떻게 다른 그리스도인들이 하나님의 음성을 분별하도록 도와줄 수 있겠는가?

4. 하나님의 음성에 귀 기울이는 문제와 관련해 가장 두려운 것은 무엇인가?

영성 일기 쓰기

1. 지금 당신의 삶 속에서 해결되지 않은 의문점들은 무엇인가?

2. 그 의문점들 중에 한 가지를 선택해서 일기의 제일 윗부분에 기록하라. 혹은 컴퓨터 페이지의 제일 윗부분에 기록하라.

3. 당신이 가지고 있는 질문에 대한 가능한 대답이 마음에 떠오를 때까지 조용히 앉아 있으라. 당신의 마음속에 떠오르는 생각들을 기록하라. 아마도 하나님께서 당신에게 하시는 말씀일 것이다.

4. 무슨 일이 일어나든지 너무 놀라지 말라!

6장

온종일 하나님을 기대하라

인생은 깊이가 있고 우리 삶에 일어나는 모든 일에 의미가 있다고 확신하게 되면, 하루 동안 펼쳐지는 평범한 일들을 기대에 찬 눈과 수용적인 마음 자세로 바라보게 될 것이다. 하나님은 일상적인 사건들과 상호 작용을 통해 말씀하신다. 하나님의 말씀이 평범한 하루에 얼마나 놀라운 흥분을 더해 주는지 모른다. 우리가 세상적인 시각과 감각을 포기할 때, 새로운 세계의 매력과 신비가 태어나기 시작한다. 물질세계가 실재하지 않는 것은 아니지만, 물질세계는 불완전하다. 영혼의 매혹적인 세계는 새로운 것이 아니다. 오히려 오래 전부터 있어 왔던 것을 새롭게 인지하도록 마음의 눈과 영혼의 귀같은 우리들의 인지기관을 회복하는 것이다.

세상을 인지하는 이와 같은 새로운 방식은 삶이 지니고 있는 의미를 더 온전하게 경험하게 해주며, 우리가 살아 계시고, 움직이고, 존재하는 바로 그분 하나님에 대해 명확하게 묵상하도록 도와준다. 이런 묵상의 과정은 하나님에 대한 더 깊은 인식의 단계로 우리를 이끌어갈 뿐만 아니라 일상에 존재하는 미묘하지만 식별해 낼 수 있는 하나님의 행동들을 분별해 내도록 도와준다. 이런 삶의 비전은 전혀 새로운 것이 아니며 실제로 성경의 모든 페이지를 통해 숨쉬고 있고, 예수 그리스도의 이야기와 가르치심과 행하신 기적에 스며 있으며, 우리의 믿음에 실체를 제공하는 바로 그 비전으로 돌아가는 것이다.

우리 삶의 드라마가 펼쳐지는 세상의 깊이는 우리가 매일 관계하는 일상적인 사건들을 통해 분명해진다. 이런 반복적인 사건들은 아침에 일어나 옷을 입고 밥을 먹고 일터로 출근하고, 우리 각자의 책임을 다하고 다양한 사람들과 만나 이야기하는 수천 개의 사건들을 포함한다.

삶의 깊이는 이 모든 사건들의 볼품없고 빈약한 겉모습 아래에서 움직인다. 그리고 모든 사람들은 그 사건들 가까이에 있다. 삶의 깊이는 이 세상 속에 존재하고 있으며, 모든 개개인 안에 존재하고 있지만, 여전히 많은 사람들이 인식하지 못하고 있다. 영적인 깊이는 모든 사람 가운데, 일상생활의 평범한 사건들 속에 존재하지만, 또한 모든 사람들과 일상생활의 평범한 사건들 너머, 그들이 도달하거나 인식할 수 없는 곳에 존재한다. 이런 신비로운 깊이는 삶과 에너지와 신비의 무궁한 근원이신 성령님께 그 원천을 두고 있다. 거룩한 신비는 항상 우리들 앞에 존재한다. 하지만 또한 지속적으로 우리를 향해 다가

오고 우리의 주의를 집중시키며 우리에게 신비를 보여주며 우리를 그 속으로 끌어 들인다.

일상생활 속에서 하나님의 음성에 귀를 기울이려면 과거의 습관들과 자동적으로 움직이는 습관화된 의식들에서 벗어나야 한다. 새로운 눈으로 보고 새로운 귀로 듣기 시작해야 하고, 삶에 대해 다르게 상상해야만 한다. 이 예민한 관심이 우리를 삶과 신앙과 하나님에 대한 새로운 측면에 대해 지속적으로 깨어나게 한다.

대부분의 사람들은 우리 주변에 있고, 때로 우리 너머에 있는 이 실재에 대해 깨어 있는 것을 어렵게 느낀다. 우리의 삶은 종종 너무나 일상화 되어 있어서 마치 우주라는 컴퓨터 안에 프로그래밍 되어 있는 데이타처럼 느껴진다. 어느 날 내가 가르치고 있는 신학교의 총장과 나눈 대화를 통해서 이런 예를 발견했다. 대화를 나누던 중에 총장은 다시 제작한 대학의 새 간판을 내게 보여주었다.

"갑자기 이렇게 눈에 띄는 간판을 새롭게 만들어야겠다고 결심했던 계기가 뭔지 아세요?"

이렇게 묻는 그에게 무슨 일이 있었는지 되묻자, 그는 아주 흥미로운 이야기를 해주었다.

"어느 날 한 여자 분을 만나게 되었는데, 제게 무슨 일을 하는지 물어보더군요. 그래서 컬럼비아신학교 총장이라고 대답했더니 그 학교가 어디에 있는지 묻더군요. 그래서 컬럼비아 드라이브에 있다고 했지요. 그러자 그녀는 그 곳에는 그런 대학이 없다며, 그럴 리 없다는 거예요. 그래서 이렇게 얘기해 주었지요. '저는 컬럼비아신학교가 컬럼비아 드라이브에 있다는 사실을 믿어요. 왜냐하면 제가 거의 10년간 매일 거기로 출근했거든요.' 그녀는 놀라면서 이렇게 얘기하더군요. '아니예요. 저도 매일 그 길로 차를 몰고 출근했어요. 저는 22년간 매일 아침 그 길을 지나다녔는데 컬럼비아신학교는 한 번도 본 적이 없는 걸요.'"

그래서 컬럼비아신학교는 새로운 간판을 만들었다. 54에이커의 너른 땅에 수천만 달러의 값어치가 나가는 건물들이 들어차 있는 이 학교를 어떤 한 사람은 20년이 넘도록 존재조차 몰랐다는 사실이 얼마나 놀라운 일인가? 문제는 보느냐 보지 못하느냐가 아니라 그것을 인식하느냐 못하느냐의 문제이다. 그녀는 학교 건물을 보았을 것이다. 그러나 인식하지는 못했다. 그녀의 시각은 너무나 일상화 되어 있어서 자신이 출근하는 길에서 만나게 되는 전경을 인식하지 못한 것이다. 아마도 우리들 중에도 볼 수는 있지만 인식하지는 못하는 사람들이 있을 것이다. 그렇게 된 이유는 자신의 인식에 길들여져 있기 때문이다.

확신하건대, 내가 나누는 통찰력 중 일부는 당신의 인식을 자극해 당신이 매일의 평범한 삶 속에서 하나님을 만날 수 있을 것이라는 기대를 갖게 할 것이다. 이 얼마나 눈부시게 아름다운 삶의 모습인가!!!

성경의 렌즈로 바라보라

나는 이 세상의 깊이가 성경 속에 살아 숨쉬고 있으며, 예수 그리스도의 가르침과 약속을 통해 나타난다고 주장했다. 수많은 신구약 성경의 본문이 존재의 더 깊은 측면들을 암시해 준다. 시편 기자의 기도에 귀 기울여 보자.

> 내가 여호와를 항상 내 앞에 모심이여 그가 나의 오른쪽에 계시므로 내가 흔들리지 아니하리로다 이러므로 나의 마음이 기쁘고 나의 영도 즐거워하며 내 육체도 안전히 살리니 … 주께서 생명의 길을 내게 보이시리니 주의 앞에는 충만한 기쁨이 있고 주의 오른쪽에는 영원한 즐거움이 있나이다시 16:8~9, 11.

이 기도를 드리는 시편 기자는 신비로운 일을 경험했다. 시편 기자는 삶을 관찰한 후에 삶에 깊이가 존재한다는 사실을 발견했다. 시편 기자는 하나님의 직접적인 현존하심에 대해 항상 자기 앞에 계시며, 늘 자기를 이끌어 가시는 분으로 고백하고 있다. 하나님께서 그의 우편에 후원자로 서 계시며 그의 삶에 동반자로 동행하신다. 하나님의 거룩한 임재에 대한 확신을 품고 살아가는 삶은 시편 기자의 삶에 환희와 기쁨을 가져다 주었다. 오직 그는 이 현존하심 안에서만 기쁨의 극치를 맛보았다. 그는 성령의 능력의 강수江水로 초대받아 하나님의 영에 사로잡혀 살아가고 움직이게 되었을 때 기쁨을 알게 되었을 뿐 아니라 예언의 성취와 확실성까지 알게 되었다. 22년 동안 신학교를 인식하지 못한 채 컬럼비아 드라이브를 운전해 다녔던 여인과 달리 시편 기자는 자신의 눈을 열어 놓았고, 다른 영역의 음악에 자기 귀를 조율해 두었다.

삶의 영적인 측면은 예수님께서 가르치신 핵심 가운데 하나이다. 세상을 떠나시기 전날 밤 예수님께서는 제자들에게 다음과 같이 약속하셨다.

"내가 너희를 고아와 같이 버려두지 아니하고 너희에게로 오리라" 요 14:18.

고아는 아무런 지원이나 보장 없이 스스로 부양하도록 내버려진 아이들이다. 이 땅에서의 마지막 순간에 예수님께서는 제자들을 홀로 외로이 남겨두지 않을 것이며 두려움에 내버려 두지 않으실 것이라고 약속하셨다. 오히려 주님께서는 "내가 너희에게로 오리라"고 말씀하셨다. 주님께서는 그 약속을 지키셨다. 주님은 성령의 임재를 통해 오셔서 그들 가운데 거하셨다.

이 약속은 결코 유효기간이 만료된 적이 없다. 제자들에게 말씀을 주셨던 주님은 그들에게 찾아오셨다. 그리고 오늘날도 여전히 당신의 제자들에게 찾아오신다. 성경의 계시는 하나님이 본성상 '찾아오시는 하나님' 이라는 믿음을 갖게 한다. 하나님은 완전한 영광을 버리시고 창조를 통해, 모세와 선지자들의 말을 통해, 독생자 예수 그리스도를 통해, 그리고 성령님을 통해 우리를 찾아오셨다. 하나님께서는 우리와 함께 거하시는 문제에 주도권을 쥐고 계신다. 하나님께서 언제나 우리를 찾아오고 계신다.

카를로 카레토는 이 놀라운 진리를 시에 가까운 표현을 통해 담아 내었다.

> 하나님께서 언제나 찾아오고 계신다. 그분은 빛을 창조하실 때 찾아오셨다. 아담을 창조하셨을 때 더 많이 찾아오셨다. 아브라함에게도 찾아오셨지만 모세에게 더 완전하게 찾아오셨다. 엘리야를 찾아오셨지만 예수 그리스도를 통해 더 완전하게 찾아오셨다. 하나님은 때를 따라 성령을 통해 찾아오시는 하나님이다. 하나님은 역사를 통해 지리적인 우주의 영역 안에, 인간의 의식 안에, 그리스도의 인격 안에 자신을 제한하셨다. 하나님은 이미 오셨고, 여전히 오고 계신다.[8)]

찾아오시는 하나님은 우리 매일의 삶에 나아갈 길을 여신다. 이 세상과 우리 매일의 삶을 끊임없이 간섭하신다. 그 간섭을 통해 약속하신 그분의 임재하심이 우리 삶을 어루만진다. 하나님의 임재는 명백하고 지속적이어서 때때로 시편 기자처럼 다음과 같은 질문을 던지게 된다.

> 내가 주의 영을 떠나 어디로 가며 주의 앞에서 어디로 피하리이까 내가

하늘에 올라갈지라도 거기 계시며 스올에 내 자리를 펼지라도 거기 계시니이다 내가 새벽 날개를 치며 바다 끝에 가서 거주할지라도 거기서도 주의 손이 나를 인도하시며 주의 오른손이 나를 붙드시리이다 내가 혹시 말하기를 흑암이 반드시 나를 덮고 나를 두른 빛은 밤이 되리라 할지라도 주에게서는 흑암이 숨기지 못하며 밤이 낮과 같이 비추이나니 주에게는 흑암과 빛이 같음이니이다 주께서 내 내장을 지으시며 나의 모태에서 나를 만드셨나이다 내가 주께 감사하옴은 나를 지으심이 심히 기묘하심이라 주께서 하시는 일이 기이함을 내 영혼이 잘 아나이다 내가 은밀한 데서 지음을 받고 땅의 깊은 곳에서 기이하게 지음을 받은 때에 나의 형체가 주의 앞에 숨겨지지 못하였나이다 내 형질이 이루어지기 전에 주의 눈이 보셨으며 나를 위하여 정한 날이 하루도 되기 전에 주의 책에 다 기록이 되었나이다 시 139:7~16.

일상생활 속에 임하시는 하나님

바로 지금 말씀하시는 하나님이 존재하지 않으신다면 어디에 계시는가? 하나님이 매일의 평범한 삶에 찾아오지 않으신다면 어디로 우리를 찾아오시는가? 이 땅의 존재 속에 일어나는 일을 통해서 찾아오지 않으신다면 하나님은 어떻게 우리를 찾아오시는가? 그러므로 임재하시는 하나님을 환영하려 한다면 평범한 매일의 삶에서 일어나는 모든 사건과 경험을 환영하고, 그것이 하나님의 임재의 싸인인지 아닌지 시험해 보는 법을 배워야만 한다.

성경은 세상 속으로 침투해 역사에 개입하시는 하나님에 대해 증거한다. 하나님을 떠나서는 어떤 것도 우리에게 일어나지 않는다. 덧없이 지나가는 수많은 경험들이 삶의 깊이를 확신하게 한다. 때때로 우리는 그것을 흘끗흘끗 쳐다본다. 때때로 우리는 그런 경험이 가지고 있는 능력에 사로잡힌다. 그러나 어떤 경우에는 여전히 이런 경험이 단순히 경험하고 싶은 생각일 뿐이라고 믿는 경향이 있다. 그 결과 삶에 대해 더 많은 것을 드러내 보여주는 신비한 초대를 무시한다.

가끔씩 나는 내 삶에 드러나지 않은 부분들에 대해서 자세히 살펴보곤 한다. 어떤 때는 그러고 난 후, 평범한 매일의 삶 속에서 거룩한 하나님의 힌트를 얻어내는 것 같다. 나는 제임스 포울러James Fowler[9]와 아이라 프로고프Ira Progoff[10]가 진행하는 프로젝트의 드움을 받았다. 그분들은 삶의 많은 부분들을 관찰하도록 도와주었다. 내 삶에서 경험한 인생의 전환점과 지나온 다양한 삶의 시기를 검토해 보는 과정을 거치고 난 후 내 인생을 총체적으로 바라볼 수 있었다. 또 다른 영적인 지도자들은 한 달이나 한 주와 같은 인생의 더 짧은 기간을 관찰할 것을, 더 나아가 특정한 하루 동안 전개된 사건들을 관찰할 것을 제시했다. 그들은 내가 해 왔던 일들을 따라 더 짧은 부분으로 하루를 나누어 볼 것을 제안했다. 이 짧은 순간들을 묵상함으로써 내가 어떻게 시간을 사용했는지를 알 수 있을 뿐만 아니라 하나님의 임재의 흔적을 느낄 수 있었다. 이 과정은 또한 성령의 조명하심을 분명히 알게 되는 계기가 되었다. 의식에 대한 이러한 고찰은 나의 내면 세계와 외적 세계에 일어나는 일들에 대해 깨닫게 해주었다.

내가 발견한 것들에 근거해 볼 때, 평범한 하루하루 바로 지금 이 순간이 하나님을 만나 그분과 교제할 시간이다. 하루하루를 간단한 에피소드로 나누어 몇 문단으로 기록해 보라. 일단 간략한 형식으로 에피소드들을 기록하고 나면 그날에 대해 묵상하고, 일어난 모든 일에 대해 감사하라. 항상 자신을 향해 애정 어린 태도를 유지하라. 심지어 당신이 실패했을 때도 말이다. 하루를 짧은 순간으로 나누어 묵상하는 것은 당신 앞에 전개된 삶을 의식하도록 만들어 주며 하나님께서 행하시는 일을 가까이서 바라보도록 해준다.

내 인생을 이런 식으로 자세히 살펴본 결과 경이로워하는 것과 상상하는 것, 이 두 가지가 크게 도움이 된다는 사실을 발견했다. 내가 하루하루를 잠자리에서 일어나, 출근하고, 약속을 지키고, 강의하는 등의 다른 유사한 활동들로 분할했을 때, 내 삶에 일어나는 각각의 사건들에 대해 경이로워하는 것이 유익을 준다는 사실을 발견했다. 그 사건들 속에 어떻게 하나님께서 개입하실 수 있는지, 계속 이어지는 내 인생 이야기라는 옷감에 하루하루의 의미가 어떻게 직조될 수 있는지 놀라울 뿐이다. 경이로움에는 해답이 필요 없다. 하지만 때때로 해답이 저절로 드러날 때가 있다.

상상하는 것은 경이로워하는 것에서 출발해 자라난다. 하나님의 임재하심이나 어떤 사건에 대한 하나님의 의도하심에 대해 경이로워했을 때 내 상상력은 종종 그 경이로움으로부터 그 사건 속에 존재하는 하나님의 임재하심에 대한 강한 확신으로 도약한다. 이런 하나님의 임재하심은 다른 사람을 만나거나 전화를 받는 순간에도 찾아올 수 있다.

사무실에서 어떤 사람과 이야기하고 있을 때 자주 하나님께서 그들을 내게 보내셨다는 분명한 느낌을 받았다. 모든 사람들에 대해서 그런 느낌이 들지는 않는다. 그러나 때때로 이 사람들이 나나 그들이 약속한 약속이 아닌 어떤 거룩한 약속을 성취하고 있다는 확신에 사로잡힌다. 이럴 경우 나는 인간의 약속과 대화로 구성된 평범한 세상이 상상력이라는 과감한 행동을 통해 거룩한 만남이라는 의미 있는 세계로 변화한다고 생각한다.

아마도 내 인생의 평범한 하루를 살펴보면 하루 동안 전개되는 사건들을 통해 하나님을 만난다는 의미를 더 명확하게 보게 될 것이다.

아래에 기록한 내용은 1996년 11월 11일에 일어난 사건들이다. 이 날은 내 삶에 임재하신 하나님을 증명해 보이기 위해 무작위로 선택한 날이다. 아래의 내용은 내가 기록해 둔 하루 동안의 사건들이다.

- 추워서 잠에서 깼다.
- 여느 때처럼 아침에 하나님을 만났다.
- 아침식사를 했다.
- 아내와 대화했다.

- 조간신문을 읽었다.
- 동료교수와 내가 가르치게 될 수업에 대해 생각했다.
- 오전 11시쯤 출근해 행정 조교인 아내와 동료교수와 인사를 나누었다.
- 교수들과 함께 점심식사를 했다.
- 내 동료교수가 열정적으로 수업을 인도했다.
- 한 졸업생과의 약속을 지켰다.
- 저녁식사를 하고 TV를 잠깐 보고 잠자리에 들었다.

분명 하루 동안 벌어진 일들을 묵상하는 여러 가지 방법이 있다. 아래에 제시하는 질문은 하나님 앞에서 이 하루를 묵상하는 데 도움을 준 것들이다.

- 하루를 돌아볼 때 사건들의 흐름은 어떠했는가?
- 내가 느낀 마음의 갈망은 무엇인가?
- 오늘 하루 동안의 삶의 경험을 통해 어떤 질문이 생겨났는가?
- 오늘 나를 당황하게 만든 것이 있었는가?
- 삶의 신비감에 휩싸였던 순간이 있었는가?
- 마음을 떠나지 않는 생각이 있었는가?
- 하나님께서 자신을 특별한 방식으로 소개한다고 느꼈던 순간, 즉 카이로스Kairos의 순간이 있었는가?
- 오늘 하나님께서 나의 평범한 삶 속에서 무슨 일을 행하셨는가?

매일 이 질문들을 전부 던질 필요는 없다. 당신의 평범한 일상생활에 대해 '더 많은 것'을 깨우쳐 주는 질문들을 활용하라. 만약 한 질문이 생각의 꼬리를 물게 만들거든 완전히 정리될 때까지 생각이 흘러가는 대로 내버려두라. 당신의 삶에 개입하시는 하나님에 대해 놀라게 하는 질문을 활용하라. 위에 제시한 질문을 출발점으로 삼으라.

내가 마지막 질문 "오늘 하나님께서 나의 평범한 삶 속에서 무슨 길을 행하셨는가?"을 선택했다고 가정하고 그 질문이 나에게 영감을 준 생각들을 소개한다. 내 삶에 개입하시는 하나님에 대한 생각은 다음 순서를 따라 흘러갔다. 내가 비록 꽉 막힌 코와 목의 통증 때문에 일어났지만 주님의 임재하심은 내 육체의 상태에 달린 문제가 아니라는 걸 발견했다. 하나님을 기다리는 동안 내 머리가 지끈거렸음에도 하나님의 강력하고 신비로운 임재를 느낄 수 있었다. 깨달음이 있는 삶은 깨달음을 수용할 수 있는 능력 여부에 따라 받을 수도 받지 못할 수도 있는 선물이다. 깨달음이 있는 삶을 산 이후에 의식의 전환이 시작되었다. 이 의식의 전환이 시작되었을 때 자발적으로 자신을 드러내는 또 다른 측면을 인식하며 새 아침을 맞았다. 나는 동시에 두 단계의 삶을 살아가는 것 같다. 하나님이 임재하신다. 성령의 역사에 열려 있는 삶을 살아가는 것은 내가 육체적이고 동시에 영적인 실재의 성취에 참여하고 있다는 느낌을 갖게 만들어 준다. 아마도 하나님은 이 날의 사건들을 통해 임재의 신뢰성은 행복한 내 느낌에 의존하는 것이 아니라 늘 선물로 내게 찾아오시는 그분에게 달렸다는 사실을 가르쳐 주시는 것 같았다.

내가 그날에 대해 계속 기도했을 때 다음의 사실 때문에 놀랐다. 하나님께서 말씀하시는 방식을 알아채려 하고, 성령의 언어를 배우려는 노력이 건방진 것은 아닌가? 이런 고민을 하던 내게 내 안에 계신 하나님께서 "내가 말하는 방식에 대해 연구하고 놀라워 하려는 네가 건방진 것이 아니다"라고 말씀하셨다.

나는 하나님께 이렇게 말씀드렸다.

"하나님께서 제 마음속에 하나님이 말씀하시는 방식에 대해 배우고자 하는 생각과 충동을 두셨습니다. 제 만족을 위해 하나님이 대화하시는 방법을 배우려는 것이 아닙니다. 제가 어떤 특별한 존경받는 자리를 얻으려는 것도 아닙니다. 하나님 앞에 잠잠히 기다릴 때 당신께서는 말씀하십니다. 그러나 제가 온종일 분주하게 움직일 때는, 당신의 성령께서 제게 말씀하시는 이 소중한 기회를 잃어버립니다."

동료 교수가 오늘 수업에 대해 협의하고 싶어했다. 나는 먼저 하나님께 말씀드렸다.

"아마도 하나님은 수업 전에 우리가 나누었던 학생들에 대해 관심이 있을 것입니다. 수업을 통해 논쟁점들에 대해 부딪히고 토론하는 것은 당신의 종들을 멘토링할 수 있는 기회를 줍니다. 그녀는 사역에 필요한 수많은 은사를 가지고 있습니다. 빨리 배우고, 동역자들과 함께 일할 때 늘 기쁨과 즐거움을 줍니다. 그리고 많은 사람들의 영적 동반자입니다. 저는 이 동료교수와 함께 사역하게 된 것을 당신이 주신 선물로 여기며 감사히 받아들입니다."

점심식사를 하면서 내가 오랫동안 내적으로 갈등하고 있던 동료 교수의 말에 귀를 기울였다. 오늘은 귀를 활짝 열고 그 고수가 말하는 내용을 들었다. 덕분에 나는 그분과 그분의 행동을 더 많이 이해할 수 있었다고 생각한다. 이 만남을 돌이켜볼 때 주님은 내게 "너는 그 교수를 형제요 함께 종 된 자로 이해하고 받아들이기 시작했어"라고 말씀하시는 것을 느꼈다.

점심 식사 후에 나는 수업의 앞부분 절반을 진행했다. 그러나 만족할 만큼 잘 가르치지 못했다. 동료교수의 발표가 있은 흐 나는 그분의 발표에 대해서 강의했다.

그 수업은 흥미로운 실습으로 마무리되었다. 동료교수가 열정에 대해서 발표한 후에 나는 학생들에게 종이 접시와 크리용을 나눠 주었다. 크레용으로 종이 접시 안쪽에는 그들의 장점을 상징화하게 했고 종이 접시의 바깥쪽에는 자신의 약점을 상징화하게 했다. 그리고 학생들이 스스로에게 지혜로운 상담편지를 쓰게 했다. 접시를 활용하는 아이디어는 훌륭했다. 그 아이디어는 학생들이 자신의 느낌과 두려움을 구체화하게 해주었다.

"저는 늘 하나님께서 이런 창조적인 활동에 저와 함께하셨다고 생각합니다. 당신이 이런 아이디어를 주지 않으신다면 제가 어디서 이런 아이디어를 얻겠습니까?"

수업이 마무리되었을 때 나는 혹이라도 내가 그녀에게 표현했을지도 모르는 인상, 다시 말하면, 강의가 부적절하다거나 그녀를 교정해 주거나 앞지르려는 인상에 대해 내 동료에게 사과했다. 그 학급의 학생들이 그런 인상을 받았다고 생각하지는 않지만 그런 인상을 받았을 수도 있다. 그녀는 나의 사과를 받아주었다.

수업을 마친 후, 이전에 내가 가르쳤던 학생인 찰스가 날 찾아왔다. 나는 찰스를 아주 좋아했고 그가 컬럼비아신학교에 입학할 수 있도록 도와주기도 했다.

신학교를 졸업하고 나서, 확실한 이유는 모르겠으나 찰스는 조지아 주 변호사 시험을 치르기로 결정했다. 그리고 한 지역 교회의 후원을 받아 법률 파트타임직에도 종사했다.

어떻게 지내느냐고 묻자 그는 지금 하고 있는 법률 분야의 일이 자신에게 얼마나 큰 스트레스를 주고 있는지를 이야기했다. 그 법률회사는 풀타임으로 일할 것을 강력히 요구했다. 풀타임으로 일한다면 지금 병행하고 있던 교회 사역을 포기해야 했다. 그는 어떻게 해야 할지 확신이 서지 않았지만 어떤 변화를 시도해야 한다는 생각을 했다.

마음의 갈등이 극에 달했을 즈음, 그가 섬기고 있던 교회 멤버가 인도하는 수련회에 참석했다. 찰스는 수련회 초반부에 법률직에 헌신하는 것을 자기 소명으로 삼았다고 발표했다. 자연스럽게 한 사람이 질문했다.

"왜 사역에 전적으로 헌신하지 않고 법률직을 선택하셨나요?"

그 질문은 이때까지 찰스가 내면에 고민하던 문제를 드러내 주었다. 수련회를 마치고 집으로 돌아온 찰스는 그 질문에 대해 아내에게 이야기했다. 그의 아내는 조용히 대답했다.

"제 생각에 당신은 법률직보다는 교회 사역 쪽이 더 맞는 것 같아요. 저는 사실 당신이 교회 사역에 전적으로 헌신한 모습을 정말 보고 싶어요."

찰스는 워싱턴에 있는 나이가 지긋한 법률 파트너에게 전화를 걸었다. 그분은 찰스에게 이렇게 말했다.

"우리 법률회사 애틀랜타 지부에서 사람을 찾고 있네. 그곳에 지원해 보지 않겠나?"

마음의 갈등이 심해지고 있는 찰스에게 그 다음 주일 예배 때 목사님은 이렇게 설교를 마무리했다.

"만약 여러분 중에 이 교회에 등록하기 원하시거나 예수 그리스도의 주권 앞에 자신을 드리는 문제로 상담하기 원하시는 분이 있다면 앞으로 나와 주시기 바랍니다."

예배 후에 찰스는 목사님께 찾아가 자신의 갈등에 대해 이야기했다. 목사님과 함께 기도하면서 찰스는 분명한 확신을 가질 수 있었다. 그는 교회 사역에 전적으로 헌신하기 위해 전도유망한 법률직을 포기했다. 찰스는 흥미진진한 투쟁으로 가득찬 긴 이야기를 마무리 지으며 이렇게 말했다.

"교수님께 이 사실을 말씀드리고 싶었어요. 교수님은 제가 처음 사역에 대한 소명을 발견하는 데 중요한 역할을 해주셨어요. 저는 아직도 교수님께서 제게 소명을 불러일으켜 주셨던 그날을 기억하고 있어요. 교수님께서는 제가 속해 있던 워크숍 그룹을 향해 중풍환자를 고친 사건에 등장하는 사람들 중에 한 사람처럼 생각하라고 하셨어요. 그리고 저는 중풍병자를 선택했지요. 저는 제 자신이 들것에 누워 있고, 누군가의 도움을 받아 예수님께로 나아가야 할 필요가 있다는 사실을 깨달았어요. 그 경험이 제 삶과 사역에 열쇠가 되었어요. 종종 저는 공동체들을 향해 이렇게 질문합니다. '오늘은 누가 들것에 실려 있나요?'"

"하나님께서 자네에게 많은 경험을 하도록 하셨군. 자네가 경험한 것 중에 그 어떤 것도 필요없는 건 없을 거라 생각하네."

나는 찰스에게 이렇게 말했다.

찰스와의 만남은 내게 작은 기쁨을 주었다. 각 사람에게 주신 은사대로 사역이든, 직장이든 하나님의 소명을 발견하는 것은 매우 중요하다. 때로 소명에 대해 하나님은 공동체를 통해 말씀하시는 것 같다. 삶에 대한 통찰력, 나눔을 통해 역사하는 거룩한 임재는 하나님께서 주신 선물이다.

또 다른 임재 경험

매일 매일이 이렇게 매끄럽게 전개되지는 않는다. 어느 날은 고통과 실망으로 점철되거나 일어나는 사건이 너무나도 하찮아 당신이나 다른 어느 누구에게도 의미 없어 보일 수 있다. 그러나 우리는 여전히 이런 평범한 날, 일상생활 속에서 신실하게 하나님의 임재를 경험하는 삶 가운데 변화되고 하나님께 기쁨이 된다. 매일이 하나님께서 주신 선물이라면 어느 하루의 사건에 대해 불평하는 우리는 어떤 존재란 말인가?

장-피에르 드 코사드는 이렇게 말했다.

"거룩함의 극치를 이루기 위해 자신이 하찮고 무가치하게 여기는 모든 것이 자신을 거룩하게 만든다는 사실을 깨달아야만 한다. … 삶을 자세히 살펴보면 무수히 많은 하찮은 일들로 구성되어 있다는 사실을 발견하게 될 것이다. 그러나 여전히 하나님은 그런 하찮은 일들로도 꽤 만족해하신다."[11]

그런 하찮은 경험을 우리를 향한 하나님의 뜻을 드러내는 수단으로 받아들일 때 쓸데없는 것은 하나도 없으며, 무용지물인 삶은 없으며, 하찮은 행동은 없다는 사실을 기억하기만 한다면 '하찮은' 경험에 대한 이 교훈은 우리에게 엄청난 도움을 줄 수 있다.

우리는 매일 일어나는 사건들을 통해 하나님을 솔직하게 대하기 위해, 일이 잘 되어가는 순간뿐만 아니라 고통스런 순간도 수용해야만 한다. 이 모두가 삶을 풍요롭게 만들기 때문이다. 어떤 날은 길고 지루한 시험 같아 보인다. 그런 날에는 우리가 사랑하는 사람을 화나게 하고, 다른 사람에 대해 나쁜 생각을 품게 하는 유혹에 굴복하고, 우리를 거짓되이 고소하는 사람들을 향해 분개하고, 삶의 실재가 꿈과 희망을 산산조각 내버릴 때 환멸감으로 고통스러워한다. 우리를 고갈시키는 이런 경험들은 깊이 있는 삶을 살든, 표피적인 삶을 살든 상관없이 우리 모두에게 찾아온다. 그런 경험은 인간됨의 일부분이며, 우리가 이 세상에 생존해 있는 것처럼 이 세상의 일부분으로 존재하는 것이다.

때로는 내 삶도 자연스럽게 전개되지 않고, 어떤 사건이 꿈을 산산조각 내버리고, 내 세계를 뒤흔들어 버리는 그런 날이 자주 있다. 나는 그런 경험이 연이어 일어난 며칠 간의 사건을 생생하게 기억한다.

그 사건은 아침식사 시간에 한 친구와의 실망스런 만남으로부터 시작되었다. 나는 그 친구와 함께 신학교에서 개발하고 있던 프로그램에 대해 의논하고 있었다. 내 목표는 그 프로그램에 성지순례를 포함시키는 것이었는데, 몇 달 동안 나는 그 친구가 내 생각에 동의한다고 생각해 왔다. 그런데 어느 날, 우리 두 사람이 성지순례 비용 문제에 대해 완전히 다른 관점을 가지고 있다는 사실을 발견했고 나는 지체 없이 그 친구와 아침식사 약속을 잡아 그 문제에 대해 해결을 하려고 했다.

그런데 그와 이야기하는 동안 나의 두려움은 현실이 되었다. 우리는 정말 너무 다른 생각을 하고 있었다. 나는 오해가 생긴 부분에 대해 사과했고, 친구는 사과를 받아 주었다. 나는 우리가 풀 수 있는 문제가 더 있는지 알아보기 위해 다시 이야기하자고 제안했다.

그 후에는 내가 개발하고 있던 프로그램과 관련해 다른 모금 계획서를 만들어 그에게 검토해 달라고 부탁했다. 그 친구는 검토해 보겠다고 했는데, 결정해야 할 날이 되자 동의할 수 없다고 했다. 이런 그의 반응에 나는 너무나 놀라서 어찌할 바를 몰랐다. 프로그램에 대한 계획은 이미 짜여져 있었고, 등록자들에게 프로그램의 질에 대해 보장도 이미 해놓았지만, 아직도 충분하게 모금을 하지 못한 상황이었다. 매우 당황스러웠다.

그런데 이 친구가 나를 구해 주었다. 그는 비록 프로그램 전체에 재정을 지원하는 것에는 동의하지 않았지만 현재 등록한 사람들에게는 필요한 지원을 하겠다며 넉넉한 제안을 해왔다. 나는 그의 비상조치에 대해 무척이나 감사했다.

이 일이 있던 날, 나는 사실 나 자신이 보인 반응에 스스로 놀랐다. 나는 더 많이 실망하고, 우울해 하고, 자기 정죄에 빠질 수 있었다. 나의 감정 상태는 대화 속에서 경험한 혼란보다 훨씬 더 많은 것이 이 경험 안에 녹아 있다는 사실을 알려 주었다. 나는 이 경험의 퍼즐 조각들을 묵상해 보았다. 그리고 주님께서 내가 경험한 두려움과 혼란을 통해 나에게 말씀하고 계셨던 사실로 인해 놀라움을 금할 수 없었다. 이런 생각들이 떠올랐다.

먼저, 이 꿈을 이뤄내기 위해 내 친구와 함께 일하는 것은 어떻게 이스라엘 성지 순례가 사역자들이 성경을 읽는 방식을 변화시킬 수 있는지에 대해 볼 수 있게 해주었다. 만약 내가 이스라엘 성지순례를 몇 차례 경험하지 않았다면첫 번째 성지순례에는 내 친구 부부도 동행했다, 개발하고 있던 프로그램에 성지순례를 포함시키는 것은 절대 생각할 수 없는 일이었을 것이다.

그러나 나는 이 고통스러운 오해를 통해 주님께서 나에게 성지순례가 중요하지 않다는 것이 아니라 내가 내 사역 가운데 성지순례를 지나치게 강조해서 부각하지 말아야 한다는 점을 말씀하시려 한다고 생각했다. 주님은 이렇게 말씀하셨다.

"나는 성지순례를 네 사역의 핵심으로 만들기 위해 너를 부르지 않았다. 지도자들인 목회자와 평신도들을 돌보거라. 그들을 가르쳐라. 그들의 친구가 되거라."

성지순례 프로그램을 위해 한 사람의 후원자만 확보하는 것은 건강하지 못한 의존성을 가져올 수 있다는 생각도 들었다. 지나친 의존성은 자유의 상실을 의미하며 나를 불편한 위치로 몰아갈 수도 있다. 이런 느낌과 가능성을 가지고 일을 처리해가는 동안 나는 다른 선택이 가능하다는 사실을 보기 시작했다. 바로 다음 주간에 여행사에서 나를 찾아와 이스라엘 성지순례를 계획하고 있는 목회자들을 위한 특별 할인가격을 제시했다. 제반 비용을 포함시킨 이 가격은 꽤 합리적이었으며, 그 비용을 지불할 만큼 충분한 자금이 모금되어 있는 상황이었다.

궁극적으로 이 경험에 대한 반응은 감사였다. 결정적인 순간에 나를 구해주고 내 곁에 있어준 친구에게 감사한다. 그러나 내가 계획하던 프로젝트에 필요한 비용을 전부 제공해 주지 않기로 한 그의 결정에도 감사한다. 어떻게 내 약속을 지킬 수 있을지 모른 채 어둠 속, 두려움으로 가득 찬 상황에 처해 있을 때, 실망감 속에서 하나님을 바라본다는 것은 쉽지 않았다. 그러나 내가 극복한 위기를 통해 이해할 수 없는 방식으로 섭리하시는 하나님께 감사한다.

평범한 날과 고통스러운 날에 더해 카이로스의 순간, 즉 평범한 시간은 중지되거나 초월해 있고 다른 종류의 시간이 우리의 의식에 침투해 들어온 것 같은 순간이 존재한다. 이런 순간적인 침투는 예고 없이, 자연스럽게, 합리성을 마비시키며 찾아와 다른 방식의 깨달음으로 안내한다. 이런 이상하고 놀라운 순간은 선물과도 같다. 이런 순간들은 기쁨과 은혜에 대한 감각을 얻게 해준다.

지나온 세월을 돌이켜 보면, 내 삶을 규정해 준 이런 은혜의 순간들을 몇 차례 더 경험했다. 멈춘 것 같은 시간을 처음으로 경험한 때는 열일곱 살 때였다. 그날은 살아계신 주님께서 내게 자신을 나타내 보여주신 밤이었다. 또 다른 경험은 내 아내를 처음 만났던 날 밤이었다. 너무나 멋진 순간이었다. 또 다른 경험은 몇 년 후 내가 성령수도원에서 기도하고 있을 때 어둠 속에서 "너는 주님을 모시고 섬기는 주님의 종이다"라는 음성을 들었을 때이다. 박사학위 공부가 끝나갈 즈음 신학교에서 가르치기를 소원하고 있을 때, 전도와 교회 성장에 관해 가르칠 교수를 찾는 위원회의 의장을 맡고 있는 옛 친구를 어느 백화점에서 우연히 만났을 때도 그런 순간을 경험했다.

돌이켜 보면, 그런 순간들은 위기의 때에 찾아온 것 같다. 내가 정체성에 대해 혼란스러워 하고, 예언의 성취와 교제를 갈망하고, 부르심과 소명의식에 대해 갈등할 때, 혹은 능력의 한계에 도달해 어떻게 계속 나아가야 할지 몰랐을 때 하나님께서 은혜로운 확신으로 나에게 찾아오신 것 같다. 이런 특별한 순간들은 명쾌함을 허락해 주었고, 나를 격려해 주었으며, 하나님께 권한을 위임할 수 있게 해주었다. 그것들 중 어떤 것도 요구한 적이 없었지만 말이다.

이런 특별한 순간 중 하나는 조금 전에 이야기한 여행사 직원을 만났을 때였다. 여행사 직원과의 약속은 카이로스의 순간을 만들어 내는 재료 같지는 않았다. 그러나 그 직원은 내가 씨름하고 있던 중요한 문제의 해결책을 가지고 있었다. 그 평범했던 날, 그 사람은 특별한 제안을 했다. 천사가 찾아온 것 같았다. 펄쩍펄쩍 뛰며 그를 끌어안고 싶었다.

몸은 절제했지만 마음은 절제하지 않았다. 그 순간 정상적인 생각의 방식은 잠시 멈췄고, "방금 들은 내용을 믿을 수 없어"라는 느낌이 나를 사로잡았다. 안심할 수 있다는 느낌과 뒤섞인 기쁨의 감정이 내 마음 깊은 곳에서 솟구쳐 올랐다. 한 시간 동안 내 마음은 감사로 불타올랐다. 그리고 그 사건을 묵상해 보았을 때 나는 한 번도 경험한 적이 없는 방식으로 하나님의 성령을 경험했다. 나에게 그 사건은 뜻하지 않은 발견으로 얻어진 하나님의 선물이었다. 그 선물로 인해 나는 중요한 사역을 계속해 갈 수 있는 자유를 얻었다.

나는 감히 그 직원이 나에게 찾아온 천사라고 말할 수 있다. 천사란 '하나님의 심부름꾼'이라는 의미이다. 나는 어떤 특별한 날에 천사들이 하나님의 심부름꾼으로 우리를 찾아온다고 믿는다. 이 생각에 대해 더 깊이 질문하지는 말라. 천사의 방문에 대한 내 부족한 신앙 고백이 내가 제시할 수 있는 최대한의 증거이기 때문이다. 히브리서에 있는 간단한 구절이 내 신앙을 지지해 준다.

"손님 대접하기를 잊지 말라 이로써 부지중에 천사들을 대접한 이들이 있었느니라" 히 13:2.

당신의 일상을 살펴보라

하나님께 귀 기울이는 데 왜 그렇게 오랜 시간이 걸렸는지 모르겠다. 아마도 하나님께 귀 기울이는 일에 무지했거나, 아니면 프로그래밍된 삶의 절차에 익숙해져 있었던 것 같다. 또 다른 가능성은 두려움, 순수함, 단순함이 이유가 될 수 있을 것 같다. 나는 오랫동안 어떤 좋은 것을 볼 수 없다는 걸 두려워했거나 하나님과 이런 관계를 맺는 것을 두려워했던 것 같다. 하지만 이제 내가 하루를 생각하는 데 방해가 된 그 어떤 것도 제거되고 없다. 그리고 돋보이지 않는 평범한 날에 종종 하나님을 만난다는 사실에 감사한다.

우리 삶 구석구석에 임재해 계신 하나님을 찾는 진지한 작업은 우리 믿음에 육화된 실체를 보여준다. 우리 삶에 일어난 사건들 하나 하나에 이름을 붙이고 심사숙고해 보면 하나님의 임재와 활동에 대한 확신이 우리 의식 속에 형성되기 시작한다. 이 변화된 인식이 기대로 변하고 그 결과 날마다 평범한 가시덤불이 불타고 우리가 선 곳은 거룩한 땅이기 때문에 우리 발에 신발을 벗으라는 신호를 보낼 것이라는 기대로 가득 찬 자신을 발견하게 된다.

우리가 하나님의 임재의식 속에 오랜 시간을 살면, 하나님의 임재에 대한 기대가 우리 영혼의 씨줄과 날줄에 잘 직조되기 시작한다. 자연스럽고 평범하고 예상되는 것들의 표면 바로 아래에 존재하는 임재의 신호들은 우리가 그 신호를 듣기 위해 멈춰 설 때 그 모습을 나타낼 것이다. 갑자기 우리는 또 다른 땅의 소리를 듣기 시작한다. 우리는 의미를 전달하는 광대하고 장엄한 언어를 발견한다. 무엇보다 우리는 우리가 듣는 소리가 진실하고 영구적인 소리의 메아리일 뿐 아니라 우리의 인식이 매일의 삶에 보이지 않게 숨겨져 있는 것들의 형상이라는 사실을 알게 된다.

오늘, 그리고 영원토록 함께 해야 할 바로 그 하나님과 대화하는 삶! 그 삶을 살아갈 때 당신의 삶이 얼마나 달라질지 상상해 보라.

묵상과 토론을 위한 질문

1. 시편 139편은 하나님의 임재하심에 대해 무엇을 가르쳐 주는가?

2. 평범한 일상의 삶에서 우리의 관심을 하나님께 집중하지 못하게 방해하는 것은 무엇인가?

3. 그리스도의 성육신이 어떻게 하루 하루를 바라보는 우리의 관점에 모범이 되는가?

4. 살아오면서 하나님의 임재를 경험한 사건을 회상해 보고 기록해 보라.

영성 일기 쓰기

1. 어제의 사건을 몇 문단으로 정리해 보라.

2. 어제 일어난 사건들을 천천히 묵상하면서 읽어 보라.

3. 어제 당신의 삶에 일어난 특별한 사건들에 대해 감사하라.

4. 다시 한번 하루를 되돌아 보라. 그리고 당신의 평범한 하루 속에 하나님께서 임재하신 곳에 대해 경이로워 하라.

5. 어제 당신의 삶에 임재하신 하나님께 감사의 편지를 써 보라.

7장

현실에 깊이 뿌리 박으라

우리가 하나님 앞에서 살아가고 있다면, 하나님은 어디에 계시는가? 만약 우주의 지정학적 위치를 찾아 헤맨다면, 아다도 가장 존귀한 하나님의 거처를 영원히 발견하지 못할 것이다. 하나님을 수용할 만큼 높은 산도, 깊은 바다도, 넓은 공간도 없다. 살아계신 하나님은 어느 곳에도 갇혀 계실 수 없다. 어느 곳에나 충만하시기 때문이다.

오래된 과거에서 하나님을 찾는 것도 소용없는 일이다. 하나님을 고고학적 잔해 속에서 또는 고대 사람들의 이야기 속에서 찾아보라. 잘해야 역사의 해변에서 하나님의 발자국 정도만 발견할 수 있을 뿐 그분을 아주 특별한 시대, 특별한 지역에 제한시키지는 못할 것이다. 우리가 만약 거룩하신 하나님이 거하시는 장소를 수천만 년 이후의 미래에서 찾는다면 시간을 보증하시는 하나님의 신실하심을 상상한다 할지라도 하나님을 발견할 수는 없을 것이다. 만약 우리가 하나님을 과거에서도 발견할 수 없고 미래에서도 발견할 수 없다고 결론 내려야 한다면 아마도 영원 속에 거하시는 하나님을 찾아내는 데 실패했다는 사실을 깨달아야만 할 것이다. 영원은 파악하기에는 너무 광대하고 그려내기에는 너무 신비롭다.

아마도 이렇게 하나님을 찾기 위해 시간과 공간을 헤매다 보면 현재 의식이 있는 이 순간을 제외하고는 하나님을 만날 모든 희망을 잃어버릴 것이다. 나는 바로 지금 이 순간이 하나님을 만날 시간이며 우리가 서 있는 이 자리가 하나님과 인간이 만날 장소라고 믿는다. 하나님과의 만남은 바로 지금 이곳에서 일어난다. 우리 주 하나님께서는 우리가 한때 살았던 과거에서 우리를 만나지 않으신다. 과거는 역사가 되어 고고학적인 잔해와 불완전한 기억 속에 죽어 장사되었다. 하나님께서 은혜와 신실하심을 통해 미래를 주관하시고 보증하시지만 미래는 여전히 인간의 인식 속에 구체화되지 않았다. 미래의 하나님은 예상을 통해서만 존재한다.

나는 토마스 켈리가 '영원한 지금' Eternal Now에 대해 쓰면서 거룩한 임재를 경험할 가능성을 반복해서 인식되는 현재의 사실인 것처럼 썼을 때 이런 어마어마한 생각이 그를 사로잡지 않았나 생각한다.

> 삶의 새로운 측면인 이 영광스러운 비밀을 발견한 이상 우리는 단순히 시간을 살아가는 것이 아니라 영원을 살아가고 있는 것이다. 시간계는 더 이상 우리가 인식할 수 있는 유일한 실재가 아니다. 두 번째 실재가

우리를 망설이게 하고, 자극하고, 떨리게 하고, 흥분시키고, 정력을 주며, 우리를 훼방하며, 하나님 안에 있는 모든 것과 더불어 사랑 안에서 우리를 껴안는다. 우리는 두 가지 측면의 삶을 동시에 살고 있다. 하나는 시간의 차원이고 또 하나는 무한의 차원이다. 이 두 가지 차원이 유동적인 경계를 유지하면서 하나의 상황을 형성한다. 때때로 찬란한 영원이 우위를 차지하기도 하지만 여전히 매일의 일상적인 현실을 인식한다. 때때로 어두움이 낮게 깔리면 영원을 인식하지 못하고 주로 시간계 속에 존재하지만 여전히 의식의 가장자리에서 느껴지는 아주 극미한 하나님의 임재감으로부터 자유로울 수 없다.[12)]

하나님 앞에서 살아가는 삶은, 과거가 때때로 오래된 셔츠처럼 색깔이 바랜 기억 속으로 사라져 버리고, 미래가 내일 아침 떠오를 태양처럼 기대에 속하는 바로 지금 일어난다. 기억과 직관이라는 것이 과거를 회상하게 하고 미래를 상상하게 만들어 주지만 이 두 가지 창조적인 역량은 지금 현재를 제외하고 어느 곳에서도 하나님을 경험하도록 도와줄 수 없다. 이제 우리는 바로 지금 이 순간에 깨어나 거룩하신 하나님을 섬길 수 있다. 지금 이 순간 우리가 하나님을 인식하고 그분께 집중할 때, 영원이 시간 속으로 개입해 들어온다. 순간순간이 거룩한 역사의 조각조각인 하나님의 때time로 변화되면서 말이다.

이 과감한 기대를 향한 자세는 어떠해야 하는가? 아마도 바로 지금 이 순간 하나님을 묵상하기 위해 미래를 향해 달음질하고 과거 속으로 헤매는 우리의 관점을 끊임없이 환기시킬 필요가 있을 것이다.

성경적인 묵상

창조주 하나님 앞에서 살아가야 하는 일평생은 매 순간이 선물이다. 이런 순간들이 모여 초가 되고 분分이 되고 시간이 되고 하루가 된다. 시편 기자는 시간의 파편들이 모이는 것을 보고 이렇게 노래했다. "이 날은 주님이 만드신 날, 우리 모두 주와 함께 기뻐하고 즐거워하자"시 118:24 _표준새번역. 이미 역사가 되어버린 어제도 아니고, 오직 가능성으로만 존재하는 내일도 아닌 이 날은 하나님이 만드신 날이다.

어느 날 아침 나는 하루라는 때에 대해 생각하고 있었다. 마치 지금 이 순간이 탄생하는 광경을 보는 것처럼 느껴졌다. 하루라는 때에 대해 생각하는 것은 시간의 탄생을 지켜보는 것 같았다. 나는 지금 이 순간을 살아가는 것에 대해, 그리고 어떻게 미래에 대해 몰두하지 않고 현실로 돌아올 수 있는지에 대해 생각하고 있었다. 묵상하는 동안 계곡의 지층 속에 감추어진 수원水源의 이미지가 떠올랐다. 그리고 잠시 동안 시간이 잉태하고 탄생시킨 존재의 원천을 드러내는 이 광대한 계곡의 가장자리를 둘러보고 있는 것처럼 느껴졌다. 나는 매 순간이 차례차례 존재 속으로 들어오는 것을 볼 수 있었다. 시간이 존재 속으로 들어올 때 나와 모든 사람에게 시간이 된다는 사실을 깨달았다. 시간의 탄생을 보자 우리 모두가 지금 이 순간이라는 한 가지를 공유하고 있다는 사실을 깊이 깨달았다. 모든 사람, 모든 국가, 자연 속에 존재하는 모든 것이 이 순간이라는 시간을 공유하고 있다. 매 순간의 탄생이 우리의 존재를 가능하게 해주며, 순간이라는 하나님의 선물 안에 함께 존재하는 일을 가능하게 해준다. 지금 이 순간에 동참함으로써 모든 것과 연합된다.

모든 것은 시간의 샘에서 흘러나온다. 파도처럼 밀려오는 시간은 존재하는 모든 것을 낳는다. 은혜와 존재와 섭리와 사랑과 능력이 시간의 샘으로부터 흘러나온다. 시간이 없다면 그 어떤 것도 존재할 수 없다.

시간이 탄생할 때 나는 하루라는 시간과는 상관없이 어디에나 존재하는 모든 것과 하나가 되었다. 그 순간이 나에게는 밤일 수 있고 다른 사람에게는 낮일 수 있지만 그것은 바로 이 순간이라는 동일한 시간이다. 이것이 바로 순간에 이은 순간, 그 순간에 또 다른 순간이 이어져 만들어지는 하나님께서 만드신 날이다.

시간이 없다면 그 어떤 것도, 단 하나도 존재하지 않는다. 예수님께서는 이 각각의 순간이 우리를 향한 하나님의 사랑을 전달한다고 가르쳐 주셨다. 이런 특별한 순간에 하나님께서는 세상 속으로 들어오셔서 삶의 피난처가 되시고 거룩한 임재를 의식하도록 만드신다. 예수님께서는 단순명료하게 미래에 대해서 스스로 염려하지 말라고, 특별히 가능성 있는 재난이나 실패에 대해서는 더더욱 염려하지 말라고 제자들에게 강하게 권면하셨다. 지금 이 순간 하늘 아버지께서는 우리를 지켜보고 계시고 우리의 필요를 채우시며 영원과 교제하게 하신다. 예수님께서 지금 이 순간 존재하고 있는 영광스러운 하나님의 임재에 대해서 어떻게 표현하시는지 주목해 보라.

> 그러므로 내가 너희에게 이르노니 목숨을 위하여 무엇을 먹을까 무엇을 마실까 몸을 위하여 무엇을 입을까 염려하지 말라 목숨이 음식보다 중하지 아니하며 몸이 의복보다 중하지 아니하냐 공중의 새를 보라 심지도 않고 거두지도 않고 창고에 모아들이지도 아니하되 너희 하늘 아버지께서 기르시나니 너희는 이것들보다 귀하지 아니하냐 너희 중에 누가 염려함으로 그 키를 한 자라도 더할 수 있겠느냐마 6:25~27.

삶에 대해 염려하지 말라! 미래에 대한 부정적인 상상은 염려로 연결된다. 나는 오래 전에 하나님의 임재하심은 미래적으로 경험될 수 없다는 사실을 배웠다. 이 말은 미래에 임할 하나님의 임재를 부인하는 것이 아니라 하나님의 임재하심은 지금 여기에서만 체험할 수 있다는 점을 재확인하는 것이다.

때때로 나는 건강이 약해지거나 위기를 만났을 때 극복할 만한 자원이 불충분하거나 실패할 가능성 같은 미래의 재난에 대해 걱정하고 염려한다. 내가 이런 부정적인 가능성을 상상하며 내 능력을 잘못 사용하고 있을 때는, 하나님의 도우시는 은혜를 체험한 적이 단 한 번도 없다. 반면 아버지가 54세에 돌아가셨을 때 그리고 어머니가 늙어 자신의 능력을 상실했을 때, 그리고 우리 아이들이 수술을 받거나 다른 위험에 직면해야 했던 바로 그 순간에 하나님은 내게 용기와 힘을 주셨다.

만약 오늘이 은혜의 날이요, 하나님께서 찾아오셔서 필요를 공급하시는 날이라면 지금 하나님의 임재에 반응하는 법을 배워야만 한다. 그러나 우리는 우리에게 말씀하시는 음성과 그분의 임재하심의 신호를 잊어버리거나 무시하는 경향이 강하다. 이런 전제를 마음에 품고 히브리서 기자는 이스라엘이 하나님의 말씀을 수종들지 않았던 때를 언급했다.

이스라엘 백성은 하나님을 비난하고, 하나님께 불순종하고, 하나님의 노를 자극하며 40년 동안 광야를 방황했다. 마침내 하나님께서는 선민을 향해 "너희들 중 그 어느 누구도 오래 전에 아브라함에게 약속한 땅을 기업으로 받지 못할 것이다"라고 말씀하셨다.

우리가 이 땅을 사는 동안 하나님께 더 철저하게 집중하도록 히브리서 저자는 이렇게 기록하고 있다.

"그러므로 성령이 이르신 바와 같이 오늘 너희가 그의 음성을 듣거든 광야에서 시험하던 날에 거역하던 것 같이 너희 마음을 완고하게 하지 말라 … 오직 오늘이라 일컫는 동안에 매일 피차 권면하여 너희 중에 누구든지 죄의 유혹으로 완고하게 되지 않도록 하라" 히 3:7~8, 13.

나는 이 순간에 주의를 집중하고, 현재에 주목하는 다양한 방법을 추구했다. 성령수도원을 찾을 때면, 나는 버나드 존슨 수도원장에게 영적인 안내를 해달라고 요청했다. 그분은 주님을 신실하게 따르는 사람이었고, 성령의 방법에 민감한 분이었다. 어느 날 나는 이렇게 질문했다.

"어떻게 제가 하나님 앞에서 매일 신실하게 살아갈 수 있을까요? 제가 성령에 민감하게 살아가도록 도와 주실 수 있겠습니까?"

그가 나에게 한 첫 번째 제안은 아마도 그 수도원장에게 수도원의 삶을 소개해 주었던 아주 나이 많은 수련 수사가 제안한 것이었다. 수도원장은 이렇게 말했다.

"삶에서 일어나는 모든 일이 당신의 유익과 하나님의 영광을 위해 일어난다고 믿으십시오. 모든 것을 이 하나님의 빛 아래에서 바라보아야만 합니다. 왜냐하면 한 번의 부인이 모든 것을 깨뜨려 버리기 때문입니다."

사실 이런 시각으로 삶을 바라보는 것은 그렇게 어렵지 않다. 그러나 이 시각을 유지하기 어려운 날도 있다. 배신당하거나 재난이 덮치거나 앞길이 어둡고 우울해지는 날에는 이 시각을 유지하기 어렵다. 그 늙은 수사는 젊은 수사가 수도의 길을 계속 가도록 다음과 같이 덧붙였다.

"한 번의 부인이 모든 것을 깨뜨려 버립니다."

삶에 일어나는 모든 일이 나의 유익과 하나님의 영광을 위한 것이라는 사실을 받아들이는 것이 내가 현실에 더 충실하게 살아가도록 도움을 주는가?

그런 다음 수도원장은 나에게 매일 "하나님께서 내가 바꿀 수 없는 것을 받아들이는 은혜를 주셨고, 내가 바꿀 수 있는 것들을 바꿀 수 있는 능력을 주셨고, 이 둘 사이의 차이를 알 수 있는 지혜를 주십니다!"라고 평온함을 비는 기도Serenity Prayer를 하라고 권면했다.

마지막으로 수도원장은 내게 아빌라의 테레사를 본받으라고 했다. 아빌라의 테레사는 십자가의 성 요한과 깊은 영적 교제를 나누었으며, 거룩한 수도회Holy Order를 창립했던 16세기의 성자다. 테레사는 이렇게 말했다고 한다.

"우리에게는 두 가지 감각이 필요하다. 믿음이라는 감각과 유머라는 감각이다. 믿음이라는 감각 없이 깨어나면 유머라는 감각에 의존해야만 한다. 만약 유머감각 없이 깨어난다면 믿음이라는 감각에 의존해야 한다. 삶의 모든 측면을 받아들이고 수용할 수 있도록 규칙적으로 기도하고, 우리가 가장 필요로 하는 두 감각을 개발하는 것이 현실에서 기쁘게 살아가도록 도와줄 것이다."

하나님 앞에서 살아가는 삶은 지금 이 순간 최선을 다해 살아갈 것을 요구한다. 내가 앞에서 인용한 신약성경은 그런 삶의 태도가 가지는 중요성을 확증해 주며, 예수 그리스도의 가르침은 그런 삶을 살아가도록 격려하고, 수도원 원장이 가르쳐 준 지혜는 실천으로 옮기는데 실제적인 조언이 된다. 모든 것이 우리의 유익과 하나님의 영광을 위해 일어나는 것이라는 사실을 받아들인다는 것이 도대체 어떤 의미일까? 평온함을 비는 기도를 매일 반복해서 드리면 어떤 일이 일어날까? 믿음이라는 감각과 유머감각을 갖고 살아가면 우리가 어떻게 변화될까?

present에 대한 묵상_ '현재' 와 '선물하다'

존재하는 순간에 대해 현실적이 된다는 게 무엇을 의미하는지 몇 가지 측면을 살펴보자. 현실적이 된다는 것은 육체 안에 거한다는 의미다. 즉 다른 어떤 곳이 아니라 몸이 있는 그곳에 당신이 존재한다는 의미다. 현실적이 된다는 것은 과거에서 헤매고 있는 것이 아니라 바로 이 순간 이 곳에 존재하게 된다는 의미이다. 현실적이 된다는 것은 더 많은 성취를 예상할 수 있거나 더 큰 염려로부터 벗어나기 위해 미래로 도피하는 것을 거절한다는 의미이며, 인식의 초점을 이 순간에 맞추겠다고 선택하는 것이다. 바로 이 순간 현실적이 된다는 것은 당신의 주변 환경을 인식하는 것이요. 무슨 일이 일어나는지 그리고 어떻게 그 모든 것이 당신과 연결되는지를 인식하는 것이다. 현실적이 된다는 것은 묵상하는 것이다.

현실로 돌아온다는 의미는 지금 당신이 존재하고 있는 바로 이 순간으로 온다는 의미이다. 현존한다는 것은 기억된다는 것이다.

내 생각에 명사 present가 동사 present와 철자가 정확히 일치한다는 것이 굉장히 흥미롭다. 똑같은 철자를 사용하는 이 두 단어는 현재를 살아가는 삶에 대해 흥미로운 도전을 던져준다. 만약 우리가 하나님을 지금 이 순간을 선물하시는 분으로 생각한다면, 지금 이 순간을 선물로 받아들일 수 있다. 선물을 주신다는 의미는 다음과 같다.

"누구에게 선물을 준다."_ 지금 이 순간은 하나님께서 주신 선물이다.

"또 다른 임재 속으로 들어간다."_ 하나님은 이 순간을 우리에게 도전과 기회로 허락하신다.

"헤아려 보도록 하신다."_ 하나님은 지금 이 순간 우리 안에서 그리고 우리에게 무슨 일이 일어나는지 헤아려 보라고 하신다. 매 순간은 결정과 재결정의 기회를 준다.

"무대에 선 등장인물로 연기하다."_ 하나님은 분별을 요구하시면서, 우리 삶에서 일어나는 사건들 속에 자신을 나타내신다.

하나님 아버지는 우리에게 매 순간을 선물로 허락하신다. 이 순간은 시간이라는 자궁 속에서 탄생한다. 시간이라는 자궁은 의미로 가득 채워져 우리에게 자유롭게 다가온다. 이 역할을 맡아 가장 존귀하신 분이 선물을 주시는 종으로 우리에게 찾아오신다. 이 역할은 예수 그리스도께서 물을 담은 대야와 수건을 가지고 제자들의 발을 씻기셨을 때 아주 명확하게 모델화되었다. 하나님이 우리에게 매 순간을 허락하실 때 그 순간들은 아주 놀라운 자유를 제공한다. 그 자유를 통해 우리가 어떻게 반응할지 묵상하고 결정할 여지를 갖게 된다. 삶에서 일어나는 사건들은 수많은 모양과 변장된 형태로 찾아온다. 살아 계신 하나님은 그 수많은 모양과 변장된 형태로 찾아오는 여러 사건들 속에서 우리 앞에 나타나신다. 은혜로우신 하나님은 우리 삶의 무대 위에서 하나님에 대한 새롭고 놀라운 계시들을 통해 우리와 간접적으로 대면하신다.

하나님이 선물을 주시는 분이 아니라 우리가 선물을 드리는 사람들이라고 생각하게 될 때 지금 이 순간 얻게 되는 깨달음은 무엇인가? 삶의 매 순간 우리의 삶을 하나님께 선물로 내어드리기 위해 노력하면 어떻게 될까? 그것이 우리에게 어떤 의미로 다가올까? 그리고 하나님께는 어떤 의미일까?

만약 매 순간 '우리 자신을 하나님께 선물로 드려왔다면' 우리가 자기 자신의 것이 아니라 하나님의 것이라는 사실을 인식하게 될 것이다. 사도 바울은 로마서를 기록했을 때 이 사실을 염두에 두었다.

"그러므로 형제들아 내가 하나님의 모든 자비하심으로 너희를 권하노니 너희 몸을 하나님이 기뻐하시는 거룩한 산 제물로 드리라 이는 너희가 드릴 영적 예배니라 너희는 이 세대를 본받지 말고 오직 마음을 새롭게 함으로 변화를 받아 하나님의 선하시고 기뻐하시고 온전하신 뜻이 무엇인지 분별하도록 하라"롬 12:1~2.

자신을 하나님께 내어드리는 매 순간, 우리는 간호사가 첫 대면을 위해 엄마에게 안고 가는 갓난아기와 같은 존재다. 매 순간이 새롭게 주어진다는 것은 자신을 하나님께 내어드리는 사람을 매 순간 새로운 사람으로 탄생시킨다.

하나님의 임재 가운데 반복해서 나아갈 때, 우리는 하나님께 우리 삶을 헤아려 달라는 무언의 요청을 하게 된다. 하나님이 우리 삶을 헤아려 주시면 우리 삶이 교정되고 변화되는 경험을 하게 될 것이며, 하나님께서는 우리의 사랑과 헌신을 기뻐하시고 즐거워하실 것이다.

분명 우리는 역사의 무대 위에 서서 어떤 부분을 연기하는 배우들이다. 이 드라마 속의 모든 사건이 하나님이 기억하실 만큼 가치 있는 것은 아니다. 예를 들면 범죄, 전쟁, 남용 같은 것이 하나님이 기억하실 만한 사건은 아닐 것이다. 하지만 하나님의 가족으로서 투구를 쓰고 매 순간 하나님 앞에서 살아가는 하나님의 자녀는 하나님의 기억 속에서 영원히 기억될 역사를 창조하는 데 동참하고 있다.

지금 이 순간으로 돌아오라

현실로 돌아오는 것은 아주 비싼 배당을 받게 하는 습관이 될 수 있다. 그러나 여전히 이런 풍성한 배당은 읽는 것이나 생각하는 것만으로는 분배될 수 없다. 현실로 돌아오는 것이 무엇을 의미하는지 알기 위해, 실제 현실로 돌아와야만 한다.

현실로 돌아올 때 새로운 창조가 일어나고, 완전히 새로운 세계가 탄생한다. 활력 없고, 의미 없게 다가왔던 세상이 숨을 쉬고, 그 세상의 모든 부분이 활기를 띠는 느낌을 받는다. 현실로 돌아오면 세상이 황홀해졌다고 말할 수 있을 것이다.

카를로 카레토가 말하는 이 놀라운 변화에 대해서 생각해보자.

어떻게 그 일이 당신에게 일어났는지는 모르지만 나에게 어떻게 일어났는지는 안다.

하나님은 아주 거대한 비유처럼 내 마음속에 찾아오셨다. 내 주변의 모든 것들이 그분에 대해 말해 주었다.

하늘이 그분에 대해 말해 주었다. 땅이 그분에 대해 말해 주었다. 바다가 그분에 대해 말해 주었다.

그분은 보이건 보이지 않건 보이는 모든 것과 보이지 않는 모든 것 안에 숨어 있는 비밀이시다.

그분은 모든 문제에 대한 해답 같은 분이다. 그분은 내 삶에 개입했던 그 어떤 사람보다 중요한 분이시다. 그분과 함께 내가 영원히 살아야만 한다.

나는 곧바로 '항상 계시는 하나님' 이 나를 감싸시는 것을 느꼈다. 내가 지나갔던 곳에 모든 나뭇잎들로부터 나를 바라보셨던 그분, 그리고 머리 위로 유유히 지나가는 구름이 있는 하늘에서 나를 바라보셨던 그분이 말이다.[13)]

현실로 돌아올 때 우리는 미래에 대한 모든 염려와 걱정으로부터 자유로워질 수 있다. 미래는 아직 찾아오지 않았고 미래의 경험은 우리 앞에 펼쳐지지 않았다. 그러므로 우리가 현재에 집중할 때 걱정할 것이 별로 없다.

만약 내가 신학교 1학년 때 내가 살던 아파트가 불에 탈 것을 알았다면 완전히 두려움에 휩싸이고 염려에 휩싸였을 것이다. 하나님은 상상하며 염려하는 질병을 치유하시는 은혜를 주지는 않으신다. 그러나 나와 내 가족의 모든 것을 잃어버리는 경험을 통해 찾아왔던, 충분히 두려움을 느끼고, 염려해야 할 만한 상황이 전개되었을 때 나는 걱정하지 않았다. 내가 두려움에 휩싸여 있어야 했던 바로 그 특별한 순간에 하나님의 은혜가 나를 평안케 했기 때문이다.

현실로 돌아올 때, 우리가 처리해야 할 어떤 슬픔이나 후회도 존재하지 않는다. 죄악과 실패와 부끄러움으로 점철된 우리의 과거를 직면하고 그것을 하나님 앞에 있는 그대로 드러내 보일 때, 과거에 대해 염려할 것이 없다. 지나가 버린 과거이기 때문이다. 그러므로 우리 마음이 과거의 어떤 고통스러운 부분으로 돌아가 방황할 때면 그냥 '현실로 돌아와' 과거의 기억들이 홀로 외로이 힘을 잃어버리고 사라지도록 내버려 두면 된다.

우리 모두는 고통스러운 오해를 경험할 때가 있다. 그 중에서 내가 늘 칭찬하고 존경했던 분과의 관계에서 경험했던 오해는 정말 힘들었다. 그는 터무니없게도 그가 설립한 재단이 내가 진행한 프로젝트에 투자했다고 오해하고는 그 프로젝트에 지출된 비용에 대해 나중에 갚아 달라는 요청을 했다. 그런데 그 이전에 그런 추측에 대해 나에게 한 번도 언급한 적이 없었다. 자본금 회수를 요청하는 편지를 받았을 때 나는 충격을 받았고, 화가 났고, 침체되었다.

나는 그 문제에 대해 주말 내내 생각했다. 머릿속에서 두 가지 함성이 번갈아가며 논쟁하고 판단하고 설명했다. 이런 내면의 대화는 내가 기록하고자 하는 것보다 훨씬 더 길게 지속되었다. 마침내 나는 그 순환 고리를 깨뜨리고 정신을 차렸다. 현실로 돌아온 것이다. 나 자신과 나눈 새로운 대화가 내게 많은 도움을 주었다.

> 내가 오늘 이 상황을 교정하기 위해 뭔가 할 수 있을까? 아니!
> 내가 초라해 보이거나, 권위가 떨어진 것처럼 느끼거나, 실패했다고 느낄 이유가 있을까? 그렇지 않아.
> 그러면 현실로 돌아와 네 앞에 있는 문제에 반응해라. 네가 상상하는 것이 아니라 네 앞에 실제로 존재하는 것들에 대해서만 반응해라.

우리가 현실로 돌아올 때 우리는 실제 상황을 경험한다. 진짜는 지금 존재하는 것이고, 이곳에 존재하는 것이고, 이 순간의 경험이다. 실제 상황은 여기, 우리 앞에 존재하는 것이요 하나님께서 우리에게 선물하신 것이다. 그리고 우리가 감당해야 할 부분은 우리 자신을 그분께 내어드리는 것이다.

또 다른 경험 역시 내가 현실로 돌아올 이유를 던져 주었다. 어느 날 갑자기 내가 그 그룹을 이끌어 가는 데 부적당하다는 느낌에 압도

당했을 때, 바로 그 그룹을 가르치고 있었다. 나는 그날 아침 영적인 여정과 기도에 대해 말하면서 아침 경건회를 인도하고 있었다. 두 시간동안 에너지를 쏟고 나자 내가 침체되는 느낌을 받기 시작했다. 머릿속에서 이런 음성이 들려왔다. 나는 감사의 대상이 될 가치가 없는 존재야. 무능한 사람이야. 생각하면 생각할수록 나는 점점 더 침체되었다.

그 음성은 그날 아침 내내 나를 괴롭혔고, 점심식사 때도 마찬가지였다. 그렇게 자기 연민에 빠져있을 때, 나는 하나님이 지나간 과거의 시간 속에서 발견되는 분이 아니라 바로 지금 이곳 점심식사 테이블에서 내가 새로 처한 상황 속에서 발견되는 분이라는 사실을 기억했다. 그리고 나는 현실로 돌아왔다. 현실에서는 그 어떤 음성도 들리지 않았다. 바로 그 순간에는 그 어떤 것도 잘못되어 있지 않았다. 내가 마음속에서 스스로 만들어낸 거짓말 믿기를 멈추고, 다른 사람들이 아마도 이렇게 비판할 것이라고 상상하는 것을 멈추었을 때 침체되고 부적당한 존재라는 느낌은 사라졌다. 나는 내가 이 사람들에 의해 평가받지 않는다면 살아남을 수 있다는 점을 깨달았다. 더 나아가 내가 이 사람들이 나에 대해서 무엇을 생각하고 무엇을 느끼는지조차 정확히 모른다는 사실을 깨달았다.

바로 그 순간 나는 자신을 하나님께 드렸다. 하나님은 나를 기뻐하셨다. 하나님께서 나와 함께하시는 한 나는 무엇을 하든 하나님을 기쁘시게 해 드리고 있었다. 이것이 그 순간의 실제였다. 그리고 그것이 바로 그 순간 일어났던 일이었다.

현실로 돌아올 때 우리는 은혜를 경험한다. 은혜는 우리가 알지 못하는 미래에 대한 염려스러운 상상을 소멸하기 위해 주어지지 않는다. 은혜는 오래된 자기 연민이나 자기 정죄의 느낌에 뿌리를 두고 자라난 과거에 대한 불평을 해결해 주기 위해 주어지지 않는다. 은혜는 지금 이 순간 우리가 앞에 놓여 있는 문제를 다루어 가도록 돕기 위해 주어진다.

내가 노스 캐롤라이나에서 수련회를 인도하던 때가 기억난다. 한 시간이 끝났을 때 한 여인이 자신이 경험한 하나님에 대해 혹은 경험의 부족에 대해 나와 함께 이야기하려고 찾아왔다. 그녀는 자신이 하나님으로부터 멀리 떨어져 있다고 느끼고 있었다. 어떻게 그녀가 과거의 어느 순간에 그랬던 것처럼 하나님과 가까이 있다고 느낄 수 있을까? 그녀는 이렇게 말했다.

"저는 산에서 정상을 바라볼 때 하나님의 광대하심을 느끼고 하나님의 임재에 가까이 있는 것 같아요. 그런데 다시 평지로 돌아오면 하나님에 대한 인식은 증발해 버리는 것 같습니다. 어떻게 해야 할까요?"

"현실로 돌아오십시오." 나는 그녀에게 말했다.

"바로 이 순간, 당신을 위한 하나님은 산에 계신 것도 아니고 평지에 계신 것도 아닙니다. 하나님은 이 순간에 존재하십니다. 당신이 그걸 믿을 수 있다면 바로 이 순간 당신은 하나님의 임재 속에 있는 것입니다. 하나님께서 당신이 산에서 경험했던 방식으로 찾아오기를 구하지 마십시오. 하나님이 지금 이 순간 오시기로 작정하고, 바로 그 분의 있는 모습 그대로 오시도록 그분을 찾으십시오."

그리고 이렇게 덧붙였다.

"아마도 하나님은 존재하지 않는 언어로 말씀하실 것입니다. 아마도 당신은 이 순간에 하나님의 음성을 듣기 위해 성령의 언어를 배울 필요가 있을 것입니다."

우리는 지금 이 순간 자신을 보여주시는 하나님과 자신을 보여주는 자아의 기반 위에 조성된 의미를 전달받는다. 특별히, 어두운 밤과 잠 못 드는 밤을 포함해서 만약 우리가 집중하지 않는다면, 그리고 우리에게 일어나는 일의 실제성을 수용하지 않는다면 순간의 의미는 우리에게서 점점 멀어질 것이다. 우리들 대부분은 하나님이 우리를 버리셨다고 생각하면서 인생의 이런 어두운 시간들을 두려워한다.

장 피에르 드 코사드는 믿음의 어두움보다 우리를 곁길로 인도하기에 좋은 것도 없다고 말한다. 바로 그 어두움이 우리의 안내자가 될 수도 있다. 어떻게 이런 일이 가능한가? 이것을 은혜라고 받아들일 수 있는가? 당신은 하나님이 어둠 속에서 당신의 친구요 안내자로 함께하신다는 사실을 믿을 수 있는가? 시편 기자는 이렇게 말한다.

"어두움은 나의 동반자입니다"시 88:12.

내가 주장하는 것은 우리 인생의 여정동안 이런 버려졌다는 느낌이 하나님의 임재에 대해 새로운 형식을 열어 준다는 것이다. 이 문제에 대해서 잠시만 생각해 보라. 믿음의 어두움이란 우리가 우리를 눈부시게 하는 빛 사이로 걷고 있다는 말이 아닌가?

이 사실을 인식하고 받아들이는 것은 우리가 현실로 돌아오는 데 도움이 된다. 그리고 이렇게 할 때 우리는 삶을 재구성하고 변화시키려 노력하는 엄청난 양의 에너지를 낭비하지 않게 된다.

현실로 돌아올 때 우리는 기분이 좋아진다. 어찌 감사하지 않을 수 있겠는가? 우리는 자신을 선물로 주시는 하나님의 현 세계를 보고 느끼고 경험한다. 우리는 생명과 존재와 가능성을 가지고 있다. 그리고 여명의 순간이 찾아왔을 때 우리 영혼은 찬양과 감사로 자발적인 기쁨의 제사를 드리게 된다.

아마도 다음 이야기를 들으면 나의 초대가 당신에게 더 의미 있게 다가갈 것이다.

현실로 돌아오라. 그것은
당신이 살아가는 시간이요.
당신의 삶의 자리이며.
하나님의 은혜의 자리이다.
현실로 돌아오라. 그것은
당신이 가진 모든 것이요.
중요한 모든 것이요.
모든 순종이 시작되는 곳이다.

현실로 돌아오라.

그곳은 하나님이 계신 곳이다.

그러므로 우리는 현재의 순간을 살아가는 법을 배워야만 한다. 현재의 순간은 항상 선물로 주어지는 순간이다. 하나님께서 하나님 자신을 선물로 나타내 보여주시고 우리는 우리 자신을 하나님께 내어 드린다.

하나님이여 내가 당신 앞에 앉아
묵상합니다.
내가 지금
당신의 임재를 깨닫습니다.
지금
당신께서 나를 감찰하십니다.
내가 당신을 찾아 헤맬 필요가 없습니다.
다만 나를 보여드리기만 하면 됩니다.

당신 안에서 살아가는 삶은
현재를 사는 것입니다.
당신께서 치유하심은
현실 속에서 일어납니다.
어려움과 고난을 극복할 능력이
현실 속에 있습니다.
찬양과 경배가
현재 속에 있습니다.

현실을 보호하는 무기로 내 마음을 무장해 주소서.

두려움이나 후회 같은 감정들로부터 시작되는

상상을 막을 수 있는 믿음을 주소서.

내 마음의 길을 포장할

진리를 주소서.

내 마음을 지켜주는

삶의 의를 주소서.

나의 의심을 잠재울

묵상과 토론을 위한 질문

1. 현실로 돌아온다는 것은 무엇을 의미하는가?

2. 현실로 돌아오는 것이 어떤 방식으로 예수 그리스도의 삶을 특징지워 주는가?

3. 무엇이 현실로 돌아오지 못하도록 방해하는가?

4. 현실로 돌아올 때 당신에게 어떤 일이 일어나는가?

영성 일기 쓰기

1. 일기 쓸 조용한 장소를 찾으라.

2. 조용히 침묵하라. 당신의 마음이 평안해지면 다음 문장을 짧은 문단으로 완성하라.
   "지금 이 순간 나의 세계는 ________________으로 구성되어 있다."
   "지금 이 순간 나는 ________________에 대해 생각한다."
   "지금 이 순간 나는 ________________을 느끼고 있다."
   "지금 이 순간 하나님은 ________________분이시다."

8장

마음속 하나님의 위치를 파악하라

어떻게 하나님을 우리 기도 속에 모실 수 있을까? 하나님은 어디에 계시는가? 이 단순하고 어린아이 같은 질문에 쉽거 대답해 버릴 수도 있다.

"어느 곳에나 계셔요."

진실로 하나님은 어느 곳에나, 그리고 모든 만물 안에 존재하신다. 이제부터 솔직해지자. 정말로 '어느 곳'을 향해서든 상관하지 않고 기도할 수 있는가? '어느 곳'이라는 단어가 의미하는 진정한 뜻은 무엇일까? 우리가 기도 가운데 하나님을 초청하면 모든 곳은 하나님을 만나는 장소가 되어야만 한다. 어느 곳에나 거하시는 하나님께 기도하는 것은 우리의 기도가 이미 겪고 있는 혼란보다 훨씬 더 심하게 우리의 의식을 편린화 하고 기도를 갈라놓을 수 있다.

이제부터 내가 경험했던 기도의 단계를 살펴볼텐데, 이를 통해 다양한 기도의 자세를 배울 수 있을 것이다. 처음 기도할 때, 나는 하나님께서 나를 멀리서 바라보시면서 나에게 귀 기울여 주시기를 원했고, 하나님을 우주의 가장자리에 모셨다. 하나님을 '하늘 위 높은 곳에 계신 분, 혹은 저 바깥세계에 계신 분' 이라고 생각하는 것은 그분을 멀리 쫓아내는 것이다. 나는 중보기도를 드릴 때는 마치 내가 중보하고 있는 그 사람에게 하나님께서 선하게 나타나시고 그 사람과 관계를 맺어달라고 설득하고 있는 것처럼 혹은 설득하기 위해 애쓰는 것처럼 느껴졌다.

그러나 우주의 가장자리에 존재하시는 하나님께 기도드리는 것은 가까이 계신 하나님께 기도드리는 길로 변화되었고, 나와 함께 같은 방에 계신 하나님께 기도드릴 수 있게 되었다. 나는 오래 전, 어떤 분에게 예수님께서 내 앞에 앉아계신 것처럼 예수님과 대화하는 법을 소개받았을 때 이 근본적인 변화를 경험했다. 난 그분이 앉아계시다고 상상하는 빈 의자를 내 앞에 가져다 놓기도 했다. 잠시 동안 내 앞에 앉아계신 그리스도께 기도드리는 것은 집중력을 높여 주었고, 기도에만 초점을 맞출 수 있었다. 하지만 결국 이런 상상은 고착화되었다. 자발성과 깊은 임재의식으로 시작된 기도는 어느 순간 얼어붙어 버렸다. 결과적으로 '내 앞에 앉아 계신 그리스도' 는 얼마만큼 집중하느냐에 상관없이 생명력 있는 기도생활에 지속적으로 영향력을 미치지 못했다.

시간이 지남에 따라, 의자에 앉아계신 예수님께 기도드리는 것은 그분을 우상화하는 것 같았다. 상상력을 동원하여 기도하는 방법이 도움이 된다는 걸 발견한 사람들을 정죄하는 게 아니다. 어떤 사람들은 그렇게 기도해도 주님을 우상화시키는 쪽으로 가지 않고, 하나님을 조정하는 수단으로도 이용하지 않는다. 이 방법은 정말 기도하는 데 도움을 줄 수 있다. 그러나 어떤 방법도 그 효과가 오래 지속되기는 쉽지 않다.

예수님 앞에서 기도하는 것을 악용하지 않기 위해 나는 기도와 관련된 하나님의 자리에 대해 다른 관점을 추구했다. 존 던John Donne은 쿠사의 니콜라스의 견해를 따라 이렇게 말했다.

"우리가 하나님을 보는 것은 우리에게 보이는 대로 보는 것과는 다른 문제다."

우리가 보려고 노력하기보다 우리 스스로가 하나님께 드러나도록 할 때 놀라운 의식의 전환이 일어난다. 나는 모든 이미지로부터 자유로워진 자신을 발견했고, 내 앞에 있는 분이라는 생각은 곧 내 뒤에 계신 존재라는 생각으로 바뀌는 것을 발견했다. 하나님께서 내 뒤에 계시다고 생각했을 때 하나님의 임재가 내 시야에서 벗어났고, 더 이상 아무런 이미지도 필요 없게 되었다. 하나님께 드러나려면 하나님에 대한 이미지를 마음속에 그리는 것이 아니라 하나님의 임재에 대한 인식이 필요하다. 하나님의 이미지가 하나님의 임재로 바뀌자마자 그분의 얼굴을 내가 볼 수도 없고 볼 필요도 없었던 바로 그 하나님 앞에서 드리는 기도를 경험했다.

하나님께 드러나는 것은 너무 쉽게 느껴졌다. 나는 내 뒤에 계신 하나님께 초점을 맞추기 위해 발버둥치지 않았다. 단지 나를 바라보시고, 나를 아시고, 나를 사랑하시는 그 하나님 앞에 머물려 했다. 나는 소극적이지도 무관심하지도 않았다. 오히려 열려 있었고 활동적이었고 이해력이 빨랐다. 내가 기울이는 노력은 하나님을 추구하는 것에서 하나님께 발견되는 쪽으로 변화되었다. 그리고 눈으로 보는데 초점을 맞추던 것에서 하나님께 발견되는 쪽으로 변화되었다. '어느 곳에나 계신' 하나님께 드러나려는 태도로 인해 모든 장소에서 하나님의 이미지를 상상하려는 노력을 포기하고, 바로 이곳에 계신 하나님의 거룩한 임재를 생각하게 되었다.

이 이야기를 통해 여러 해 동안 내가 어떻게 점점 더 다가오시는 하나님을 마음속에 그리게 되었는지 주목해 보라. 기도에 대한 나의 풋내 나는 노력들은 높은 곳에 계시고, 외부 세계에 계시고, 나를 초월해 바깥세계 어느 곳에 계시는 하나님께로 향하게 되었다. 그런 후 멀리 계시던 하나님이 그리스도 안에서 내게 임하셨다. '저기 바깥에 계시는 하나님' 으로부터 내가 대화할 수 있고, 내 앞에 계신 하나님으로의 변화는 그분과의 연합과 교제를 가능하게 해주었다. 초월해 계신 하나님은 명령을 내리거나 영적인 변화를 가져오기 위해 우연한 순간에 의식 안으로 침투해 오신다. 그러나 이런 일은 자주 일어나지 않고, 하나님이 언제 또 방문하실지 알고 싶게 만든다.

앞에 계신 하나님으로부터 뒤에 계신 하나님으로의 변화는 영적 성장의 후반기에 찾아왔다. 그런 변화를 통해 나는 이미지가 필요 없는 단계로 나아갔다어떻게 볼 수 없는 것을 마음에 그릴 수 있겠는가?. 그리고 예전에 내 앞에 계셨던 예수님의 모습이 내 옆에 임해 있는 그분의 임재로 변화되었다. 볼 수 없는 하나님이 내 옆에 계신다. 하나님은 나를 사랑하시고 나를 아시고 나에게 자신을 나타내 보여주신다. 하나님은 나를 보시지만 나는 하나님을 볼 수 없다. 하지만 여전히 나는 믿음 안에서 나를 보시는 하나님을 볼 수 있다.

요즘엔 내 안에 계신 하나님이라는 또 다른 변화와 씨름하고 있다. 물론 그 개념은 새로운 것이 아니다. 나는 제자로 헌신한 초기부터 우리와 함께 계시고 우리 안에 거하시겠다는 그분의 약속을 알고 있었다. 나는 여러 해 동안 포도나무이신 예수님에 대해서, 나뭇가지 중의 하나인 나에 대해서, 그리고 내가 그분과 함께 세례를 받아 연합하는 것에 대해 말씀하시는 성경 본문을 알고 있었다. 그러나 그 본문을 아는 것과 본문을 경험하는 것 사이에는 엄청난 차이가 존재한다.

나는 배울 준비가 되었을 때에 하나님이 우리를 가르치시고, 따를 수 있을 때 우리를 인도하신다는 사실을 믿게 되었다. 이런 영적 준비에 대한 개념은 그리스도께서 하나님 앞에서 살아가도록 우리를 가르치시는 장본인이라는 확신으로 이끌어갔다. 예수님은 탁월한 교사로서 가장 합당한 시간에 우리들이 살아가야 할 삶의 다음 단계로 이끄실 길을 찾아내신다. 그분이 말씀하시는 방법에 대해 뭔가를 알고 있었기에 내 기도 중에 지속적으로 떠오른 어떤 아이디어에 주목하고 집중하게 되었다. 침묵 속에서 이런 문장이 계속 떠올랐다.

"나는 네 안에 존재한다. 네 마음속에 있는 나를 수종들어라."

3년이 넘는 시간 동안 이 지시는 계속되었다.

"나를 네 안에 있는 존재로 생각하거라."

몸부림

왜 하나님께서 '내 안에 계시다'는 사실을 믿는 것이 내게 그렇게 갈등을 일으키는지 이해할 수 있겠는가? 나는 거룩한 분이 임재하실 만큼 가치 있는 존재가 아니다. 하나님께는 분명 나보다 더 유능한 일꾼들이 있다. 왜 하나님께서 바로 지금 시점에 내 속에 존재하고 계신다는 사실에 대해 나와 함께 이야기하려고 하셨을까? 내 안에 임재하신 분과 몇 년 동안 씨름한 이후에 나는 주님께 무엇을 해야만 하는지 질문했다. 나는 하나님이 말씀하신다고 생각하는 것들을 이렇게 기록해 놓았다.

> 내가 네게 준 인생의 소명과 일치된 삶을 살아라. 나는 너를 태초부터 내 나라 가족의 일원으로 선택했다. 네가 감당해 주었으면 하는 그 일을 이루는 데 필요한 은사를 너에게 주었다. 훈련이나 외모나 지식이나 다른 모든 것들에 대한 경험이 부족하다고 초조해 하지 말아라. 너의 전 생애는 정확하게 이 순간을 위해 준비되었다. 그리고 너는 네가 감

당하게 될 그 일을 할 준비가 될 것이다.

내 임재에 대해 너를 가르치려고 노력하고 있는 것에 집중해라. 지난 몇 년 동안 너에게 말한 것처럼 "나는 네 안에 있다. 나의 영인 성령은 네가 인지하고 있는 것보다 훨씬 더 가까이에 존재하고 있다. 심지어 네가 가장 예민한 인지력을 유지하는 순간에라도 너는 내가 얼마나 너 가까이에 있는지를 인식하지 못한다." 긴장을 풀고 내가 네 안에서 역사하고 있고, 너의 추구 속에 너의 발견 속에 너의 꿈 속에 역사하고 있다는 사실을 신뢰하는 법을 배워라. 주목해 보아라. 너는 다른 사람이 가지지 못한 은사들을 가지고 있다. 다른 사람들도 네가 가지지 못한 은사들을 가지고 있다. 네 은사에 맞는 일을 하거라. 네가 인식하든 못하든 상관없이 너의 은사는 대단하다. 다른 사람들이 너 자신보다도 너의 은사를 훨씬 더 명확하게 본다.

올 한해가 지나는 동안 나를 기억하도록 노력해라. 너에게 무슨 일이 일어나든지 나는 너와 함께 있다. 어떤 일이 일어나더라도 합력하여 선을 이루기 위해 너와 함께 있을 것이다.

연초에 주어진 이 말씀 속에서 하나님은 지난 몇 년간 나에게 반복적으로 감동시켜 오신 것을 믿도록 격려하셨다. 나는 하나님의 존재가 실재로 내 안에 계시다는 사실을 믿는 믿음을 향해 작은 걸음을 내디딜 만큼 충분한 격려와 힘을 얻었다.

또 다른 예화 하나가 어떻게 주님께서 내 안에 존재하는 임재에 대해 나와 말씀하셨는지를 분명하게 해줄 것이다. 나는 예전보다 더 자주 내 안에 계신 그분의 실재에 대해서 생각한다. 하지만 내가 이 진리를 붙들고, 이 진리에 사로잡히는 것은 여전히 어려운 일이다.

나하나님의 자녀들에게 가르치고 설교하고 컨설팅할 때 네게 필요한 것은 내가 네 안에 있다는 사실을 기억하는 것뿐이다. 내가 너를 선택했고, 너는 내 안에서 세례를 받았다. 그리고 네가 받은 세례의 의미에 부합된 삶을 살아가기 위해 이미 먼 길을 걸어왔다. 그 과정은 마땅히 나아가야 할 방향으로 가고 있다.

내가 네 안에 있어 너를 통해 말하고 지도해갈 때 갈등하거나 긴장할 필요가 없다. 나는 너를 통해 말하고 너를 통해 일할 것이다. 어제 네가 이끄는 박사학위 과정의 수업에서 학생들이 너에게 말한 내용을 기억해 보아라.

"교수님께서 우리 말을 들어주시고, 우리에게 다가와 주시고, 우리가 무엇을 말할 것인지에 대해 생각하는 과정을 통해 이루어지는 수업을 통해 우리들에게 너무나 큰 도움을 주셨습니다. 무엇을 말해야 할지 생각하고 있는 교수님의 얼굴을 바라보고, 교수님의 얼굴에 나타나는 표정들을 통해 많은 것을 배웠습니다."

그들이 이런 말을 할 때 경험했던 것은 네 안에 존재하는 성령의 임재다. 바로 그 성령의 임재가 너에게 분별력을 주고 있다.

올해가 지나가기 전에 너에게 내 안에 거하는 것에 대해 더 많이 가르

> 쳐줄 것이다. 네 앞에 있는 포도나무와 가지에 관한 이미지를 계속 유지하거라. 나는 포도나무요, 너는 그 포도나무의 한 가지이다. 나는 네 안에 있고 너는 나와 연결되어 있다. 가지가 나무 둥치에 붙어 있으면 열매를 맺을 것이다.

어떤 날에는, 기도를 시작할 때 하나님의 성령이 나 안에 계시는 것 같다. 이런 인식은 하나님의 이미지로 나를 이끌어가는 것이 아니라 오히려 임재 앞에 자신을 내어드리는 명확한 감각을 제공해 준다. 어느 날, 이런 임재를 느꼈을 때 응답의 기도를 기록해 두어야겠다고 생각했다.

> 오늘 기도를 시작했을 때 당신이 바로 이곳에 저와 함께 계시며, 저를 주목하고 계시다는 느낌을 받았습니다. 요구하지도 않았는데 당신의 음성이 저에게 들려왔습니다. 당신은 이렇게 말씀하셨습니다.
>
> "내가 너와 함께 있을 뿐만 아니라 네 안에 있다. 네가 고통당할 때 나는 너와 함께 고통당하고 네가 두려워할 때 너에게 용기를 주며 네가 남은 생애를 살아가는 동안 나를 바라보기를 원한다. 나는 네 곁에서 너를 인도할 것이다."
>
> 당신은 주님이시며, 은혜 베푸는 분이십니다. 당신의 은혜가 오늘 저와 함께, 제 위에 머물기를 원합니다. 제가 당신의 음성을 정확하게 들었는지 모릅니다. 하지만 저는 당신이 저에게 "속도를 줄여라, 올해는 더

이상 일을 맡지 말아라. 네가 꼭 지키지 않아도 되는 일을 취소해라"라고 말씀하신다고 믿습니다.

당신의 자비로 인해 감사드립니다. 저는 당신이 저와 함께 계시며 당신의 이름의 유익을 위해 일하고 계신다는 사실을 알고 있습니다. 제가 당신의 뜻을 따라 살게 해주십시오. 제 마음을 보호해 주십시오. 제 생각을 정결하게 해 주십시오. 제게 가까이 오사 당신께서 늘 제가 이렇게 되었으면 하고 생각했던 바로 그 사람이 되도록 저를 변화시켜 주십시오. 오늘뿐만 아니라 다가올 미래를 위해 저에 대해 세워 두신 우선순위를 보여 주십시오. 당신은 주님이십니다. 당신은 은혜 베푸는 분이십니다.

지금까지 소개한 내 경험들이 내 몸부림의 깊이를 정확하게 전달해줄 거라고 기대하지는 않는다. 다만 지금 제시한 내 삶의 예들이 적어도 내가 하나님과 어떤 대화를 나누었는지 보여주기를 바란다. 좀 전에 소개한 내용들은 하나님과 내가 지난 몇 년 동안 나누었던 많은 대화 중에 예가 될 만한 것일 뿐이다.

그리스도께서 내 안에 거하신다는 사실을 믿으려고 몸부림치면서 나는 폴 틸리히Paul Tillich에게 도움을 받았다. 폴 틸리히는 하나님을 '모든 존재의 근거' Ground of Being라고 불렀다.[14] 이 개념은 하나님에 대한 나의 환상을 천국이나 우주의 가장자리로부터 내가 딛고 서 있는 이 땅으로 변화시켰다. 또한 하나님이 존재의 근거가 되신다면 존재하는 모든 것은 하나님 안에서 하나님을 위해 존재하는 것이다. 이런 공통된 근거가 내 존재 자체를 포함한 모든 문제에 대해 내가 얼마나 하나님을 의존하고 있는지를 드러내 보여 주었다. 하나님께 대한 이 환상은 내가 우주에 존재하는 모든 것과 연결되어 있다는 사실을 명확하게 해주었다. 하나님께서 모든 것들의 근거가 되시기 때문이다. 피조물과 창조주 간의 관계를 이렇게 바라보자 자연과 모든 상황과 사람들의 하나님이신 내 안에 계신 하나님을 향해 눈이 열렸다. 아마도 내 존재의 근거가 되시는 하나님이 내 안에 계신 그분의 임재하심에 대한 의식을 불어넣어 주시는 것 같다.

틸리히에게서 받은 영향력에 더해 뉴욕시에 있는 제너럴 신학대학의 전임 학장을 지낸 제임스 펜하겐James C. Fenhagen이 마음속에 계신 하나님에 대해 상상하는 새로운 길을 열어 주었다. 그는 「방황자의 길을 넘어서」More than Wanderers라는 아주 간단한 소책자에서 이렇게 진술한다.

> "우리들 각자 안에 삶의 아주 깊은 곳으로부터 나오는 영적 에너지의 저장소가 존재한다. 그것은 우리가 영원토록 길어낼 수 있는 결코 마르지 않는 깊은 샘과 같다. 그 근원은 하나님의 사랑이다. 우리 안에 거하시는 그리스도께서 그것을 전달한다. … 우리가 우리 안에 계신 그분의 임재와 연결될 때, 그 경험은 우리를 더 깊은 단계로 끌어간다. 그리고 들어오고 나가는 움직임의 리듬이 확립될 때 기도는 내면으로의 초대

처럼 느껴진다."[15]

펜하겐의 말은 나를 생명과 에너지의 근원으로 더 깊이 이끌어 오신 하나님과 내가 관계 맺고 있다는 사실을 인식하도록 도와주었다. 하나님의 사랑의 저수지인 펜하겐의 깊은 우물은 거룩한 신비의 깊이를 알 수 없을 정도의 깊이를 가지고 있는 존재의 근거가 되시는 하나님께로 인도하는, 바로 그 길이 될 수도 있다. 그리고 펜하겐은 이 영적인 깊이는 우리를 그 깊이 안으로 끌어들여서, 우리가 평범한 삶의 경험 속에 거룩한 하나님을 나타내 보여주는 방향으로 표출하게 된다고 주장했다.

내가 이 개념에 대해 더 강한 확신을 얻게 된 것은 토마스 머튼의 인용문을 만난 때다. 토마스 머튼은 켄터키에 있는 겟세마네 대 수도원의 트라피스트Trappist 수도원의 유명한 수도사였다. 그는 인간의 영혼 깊숙한 곳에 존재하는 신성과 인성의 연결점을 이렇게 묘사한다.

"내가 하나님의 무한하신 실재와 실제적이고 경험적으로 만날 수 있는 어떤 장소가 존재한다. 이곳은 바로 하나님의 장소, 그분의 성소이다. 그곳이 의존적인 내 존재가 그분의 사랑에 의존하는 곳이다. 비유적인 존재의 정점이 내 속에 있다. 그곳에서 나의 창조자로 인해 내가 존재한다."[16]

틸리히는 '근거'를 거룩한 임재에 대한 비유로 사용하고, 펜하겐은 이 존재의 더 깊은 측면을 그리스도 안에서 우리에게 현실화된 하나님의 사랑으로 이해한다. 머튼은 유한한 인간의 영이 무한한 성령을 만날 수 있는 장소를 소유하고 있다고 주장한다. 이런 비유들은 '내 마음속에 계신 하나님'과의 친밀성을 나타내 준다.

나는 그 몸부림을 끝내지 않았다. 지금도 매일 계속된다. 그러나 나는 내 안에 계신 그분의 임재를 인정함으로써 그분의 인도하심을 따르기로 헌신했다. 나는 이제 막 그분이 인도하시는 길을 걸어가기 시작한 사람일 뿐이다. 내 발걸음은 서투르고 비틀거릴 수 있으며, 여전히 많은 질문을 지고 그 길을 걸어가고 있다.

어느 날, 내가 어떤 계시가 주어질지 기대하면서 그분의 임재에 대해 아주 명확하게 말씀해 주는 본문에 대해 주님과 대화하며 시간을 보내는 사건이 일어났다. 주님의 음성을 들을 수 있도록 도와주는 네 개의 중요한 본문을 살펴보자.

임재의 약속

나는 내 안에 계신 그분의 임재하심이 무엇을 의미하는지 그리스도께 설명해 달라고 요청했다. 다음에 소개하는 본문이 내게 깨달음을 준 첫 번째 본문이다.

나의 계명을 지키는 자라야 나를 사랑하는 자니 나를 사랑하는 자는 내 아버지께 사랑을 받을 것이요 나도 그를 사랑하여 그에게 나를 나타내리라 가룟인 아닌 유다가 이르되 주여 어찌하여 자기를 우리에게는 나타내시고 세상에는 아니하려 하시나이까 예수께서 대답하여 이르시되 사람이 나를 사랑하면 내 말을 지키리니 내 아버지께서 그를 사랑하실 것이요 우리가 그에게 가서 거처를 그와 함께하리라요 14:21~23.

이 본문을 통해 주님은 내게 이렇게 말씀하셨다.

사실이다. 내가 이렇게 약속했다.

"나의 계명을 지키는 자라야 나를 사랑하는 자니 나를 사랑하는 자는 내 아버지께 사랑을 받을 것이요 나도 그를 사랑하여 그에게 나를 나타내리라 내 아버지께서 그를 사랑하실 것이요 우리가 그에게 가서 거처를 그와 함께하리라."

나는 나를 따르는 자들이 그들을 통해 계속 살고, 그들을 통해 계속 사역하려는 나의 의도를 깨닫게 하려고 백방으로 노력했다. 나는 책임을 다하지 않고 도망쳐 버리거나, 부모가 너무 빨리 죽어 홀로 된 고아와 같이 내버려 두지 않을 것이라고 말했다. 나는 너무 일찍 떠나버린 부모와는 달리 내가 죽은 이후에 나를 따르는 자들에게 돌아올 것이라고 약속했다. 그때는 제자들이 이해하지 못했다.

나는 2000년 동안 약속을 지켜오고 있다. 나는 과거에도 찾아왔고, 현재도 찾아오고, 지금도 항상 찾아오고 있다. 나는 너희 가운데 임재한다. 나는 오늘 너에게 나를 나타낸다. 갈릴리에서 제자들에게 나를 나타냈던 것처럼, 죽음에서 부활한 이후에 눈에 보이는 몸의 형태로 나를 나타내 보였던 것처럼 말이다. 나는 여전히 너희 가운데 있다.

오랜 시간이 흘렀고 너는 기다림에 지쳐가고 있다. 너는 너무 자주 그것이 놀라운 아이디어였고, 매혹적인 기억을 만든다고 생각한다. 하지만 너는 내가 너희들 가운데, 너희와 함께 여기 임재해 있다는 사실을 믿지 않는다. 나의 몸된 교회는 계몽주의의 영향 아래 오랫동안 많은 고통을 겪었다. 그리고 이제 나는 그 계몽주의의 손아귀를 깨뜨리고, 내 종들의 상상력을 자유롭게 만들어 여기 임해 있는 나를 보고 내가 능력 안에 사랑 안에 존재하고 있다는 사실을 알게 할 준비가 되었다.

나는 이렇게 말했다.

"그날에는 내가 아버지 안에 너희가 내 안에 내가 너희 안에 있는 것을 알게 될 것이다."

그날은 내가 재림하는 날이다. 초림 때는 동정녀의 몸을 통해 태어났고 무덤에서 부활했다. 그리고 오순절 때 나는 나의 임재로 그들을 가득 채우며 다락방에 모여 있는 제자들을 찾아갔다. 그날 제자들은 성령께서 나 자신이었다는 사실을 알았고, 내가 이전에 그들과 함께 있었던 방식이 아닌 다른 방식으로 그들과 함께하고 있다는 사실을 깨달았다. 나는 그들의 인간적인 능력을 변화시켜 그들을 통해 나 자신을 증명해 보이면서 그들과 함께, 그들 안에 있었다.

그날, 그들은 정말로 내 아버지께서 내 안에 그리고 내가 그들 안에 그리고 그들이 내 안에 있다는 사실을 알았다. 약속이 성취되었다. 그리고 변화산에서 그랬던 것처럼 신비감이 그들을 뒤덮었다. 오늘날 너희들은 오순절에 임한 이 임재가 마지막 임재가 아니라는 사실을 기억하는 것이 중요하다. 나는 오늘도 여전히 나의 임재를 체험하기 위해 모여 기도하고 기다릴 때 나의 몸된 공동체에 임한다. 나는 여전히 내가 내 아버지 안에 있고 내 아버지께서 내 안에 계신다는 사실을 알게 하며, 여전히 내가 그들 안에 있고 그들이 내 안에 있다는 사실을 보여준다. 이것은 내 백성들을 향한 영원한 약속이다.

네가 사랑의 계명을 지킬 때 그 보상으로 얼마나 많은 사랑을 받는지 알고 있느냐? 내가 너를 사랑하고 내 아버지도 너를 사랑하신다. 네가 이런 방식으로 사랑할 때 나는 나 자신을 네게 나타내 보여 주겠다고 약속했다. 나는 그 약속을 지킨다. 너의 사랑의 행동을 통해, 너의 긍휼히 여기는 행동을 통해, 너의 기꺼이 용서하는 행동을 통해 나를 너에게 나타내 보인다. 네 행동의 바탕이 되는 연민의 정이 나의 성령을 나타내 보인다. 만약 네 자신의 성향대로 내버려 둔다면 네가 그 사랑과 은총을 나타내 보일 수 있을지 생각해 보아라.

이게 전부가 아니다. 너에게 나를 나타내 보이기 위해 아주 특별한 방식으로 너를 찾아간다. 오늘날 내가 내 백성과 어떻게 말하는지를 보여 주겠다. 나는 너에게 내 언어를 가르칠 것이다.

나 자신을 너에게 나타내 보인다는 약속을 넘어서서 나는 이렇게 약속했다.

"사람들이 나를 사랑하면 내 말을 지킬 것이요, 내 아버지께서 그들을 사랑하실 것이요. 우리가 그들에게 나아가 그들 가운데 거할 것이다."

나는 그렇게 약속했으며, 절대로 거짓말을 하지 않는다. 나를 사랑해라. 그러면 내 아버지께서 너를 사랑하실 것이다. 내 아버지와 나는 성령 안에서 사랑하는 마음과 사랑하는 공동체 안에 임한다. 우리는 왔다가 떠나는 나그네로 임하는 것이 아니라 영원히 거주하는 거룩한 임재로 그들 안에 정착한다.

소외되고 아무도 함께 하지 않는다는 느낌이 많이 드는 날에도 내가 함께 있다는 사실을 그들이 알았으면 좋겠다. 그들은 그들의 자유를 존중해 주는 나의 세밀한 주도권을 인식하지 못한다. 심지어는 내 이름으로 세례를 받고 나와 교제하는 사람들도 자신이 인식하지 못하는 이 세상의 좋은 것들에 심한 최면이 걸려 있다. 많은 사람들은 여전히 이 사실을 인식하지 못한 채 살아가고 있다.

내가 겪는 가장 극심한 고통은 말씀을 읽고 자신의 신앙을 고백하지만 전혀 내게 관심을 보이지 않는 교회 안의 불쌍한 신자들이다. 그들은 나에 대한 헌신을 건물이나 제도로서의 의미를 갖는 교회를 향한 헌신으로 대체시켰다. 그들은 나를 외면하고 더 가깝고 접근하기 쉬운 다른 신들을 발견했다. 그들은 언제 내가 그들의 기초가 된다는 사실을 깨달을까? 내가 그들의 생명이다. 그러므로 나를 떠나서는 그들이 아무것도 할 수 없다.

나는 그들을 위해 희생하며 그들에게 나 자신을 내어주고 있다. 그러나 그들은 못쓰게 된 기억에 의존하여 살아있는 나의 임재를 거절한다. 내가 가까이 임해 있음에도, 아주 오래된 기억에 의지해 살아가는 자들을 보게 된다. 나는 고통스럽다. 때때로 울기까지 한다.

영광의 소망

사도 바울이 기록한 두 번째 중요한 본문이 있다. 이 본문은 우리 안에 계신 그리스도에 대해 말씀해 준다.

> 내가 교회의 일꾼 된 것은 하나님이 너희를 위하여 내게 주신 직분을 따라 하나님의 말씀을 이루려 함이니라 이 비밀은 만세와 만대로부터 감추어졌던 것인데 이제는 그의 성도들에게 나타났고 하나님이 그들로 하여금 이 비밀의 영광이 이방인 가운데 얼마나 풍성한지를 알게 하려 하심이라 이 비밀은 너희 안에 계신 그리스도시니 곧 영광의 소망이니라골 1:25~27.

"너희 안에 계신 그리스도시니 곧 영광의 소망이니라" "내 안에 계시다"라는 말이 어떤 의미인가?

'너희 안에' 라는 말은 내가 신적인 것과 인간적인 것의 혼합물로 너의 일부분이 되는 것을 의미하지 않는다. 네 안에 거한다는 것은 내가 네 인식 속에 거한다는 것이요, 네가 나를 생각하는 것을 의미한다. 그리고 가끔 나는 너를 통해 나를 생각한다. 네가 나를 생각할 때 나는 너의 의식 속에 존재한다. 이것은 내 존재와 너의 존재의 혼합이 아니라 관계요 교제라는 점을 이해하느냐? 네가 집을 떠나 네 아내를 생각할 때 그녀가 너의 의식 속에 존재하는 것처럼 말이다.

그러나 네 안에 거한다는 것은 그 이상의 의미가 있다. 네 의식 속에 존재한다는 것은 초보적인 관계를 의미한다. '네 안에' 라는 말은 내가 네 사고체계 속에 존재한다는 것 또한 의미한다. 네가 결정을 내려야 하거나 행동을 선택해야 할 때 나는 생각하고 평가하고 선택하는 과정 속에 너와 함께한다. 너는 아마도 내가 너의 논리 안에 있다고 말할지도 모르겠다. 왜냐하면 네가 나와 함께 논리적인 생각을 전개해가는 방식이 내가 너에게 영향력을 끼치지 않을 때 논리적인 생각을 전개해가는 방식과 너무나 다르기 때문이다. 너는 내 의지를 반영해 결정한 각각의 선택에서 항상 깊은 측면을 발견할 수 있을 것이다.

평가해 결정하거나 식별해야 할 때 그 분별의 기초는 너게 있다. 네 삶의 모든 문제점들을 성령의 임재 가운데 점검해 보거라. 그것이 바로 내가 네 안에 있다는 의미다. 즉 네가 가야만 할 길이나 네가 받아들여야만 하는 행동을 평가하고 분별하는 과정에 내가 일부분을 차지한다는 의미다.

네 안에 있는 내 존재의 신비는 너의 선택을 존중하는 데서 극치를 이룬다. 너는 자유하다. 내가 너를 그렇게 만들었기 때문이다. 너는 네 아버지 하나님께서 허락하신 자유의 범위 안에서 자유할 수 있다. 그러나 나는 여전히 성령을 통해 너를 지도하고 권한을 위임하며 너와 함께하고 있다. 즉 네가 나의 뜻대로 선택하기로 마음 먹으면, 네가 자유롭게 선택하는 것 같지만, 실상은 네 안에서 내가 선택하는 것이다.

"내 안에 계신 그리스도가 나의 영광의 소망입니다"라는 말은 무슨 의미인가?

무엇보다 먼저 우리는 아버지 하나님의 형상으로 지음 받았다는 것을 기억해야만 한다. 우리는 그분처럼 지음 받았고, 그분을 위해 지음 받았다. 하나님의 뜻과 임재하심과 충만하심을 제외하고는 그 어떤 것도 우리의 영광이 될 수 없고 우리에게 영광의 소망을 제공해 줄 수 없다.

영광이란 하나님처럼 되는 것이요, 우리를 향한 하나님의 목적을 성취하는 것이며, 아버지 하나님의 형상과 목적과 순결함에 모순되는 부분을 극복하는 것을 의미한다는 걸 알아야만 한다.

우리의 영광은 세상 사람들이 생각하는 성공이나 인정이나 능력이 아니다. 그것은 우리의 궁극적인 존재 의미를 성취하는 것이며 동시에 하나님의 뜻을 성취하는 것이다.

우리 속에 임재하시는 하나님은 우리 믿음이 자라도록 도와준다. 하나님의 임재는 우리가 삶의 목적을 성취할 것이라는 확신을 준다. 바로 그것이 영광이다.

하나님의 성전

세 번째 중요한 본문은 고린도후서의 말씀이다.

"우리는 살아 계신 하나님의 성전이라 이와 같이 하나님께서 이르시되 내가 그들 가운데 거하며 두루 행하여 나는 그들의 하나님이 되고 그들은 나의 백성이 되리라 … 너희에게 아버지가 되고 너희는 내게 자녀가 되리라 전능하신 주의 말씀이니라 하셨느니라" 고후 6:16, 18.

하나님의 성전, 하나님의 거하시는 처소가 되는 것을 제외하고 인간과 거룩한 하나님과의 친밀함이 어떻게 더 위대해질 수 있겠는가?

사도 바울은 우리가 하나님의 성전이라고 부르며 즐거워 했다. 우리는 어떻게 그의 말을 이해해야 하는가?

너는 분명히 하나님의 성전이다. 구약시대의 성전이 이 땅에서 내 아버지 하나님의 거처로 세워졌던 것처럼 나도 교회를 이 땅에서 하나님의 거처로 창조했다. 이 교회는 살아있는 돌로 지어졌다. 네 안에 임해 있는 나는 항상 너와 나의 또 다른 제자들이 교제하게 한다. 그 제자들은 하나님이 거하시는 교회의 살아있는 돌들이다.

그런데 오늘날 사람들은 교회를 오해한다. 사람들은 교회의 주인이신 하나님께 열성을 내기보다는 교회 자체에 열심을 낸다. 내가 이 땅에 있을 때 종교적인 사람들은 너무 많은 장소와 의식과 모임시간을 만들고, 심지어 교회의 일로 너무 많은 이익을 챙겨서 결국 교회가 하나님의 집이라는 시각을 잃어버렸다. 교회의 모든 돌은 차갑게 죽어버렸다. 그 돌 안에 아무런 정신도 살아있지 않았다. 그곳에서 예배드리는 사람들도 마찬가지였다.

내 아버지 하나님은 교회를 단 하나의 거룩한 장소에서 수많은 거룩한 장소로 변화시키면서 하나님이 관심 있어 하는 것이 물질적인 교회가 아니라 성령의 전, 다시 말하면, 교회를 구성하고 있는 진짜 돌로서의 사람들의 모임을 의미한다는 사실을 이해하기를 바라셨다.

나는 내 아버지 하나님이 그분의 목표를 깨닫도록 어떻게 그들에게 더 가까이 다가가셨는지를 이해하기를 원한다. '서늘할 때에 동산을 거니시던' 하나님의 원래 비전은 거부당했다. 내 아버지 하나님의 강력한 사역은 선택하신 백성들 안에 '거하시고', 선택하신 백성들과 '동행하시는' 감각을 회복하도록 의도된 것이다.

너희가 교회라고 부르는 성전은 내 아버지께서 임재하시는 장소로 창조하신 것이다. 그러나 내 아버지는 결코 어떤 공동체를 향해서도 강압적으로 하나님의 임재와 그 임재의 기초를 인식하도록 강요하지 않으신다. 거룩하신 하나님은 우리의 자유를 매우 가치 있게 여기신다. 내 아버지는 피조물을 너무나 존중하여 거룩한 임재하심을 강요하지 않으신다. 다만 그 공동체 위에 임재해 계신다. 아빠 하나님은 그곳에 계신다. 항상 그곳에 기다리며 계신다.

내 아버지는 이 땅의 자녀들이 자신의 참된 기초를 인식하고 하나님의 백성으로서 나그네 된 자신의 소명을 받아들이고, 더 나은 땅을 바라보며 이 땅에서 이방인으로, 순례자로 살아가기를 원하신다. 더 좋은 땅은 내 아버지가 그들에게 전부가 되시는 새로운 나라이다. 그리고 하나님의 임재 안에서 완성되는 곳이다.

네가 아는 것처럼 지금이 내 아버지께서 임재를 새롭게 변화된 방식으로 증명하기 위해 선택한 바로 그때이다. 임재를 받아들이는 공동체는 어두운 세상의 빛이 된다. 그들이 손대는 모든 것들이 소금과 누룩이 된다. 따라서 하나님의 성전이 된다는 것은 공동체로서 네가 거룩한 임재의 처소를 제공한다는 의미다. 그리고 너 자신도 그 거룩한 임재의 처소가 된다.

내주하시는 그리스도

네 번째 중요한 본문도 사도 바울이 기록한 것이다.

"아버지 앞에 무릎을 꿇고 비노니 그의 영광의 풍성함을 따라 그의 성령으로 말미암아 너희 속사람을 능력으로 강건하게 하시오며 믿음으로 말미암아 그리스도께서 너희 마음에 계시게 하시옵고"엡 3:15~17.

하나님은 하나님의 종 바울의 기도에 대해 무엇이라고 말씀하시는가?

나는 내 종 바울의 기도를 오래전에 들었다. 그는 자신의 마음과 정신

속에 있는 내 영으로 인해 그 기도를 했다. 결국 나는 너에게 임재하고 너와 함께 살고, 내 거처를 네 안에 두겠다고 약속했다. 그리고 바울은 내가 약속했던 바로 그것을 요구했다. 내가 약속한 것을 요구할 때 내 응답을 확신해도 좋다. 정말 나의 종 바울은 내가 에베소와 전 세계의 세례 받은 자들에게 주고 싶어하는 것을 간구했다.

나는 나를 따르는 자들의 믿음과 사랑을 강화하기 위해 성령을 보낸다. 성령의 은사는 외부에서 불어오는 바람이라기보다는 내부로부터의 에너지 폭발이다. 사람들의 의식 깊은 곳에 존재하는 성령이 나의 신실함을 생각나게 한다. 길이 험할 때에 성령은 그들이 견고하게 서 있도록 설득한다. 그들이 나를 대변할 때 성령이 그들이 전하는 진리를 듣는 자들을 설득하는 확신을 그들의 말 속에 불어넣는다. 너 자신의 힘을 가지고 날 위해 살려고 노력하지 말아라. 그건 불가능하다. 네 안에 있는 성령의 임재를 의지해라. 성령이 너를 강하게 하시고 섬길 힘, 매일 삶에서 겪게 되는 전투에 임할 힘을 줄 것이다. 네가 이런 도움을 구할 때 내가 응답할 것이다.

나는 나의 내주를 구하는 진지한 영혼의 간구에 응답한다. 내가 약속한 것처럼 나는 네가 간구할 때에 네게 임할 것이다. 나의 임재는 용두사미로 끝나는 것이 아니라 정착하는 것이요, 영구적인 임재요, 내주하는 친구가 되는 것이다.

내가 네게로 찾아와 지속적으로 임해 있는 이유는 네게 사랑하는 법을 가르쳐 주려는 단 한 가지 목적 때문이다. 나를 떠나서는 사랑을 알 수 없다. 내가 가르치는 것은 사랑하는 것이다. 나는 너를 떠나 숨을 수 없다. 네가 관계 속에서만 사랑을 배우기 때문이다. 너는 다른 사람의 행동으로 인해 네 자아가 위축될 수 있는 모든 상황에서, 네가 고욕당하고 오해받는 관계 속에서, 실망을 통해, 갈등을 통해 사랑을 배운다. 나는 네가 어떻게 사랑해야 하는지를 즉흥적으로 배우기를 원치 않는다. 어떻게 사랑해야 하는지를 배우는 것은 일평생의 과제다.

사랑에 대한 너의 관점은 네 안에서 나의 임재를 인식하기 시작할 때에 변화될 것이다. 나는 사랑의 길이를, 어떻게 사랑이 영원 속에 있는 아버지 하나님의 마음속에서 시작되었는지를, 그리고 끊어지지 않는 실이 역사의 펼쳐진 이야기들을 통해 어떻게 그 길을 직조하는지를 보여줄 것이다. 그리고 그 길은 미래가 내 앞에 있는 영원 속으로 녹아들 때까지 미래 속으로 뻗어나갈 것이다.

아무도 나의 사랑에서 제외되지 않았다는 사실을 알도록 도와줄 것이다. 내가 하나님 아버지와 나누는 그 사랑은 모든 종족과 모든 종교를 끌어안는다. 그 사랑은 난폭하고 입버릇 사나운 사람, 살인자, 매춘부, 사기꾼, 거짓말쟁이를 끌어안는다. 나의 사랑은 동성연애자들을 끌어안고 그들을 두려워하고 미워하는 사람들도 끌어안는다. 어떤 사람도 거룩한 사랑의 품으로부터 제외된 사람은 없다. 너는 아직도 이 사실을 믿지 못한다. 왜냐하면 너 자신이 이 세상을 품는 그 사랑의 충만함을 경험하도록 허락하지 않기 때문이다.

너는 이 사랑이 지옥의 밑바닥까지 도달하는 깊이를 갖고 있다는 사실을 알게 될 것이다. 내가 십자가에 못 박히고 부활하기 전 몇 날 동안 나는 억눌린 자들에게 자유를 선포하려고 지옥에 다녀왔다. 모든 불순종한 자들, 사단의 세력들, 그리고 그들의 두목 마귀가 하나님의 사랑에 대해 들어야만 했다. 내 아버지께서는 모든 사람들이 구원 얻기를 원하시고 진리를 아는 자리에 이르기를 원하신다. 원수를 끌어안는 사랑보다 더 큰 사랑은 없다.

참으로 이 사랑의 높이는 가장 높은 하늘, 즉 하나님의 마음에까지 도달한다. 나는 이 사랑을 알고 있다. 내가 그 사랑의 힘을 통해 이 땅에 성육신했기 때문이다. 하나님 아버지께서 나를 통해 모든 만물을 창조하신 후에 창조세계는 타락했다. 나는 하나님의 완전한 사랑의 고뇌를 보았고, 내 안에 존재하고 내 일부분이 된 그 사랑이 나를 이 세상으로 조건 없이 낮아지게 했고, 그분의 완전한 사랑을 이 세상에 나타내게 했다. 하지만 세상은 그 사랑을 감당치 못했다. 세상 사람들은 그 사랑을 죽이려 했지만 실패했고, 그 실패 위에 하나님의 사랑을 영원히 확증시켰다. 십자가에서 증명된 그 사랑은 온 인류의 무의식 깊숙한 곳에 각인되었다.

유사 이래 신실한 나의 종 몇 명만이 이 거룩한 사랑의 깊이를 희미하게나마 깨달았다. 이 사랑의 정열적인 불꽃의 심연에 다가갔을 때 그들은 이성의 힘을 잃고 언어의 능력을 잃고 무지한 믿음에서 영원히 샘솟는 거룩한 사랑의 샘으로 뛰어들었다. 하나님 아버지의 사랑이 그들을 삼켜버려, 그들은 아무 일도 할 수 없는 존재가 되어버렸다.

나는 진정 네가 이 사랑으로 가득 채워지기를 원한다. 이 사랑이 하나님의 충만하심이기 때문이다. 내가 너를 향해 그런 큰 욕망을 가지고 있다고 해서 놀라지 말아라. 너의 그 불쌍한 마음이 "나는 네가 하나님의 충만하심으로 가득 채워지기를 원한다. 네 안에 하나님이 임재해 있는 것으로는 충분하지 않아. 그 사랑이 너를 온통 가득 채워야만 한다"라는 내 말을 이해하도록 잠깐 쉬어라.

심지어 나의 종 바울도 성령의 영감으로 기록하게 한 내용을 믿기 어려웠다. 그래서 바울이 하나님의 충만하심으로 가득 채워지는 비전에 대해 갈등하고 있었을 때 나는 그의 귀에다 대고 이렇게 속삭였다.

"내 아버지께서는 너의 온갖 구하는 것이나 생각하는 것에 더 넘치도록 능히 하실 분이시다."

이 말은 너희를 향한 격려의 말이기도 하다.

너는 하나님의 충만하심이 너를 가득 채웠을 때에 어떤 모습이 될지 상상할 수 있겠니? 그런 고귀한 생각을 할 수 있겠니? 만약 네가 그런 심오한 생각으로 거듭날 수 없다면 생각이 구체화되어 하나님의 충만으로 가득 찰 때까지 내가 너를 향해 품고 있는 풍성한 사랑의 임재 안에 머물러 있거라.

만약 끝까지 네가 하나님의 충만하심을 상상할 수 없다면 하나님께 간구해라. 아마도 너의 상상력은 하나님의 충만하심을 경험할 때 소멸될 것이다. 하나님의 충만을 지금 간구해라.

너의 온갖 구하는 것이나 생각하는 것에 더 넘치도록 능히 하실 분이시다.

내 아버지 하나님은 너의 온갖 구하는 것이나 생각하는 것을 하실 수 있는 분이시다.
내 아버지 하나님은 너의 온갖 구하는 것이나 생각하는 것보다 더 많은 것을 하실 수 있는 분이시다.
내 아버지 하나님은 너의 온갖 구하는 것이나 생각하는 것에 지나도록 풍족하게 하실 수 있는 분이시다.
내 아버지 하나님은 너의 온갖 구하는 것이나 생각하는 것 이상으로 엄청나게 풍족하게 하실 수 있는 분이시다.
내가 네 마음속에 거하기를 구했느냐?
그 무엇보다도 그것을 구했느냐?

마음속에 임하신 하나님께 수종들라

나는 카를로가 하나님께 귀 기울이기 위해 책을 썼다고 생각한다. 그가 항상 대화를 인용하지는 않았지만 그가 기록한 내용은 살아계신 그리스도께서 그를 통해 선포하셔야만 하는 말씀이라는 꿰뚫는 힘으로 나에게 다가왔다. 어떤 때는 카를로가 비켜서고 우리가 볼 수 있도록 대화를 명백하게 기록한다. 「오시는 주님」에 그런 부분들이 기록되어 있다.

"예수님! 당신이 말씀하시는 것을 듣는 게 너무 좋습니다. 저에게 다시 말씀해 주십시오."

"내게 듣고 싶은 말이 뭐니?"

"당신은 저에게 사랑의 법, 즉 당신의 사랑을 주셨고, 당신이 법이요, 당신이 거룩한 복음이요, 당신이 사랑으로 향해가는 길이라는 걸 이해하게 만드셨습니다."

"예수님, 제가 예수님의 걸음을 뒤따를 수 있도록 도와 주십시오. 당신의 뒤를 따르기는 너무 어렵습니다. 저를 혼자 내버려두지 마십시오."

"왜 '혼자 내버려두지 말라' 고 하느냐? 내가 네 속에 거한 이후로 너를 혼자 내버려둔 적이 없다. 절대로 너를 혼자 내버려둘 수 없어."

"예수님, 우리가 사용하는 수사학적인 표현 중에 한 가지인 '내 안에 계신 예수님' 이라는 말은 관용구 같습니다. 그 말이 진리, 즉 온전한 진리에 부합되나요?"

"당신은 정말 실제로 제 안에 계십니까?"

"주님, 당신의 말씀 속에 어떤 신비가 있습니까?"

"그래, 나는 네 안에 있다. 우리들의 연합이라는 실제가 이행되지 않았다면 너희들 모두를 향한 사랑으로 표현되어진 내 죽음이 무슨 소용이 있었겠느냐?"

"나는 나뉜 것을 회복시키고, 원하는 사람은 누구든지 나와 함께 거할 수 있는 왕국을 건설하기 위해 죽었다."[17]

아마도 사도 바울 역시 그리스도께서 자기 안에 실제로 살아계시며 그분이 자기 안에 지속적으로 거하시며 자신의 삶을 사랑으로 변화시켜 가신다는 사실을 믿는 것이 어려웠던 것 같다.

'내 안에 계신 하나님' 의 개념과 씨름하던 초기의 갈등을 넘어서감에 따라 나는 어떤 평안함을 누리고 있다. 내 안에 거하시겠다는 그분의 약속으로 인해 염려가 줄어듦에 따라 때때로 나는 그분의 임재 앞에서 잠잠할 수 있다. 나는 "너와 함께 거할 것이다"라는 그분의 약속을 기억할 뿐 그 어떤 말을 할 필요도 느끼지 않는다. 언젠가 정말 나는 실제로 내가 하나님의 성전이고 믿음의 전 공동체는 하나님의 처소라는 사실을 믿을 수 있을 것이다. 그리스도께서는 부드럽지만 지속적으로, 그분의 임재를 의지하고, 내 안에서 그리고 나를 통해서 원하시는 대로 일하시는 그분을 신뢰하도록 가르치신다.

우리가 연구해온 묵상하는 자세들 가운데서 내 마음에 계시는 하나님을 깨닫는 것이 가장 큰 도전이었다. 그분이 내 안에 계시고 내가 그분 안에 있다는 사실을 다시 생각해 내려는 나의 어설픈 노력에도 불구하고 그분은 계속하여 은혜를 주시고, 하루에 한 번씩 나를 교훈해 주신다.

최근 한 학생이 나에게 어느 노숙자와의 대화에 대해 말해 주었다. 그녀가 그 사람에게 자신의 고통에 대해 고백했을 때 그 사람은 그녀를 위해 기도해 주었다. 그런 다음 그녀에게 자신이 매일 드리는 기도를 알려 주었다.

"오, 하나님! 오늘은 당신의 날입니다. 저는 당신의 자녀입니다. 제 길을 인도해 주시옵소서."

이 노숙자의 기도가 내가 길게 설명한 것보다도 그 비전을 더 단순하게 설명해 주는 것 같다.

묵상과 토론을 위한 질문

1. "내 마음속에 계신 하나님을 깨닫는다"는 구절은 당신에게 어떤 의미로 다가오는가?

2. 우리 안에 존재하시는 하나님을 소개하는 4개의 본문을 복습해 보라. 그리고 이 본문들이 당신에게 어떤 의미로 다가오는지 탐구해 보라.

3. 하나님이 당신의 마음속에 거하시도록 간구할 때 무엇이 염려되고, 어떤 것이 기쁜가?

4. 만약 우리가 각자 안에 계신 하나님의 임재를 인식한다면 각자의 삶과 교회와 세상에 어떤 변화가 찾아오겠는가?

영성 일기 쓰기

1. 다음의 질문을 기록하라. “주 하나님, 당신은 제 속에 살아 계십니까?”

2. 마음을 잠잠히 가라앉히고 음성에 귀 기울이며 5분 동안 침묵하며 기다려라.

3. 당신의 깊은 자아로부터 들려오는 음성을 기록하라. 직관적으로 떠오르는 내용에 대해 생각하거나 편집하지 말고 생각나는 대로 기록하라.

9장

삶의 자유를 마음껏 축하하라

이 주제에 관해 글을 쓰기 시작했을 때 나는 갑자기 혼란스럽고 몹시도 무식하다고 느꼈다. 왜 내가 자유에 대해 쓰기로 마음먹었던가? 아무튼 자유에 대해 내가 알고 있는 것이 무엇이란 말인가? 무능하다는 느낌으로부터 자유로워지기 위해 주님께 기도를 드렸다.

"왜 저에게 '그리스도인의 자유'에 대한 글을 쓰려는 마음을 주셨습니까?"

그러자 다음과 같은 응답을 주셨다.

> 나는 네가 나의 임재 안에서의 자유에 대해 쓰기를 원한다. 왜냐하면 나를 믿는 많은 사람들이 여전히 죄책감과 부끄러움이라는 무거운 짐을 지고 살아가기 때문이다. 그들은 과거의 실패에 대한 걱정과 미래의 두려움에 구속되어 있다. 그들이 나를 압제자가 아니라 '자유하게 하는

존재'로 알았으면 좋겠다.

하나밖에 없는 내 아들, 예수 그리스도가 행한 모든 일을 봤음에도 불구하고 내가 창조한 피조물들이 그 메시지를 알아채지 못하는 것 같아 보인다. 나는 자유자이며 그들 또한 자유하기를 원한다. 나는 네가 내 백성들을 위해 자유에 관한 글을 써주었으면 좋겠다. 지금 이 순간 너는 너 자신이 생각하는 것 이상으로 자유에 대해 많은 것을 알고 있기 때문이다. 너는 내가 사랑이며, 내가 자유하게 하는 존재로 찾아왔다는 사실을 배우기 위해 어려운 싸움을 치러냈다.

네 믿음을 나누어라. 네 사랑을 나누어라. 네가 누리고 있는 자유를 나누어라. 그러면 너의 증거가 환영받는 말, 자유하게 하는 말로 전해질 것이다.

나는 성령 안에서 자유하게 하는 이런 통찰력을 나눌 때 앉아 있거나 서 있는 자세로 당신을 초청하지 않는다. 당신이 춤추도록 초청한다. 주님 앞에서 춤추도록 말이다. 그리스도 안에서 우리가 누리는 자유에 대한 얼마나 구체적인 비유인가!

속박의 쓰라린 잔재

하나님의 응답을 통해 나는 먼저 내가 알고 있었던 속박에 대해 묵상하게 되었다. 자유를 이해하고 자유에 대해 감사하기 위해 우리는 무엇으로부터 자유로워졌는지, 무엇을 위해 자유해졌는지를 알 필요가 있다. 그래서 하나님 앞에서 누리는 자유에 대해 온전히 감사하기 위해 내가 오랫동안 알고 있었던 속박을 직시하기를 원했다.

내게 자유가 부족하다는 사실을 드러내 주는 많은 그림들이 떠올랐다. 나는 하나님 없는 세상에서 생겨나는 두려움의 속박을 알고 있었다. 나는 어렸을 때 종교적인 배경 안에서 살거나 훈련한 적이 없었다. 부모님은 훌륭한 분이셨다. 하지만 내가 어릴 때 그분들은 교회에 다니지 않으셨다. 어린 시절 내게는 인식하지 못하는 어둠 속에 존재하는 괴물에 대한 두려움이 있었다. 엄마 곁을 떠나 하룻밤을 보내기를 두려워하는 불안한 아이였다. 두려움의 속박은 값없이 주시는 하나님의 사랑을 알기까지 사라지지 않았다. 제임스 포울러 교수가 '어린 시절의 두려움'이라는 말을 쓰는 것을 듣기 전까지 어린 시절의 두려움은 그저 내가 경험한 것일 뿐이라고 생각했다. 하지만 그 말을 듣는 순간 다른 사람들 역시 어린 시절 두려움에 사로잡힌다는 사실을 깨달았다. 이런 두려움이 어린 시절과 청소년기 전반에 걸쳐 나를 속박하고 있었다.

나는 의존해야만 살아갈 수 있는 노예 상태가 어떠한지를 알고 있다. 안전을 찾아 다른 사람을 찾는 버릇은 어머니에 대한 지나친 의존에서부터 시작되었다. 내가 12살 되던 해에, 만약 어머니가 돌아가시면 그분의 보호와 이해와 지원 없이 얼마나 헤매게 될지 생각해 보았던 것 같다. 그런 심각한 무력감은 나로 하여금 어머니의 동의에 완벽하게 의존하게 만들었다. 나는 어머니의 사랑을 잃을까 두려워 어머니에게 항상 복종하려고 애썼다. 청소년기 전반에 걸쳐 버림받지 않을까 하는 두려움이 내가 내린 많은 선택에 영향을 미쳤고, 나를 두려움이라는 감옥 속에 가뒀다.

어머니에 대한 의존은 다른 중요한 사람들에 대한 의존으로 이어졌다. 어린 시절 형성된 삶의 패턴은 성인이 되어서까지 영향을 미쳤고 친구들과 권위 있는 사람들의 수용과 인정에 노예가 되게 했다. 수용과 인정에 대한 끊임없는 추구가 내 인생의 첫 40~50년을 지배했다. 나는 인정을 받기 위해 적어도 내가 생각하기에 인정받았다는 만족을 누리기 위해 내 감정을 억누르고 상대방의 기대에 맞췄다. 당신이 내리는 대부분의 결정을 다른 사람들이 당신을 어떻게 생각할까라는 기준에 맞춰 결정하는 이 고통스러운 속박을 상상할 수 있겠는가?

나는 금지된 지식과 부끄러움의 쓴 열매라는 속박을 알고 있다. 내가 열 살 되던 해, 나보다 나이 많은 친구가 여성의 월경 주기에 대해서 이야기해 주었다. 그 정보는 열 살짜리 내 마음에 악영향을 미쳤다. 성경적으로 표현하자면 금단의 열매를 따먹은 것이다. 거룩함을 잃어버렸다는 두려움과 함께 금지된 비밀스런 지식을 알게 되었다는 생각 때문에 부끄러웠다. 나는 이런 잘못된 의식 때문에 4~5년을 시달렸고 이런 의식으로부터 자유로워지는 길을 찾지 못했다. 내가 보일 수 있는 유일한 반응은 그 지식으로부터 등을 돌리고 그 사실을 알지 못하는 것처럼 행동하는 것이었다. 내가 그 사실을 잊으려고 애쓰면 애쓰는 만큼 그 지식은 내 마음에 더 선명하게 각인되었다. 어린 마음에 삶에 관한 금지된 비밀을 알게 된 것은 자유의 심각한 대적인 깊은 부끄러움을 느끼게 했다.

나는 또한 계명을 어길 때 생기는 죄책감의 속박을 알고 있다. 부모님이 신앙심이 깊은 분들이 아니었음에도 두 분 다 나에게 옳고 그름을 가르쳐 주신 도덕적인 분이셨다. 부모님이 정해두신 규칙 중에 하나를 어기면 나는 죄책감에 시달렸다. 예를 들면 초등학교 4학년 때 나는 학교 책상에 잭나이프로 내 이름 이니셜을 조각했다. 선생님께서는 내 칼을 압수하셨다.

며칠 후 어머니는 "네 칼 어디 있니?"라고 물으셨고 나는 "학교에 있어요"라고 대답했다. 어머니는 사촌이었던 담임선생님과 이야기하셨고 사건의 전모를 알고 계셨다. 그래서 내 칼이 정말 학교에 있는지를 질문하셨던 것이다. 그 사실을 알게 되었을 때 나는 거짓말한 것을 시인했다. 내가 무슨 벌을 받았는지는 기억나지 않는다. 그러나 어머니에게 거짓말한 것 때문에 얼마나 큰 죄책감을 느꼈는지는 기억하고 있다. 죄는 우리의 양심을 파괴하고 자유를 무너뜨린다.

내가 십대였을 때 나는 율법에 사로잡히는 경험을 했다. 율법이 내 인생에 강한 영향을 주었던 것처럼 만약 당신이 그리스도인으로 신앙을 고백한 사람이라면 율법은 당신이 해야 하는 일과 하지 말아야 하는 일을 규정해 주었을 것이다. 나는 그런 규칙을 내가 예배하던 기독교 공동체와 내가 따르던 멘토들에게서 배웠다. 하나님의 은혜의 깊이와 넓이를 알지 못한 채 하나님의 사랑이 내 순종에 달려 있다는 착각에 사로잡혀 살아가고 있었다. 나는 하나님의 법을 어기면 하나님의 가족에서 쫓겨날 거라는 두려움에 휩싸였다. 여러 해 후에 나는 자유란, 행위를 통해 이루어지는 것이 아니라 다른 통로를 통해 주어진다는 사실을 배웠다.

나는 성공에 뒤따라오는 불만족을 경험했다. 표면적으로 볼 때 성공이 자유를 가져오는 것 같아 보인다. 그러나 조금만 신중히 생각해 보면 그렇지 않다는 것을 발견하게 된다. 당신은 가장 원했던 일을 했고 인정과 동의를 얻어냈다. 한 번 성취를 맛보면, 더 많은 성공을 얻고자 하는 마음에서 자유로워질 수 있는가? 표면적으로 볼 때 눈부신 성공이 우리를 자유하게 해주는 것처럼 보일 수 있다. 그러나 실제로 모든 성공은 더 큰 성공을 요구한다. 자아를 움직이는 내부의 음성은 상상 속에 존재하는 보이지 않는 청중에게 이렇게 말한다.

"이번 성공이 대단하다고 생각한다면 다음 번 성공을 볼 때까지 기다려 보십시오!"

오랫동안 나는 식탐과 싸웠다. 음식중독 증세를 보이는 사람은 식사를 마치고 일어나면서 또 먹고 싶은 생각이 든다. 식간에 먹는 버릇, 특별히 퇴근해서 저녁을 먹고 난 이후에 먹는 버릇 때문에 하루에 한 두 끼는 더 먹게 된다.

내가 그리스도 안에서 누리는 자유에 대해 생각할 때 나는 명백하게 나를 억눌러 왔던 굴레들과의 관계에서 자유를 바라본다. 그래서 결국 자유에 대한 이 끈질긴 갈구는 하나님께서 주시는 은혜의 선물을 통해서만 충족될 수 있다는 사실을 믿기에 이르렀다. 예수 그리스도의 삶과 죽음과 부활을 통해 하나님께서는 고통하는 사랑의 깊이와 넓이를 드러내 보여 주셨다. 어느 곳에서나 발견되는 우리의 굴레, 두려움, 중압감을 주는 종교적이고 문화적인 굴레들로부터 우리를 자유롭게 하는 무조건적인 사랑이 감당치 못할 것은 아무것도 없다. 예수 그리스도를 통해서만 참된 자유를 알 수 있다.

나에게 자유는 어떤 의미인가?

자유란 다양한 선택 조건들을 평가해 가장 좋은 것을 선택하고, 마음 깊숙한 곳에 숨겨진 소원을 찾아내 그 소원대로 행하는 능력이다. 자유는 존재 상태를 규정짓는다. 그리고 압제적인 세력들은 자유라는 존재 상태 안에서 당신의 운명을 통제하지 못한다. 그러나 자유가 하나님의 존재 앞에서 누리는 평안함과 확신을 포함하고 있지 않다면, 무더운 여름의 작열하는 태양 아래에서 증발해 버리는 웅덩이의 물처럼 곧 말라 없어질 것이다.

자유란 당신의 존재를 있는 그대로 받아들인다는 의미이다. 당신이 주어진 은사를 사용해 정체성에 부합되는 삶을 살아가면 자유를 얻는다. 그러나 자유의 이런 형태 중 그 어떤 것도 신적인 차원의 삶에 연결되어 있지 않다. 과거의 죄와 실패에 대한 죄책감으로 얼룩진 삶을 살아가는 사람이 어떻게 자유해질 수 있을까? 부끄러움으로 엉망진창이 된 사람이 어떻게 자유로워질 수 있을까? 죽음의 망령이 다뤄지기 전까지는 자유를 누릴 수 없다. 그러면 어떤 사람이 죽음의 두려움을 내몰 수 있을까?

정말 자유한 사람들은 자기 자신을 이해한다. 자신이 누구인지 알며 자신이라는 독특한 존재를 기꺼이 수용한다. 자기 자신의 은사를 분별하고 그 은사를 감사함으로 사용한다. 삶에서 자기 자리를 발견하고 기쁨과 겸손으로 그 위치를 주장한다. 하지만 이런 중심이 있는 사람들도 다른 모든 사람들처럼 동일한 외부의 압박을 받는다. 그들도 사회의 혼란을 알고 있다. 그들도 일터에서 압박을 느낀다. 그들도 가족과 친구들에 대한 의무를 감당한다.

그러나 그들은 이런 외부 세력에 노예가 되지 않는다. 그리고 이런 자유를 누리는 사람들은 받아들여지고 있다는 확신을 주시는 하나님과의 관계를 알고 있다. 그들은 부끄러움을 중화시키는 하나님의 은혜를 경험한다. 또한 하나님만이 주실 수 있는 선물인 영생은 하나님의 자녀들이 죽음에 대한 고통스러운 두려움으로부터 자유하도록 한다.

당신은 이런 자유를 상상할 수 있는가? 당신이 누리는 자유, 당신이 처한 상황과 상관없이 누리는 자유, 당신의 마음속에서 메아리치는 고소로부터의 자유, 미래에 대한 두려움으로부터의 자유, 이런 자유를 상상할 수 있는가? 이런 것이 진정한 자유가 아닌가?

아직도 내가 생생히 기억하는 날이 있다. 그날 나는 쓰라린 두려움의 속박을 알고 있는 친구 그레그를 만났다. 사실상 그 드려움의 속박은 그 친구 자신이 교활하게 조작함으로 인해 증폭된 것이었다. 물론 이제는 자유로워져 자기 자신을 받아들이게 되었다. 내 친구 그레그가 만나자고 했을 때 나는 무슨 이야기를 하려는지 몰랐다. 우리가 지난 한 해 동안 일어난 일에 대해 30분 정도 이야기했을 때 우리가 나누던 대화는 갑자기 중요한 전환을 맞이했다.

그레그는 이렇게 말했다.

"내가 생각할 때 우리 둘 사이의 관계는 어느 선까지는 잘 유지되었다고 생각해. 그런데 우리 두 사람이 서로 멀어지기 시작한 날이 있었어."

그 말을 하자마자 나 역시 그날의 생생한 기억이 되살아났다. 그는 우리가 서로 상반되는 비전을 성취하기 위해 서로 어떻게 경쟁했는지, 그런 경쟁이 우리 두 사람 사이를 어떻게 이간시켰는지 이야기했다. 그는 내 우정이 필요하다는 사실을 명확하고 설득력 있게 설명했다. 나는 그의 솔직함에 약간은 당황했지만 우리가 멀어진 간격을 다시 연결하기 전까지는 우리 두 사람의 관계에 어떤 진전도 없을 것이란 걸 잘 알고 있었다.

나는 우리 두 사람의 관계가 소원해지기 시작한 날 있었던 사건에 대한 내 생각을 말했다.

"나는 다른 비전에 대한 경쟁 때문이라고 생각하지 않아. 그때 느꼈던 뭔가 조작되고 통제된 느낌이 아직도 생각 나. 난 그 두 가지 느낌을 모두 혐오하거든. 어쩌면 나는 여전히 그 때의 느낌을 지우지 못하고 있는지도 몰라. 하지만 네가 상황을 통제하려고 한다는 사실을 깨달았을 때 너를 믿을 수가 없었어. 그리고 우리 두 사람이 모두 관계 맺고 있는 친구와의 관계를 놓고 우리가 경쟁하게 되었을 때 난 화가 많이 났었어."

그레그는 나에게 이렇게 고백했다.

"사실 나는 내가 조작하는 스타일의 사람이라는 사실을 깨닫도록 도와준 상담자와 치유를 위한 상담을 하고 있어. 내가 이런 대화를 시도하면, 사람들은 내가 얼마나 변화되고 있는지 몰라서 내가 왜 이렇게 행동하는지 가장 최악의 상황을 의심해."

갑자기 이 친구의 솔직함과 약점이 나를 편안하게 만들었고 그가 정직하다는 사실을 확신하게 만들었다. 만약 그가 자신을 방어할 필요가 없다면 배후에 숨겨진 동기를 의심할 필요가 없다. 그가 새롭게 발견한 자유를 통해 그 친구와 나의 관계는 투명해졌다. 그 친구가 누린 자유가 그 친구와 두려움 없이 열린 마음으로 정직하게 교제하도록 나를 자유하게 했다.

우리 두 사람은 그날 아침의 만남과 화해에 대해 하나님께 감사드리며 대화를 마무리했다. 예수님께서는 "진리를 알지니 진리가 너희를 자유케 하리라"고 말씀하셨다. 정말 우리 두 사람은 자유케 되었다. 그리고 자유는 자유를 낳는다.

이 세상에 존재하는 두려움과 의심을 생각해 보면, 이 땅의 많은 가정들이 상처로 고통스러워 하고 있다는 사실은 놀라운 일이 아니다. 또한 인종간의 긴장감은 불신하는 분위기 속에서 증폭된다. 친밀한 관계는 신뢰가 의심으로 바뀔 때 맛을 잃고 깨어진다. 관계가 깨어지면 그 어느 누구도 완전히 자유로울 수 없다.

만약 우리가 그레그가 보여준 용기를 갖게 된다면 어떻게 될까? 만약 우리가 서로의 잘못을 인정한다면 어떻게 될까? 그런 허심탄회함이 우리를 자유케 할 신뢰관계를 가져다 주지는 않을까? 만약 우리가 자유에 이르는 길을 발견하게 된다면 얼마나 다른 세상을 경험하게 되겠는가.

방종이 아닌 자유

나는 그리스도인의 자유에 대해서 글을 쓰고 있다. 자유란 방종과 극명하게 대조된다. 방종은 자유의 잘못된 개념이다. 방종은 사람들이 자신의 기질과 충동을 따라갈 수 있고 사회적인 규범이나 다른 사람들의 권리에 대해서는 고려하지 않고 자신이 기뻐하는 것을 하는 것이다. 그러므로 자유를 유지하기 위해 모든 사람은 다른 사람들의 가치와 자유로울 권리를 존중해 주어야만 한다. 만약 내가 누리는 자유가 다른 사람을 속박하는 것이라면 그것은 그리스도인의 자유가 아니다.

"그리스도인의 자유"라는 논문에서 마틴 루터는 이렇게 말했다.

> 그리스도인은 그 어느 것에도 종속되지 않은, 온 세상 만물에 대해 완벽하게 자유로운 주인이다. 그리스도인은 모든 것에 종속된, 온 세상 만물에 대해 성실한 종이다.[18)]

루터는 그리스도인의 자유란 우리가 하나님의 사랑을 얻는 모든 외부적인 수단으로부터 자유로워졌다는 걸 의미한다는 사실을 이해했다. 하나님과의 관계는 우리의 공로나 그 어떤 노력에 의존하는 것이 아니라 은혜에만, 믿음에만 의존한다.

"너희는 그 은혜에 의하여 믿음으로 말미암아 구원을 받았으니 이것은 너희에게서 난 것이 아니요 하나님의 선물이라 행위에서 난 것이 아니니 이는 누구든지 자랑하지 못하게 함이라"엡 2:8~9.

믿는 자에게 자유는 선하거나 거룩한 사람이 되려는 자기 노력을 통해 이루어지는 것이 아니라 하나님의 은혜로운 역사를 통해 이루어진다.

그럼에도 루터는 그리스도인들이 온 세상 만물의 종이라고 말한다. 루터는 은혜를 통한 완벽한 자유와 감사에서 우러나와 다른 사람을 섬기는 온전한 섬김을 주장함으로써 역설을 자아내었다. 그리스도 안에 있는 믿음으로 말미암는 자유는 은혜에서부터 시작된다. 그리고 모든 사람들을 향한 섬김은 감사의 마음에서 솟아나는 하나님의 형상 안에서 만들어진다.

자유에 대한 비유들

자유에도 경계선이 필요하다는 토론은 아주 애매모호하게 들릴 수 있다. 만약 당신이 이런 상황이라면 내가 제시할 몇 가지 비유를 통해 자유에 대한 나의 견해를 명확히 이해하게 될 것이다.

강을 예로 들어보자. 강은 수많은 지류가 모여 도도히 흐르는 넓은 물줄기가 된다. 물은 수로를 벗어나지 않도록 쌓아올린 제방 사이를 흘러간다. 물이 제방 안에 머물러 있는 한 완벽한 낚시터를 제공해 주고 수상 스포츠를 즐길 수 있게 해줄 뿐만 아니라 오후에 강가를 드라이브하는 운전자들에게 아름다운 광경을 제공해 준다. 그러나 강물이 차올라 제방을 넘게 되면 농장으로 흘러들어가 토양을 쓸어버리고 때로는 온 마을을 위협하기도 한다. 강물은 경계선의 중요성과 그 경계선을 넘어섰을 때 가져오는 파괴력을 잘 보여주고 있다. 강물은 자유롭게 흘러가지만 여전히 제방 경계선 안에서만 흐른다. 그리고 강물이 이 경계선을 넘을 때 자유와 아름다움을 잃게 된다.

자신의 은사를 깨닫고 그 은사를 확실하게 최대한 활용하는 전문 음악가는 자유에 대한 또 다른 그림을 그려준다. 예를 들면 모차르트의 콘체르토를 연주하는 어떤 피아니스트가 연주에 완전히 몰입하면 그 연주자는 음악 자체가 되어버린다. 작곡자의 관점에서 볼 때 그녀가 연주하는 음악은 연주자 자신의 음악이 아니다. 작곡자의 음악이다. 그럼에도 실존적인 관점에서 보면 그녀가 연주하는 음악은 연주자의 음악이다. 연주자가 그 음악을 연구했고 자기 것으로 내면화했다. 그리고 이제 자신의 음악이 되었기 때문에 완전한 자유를 누리며 연주하고 있다. 자유란 당신이 더 온전히 당신 자신이 되게 하는 힘에 사로잡히고 굴복하면서도 다른 사람의 창조성과 천재성을 분명하게 드러내 주는 능력이다.

은퇴한 지 오래된 지휘자 로버트 쇼는 1998년 가을 애틀랜타 심포니 오케스트라의 지휘자로 바흐의 미사곡 B 마이너를 연주하기 위해 복귀했다. 나는 지휘자가 누구인지 알아채는 순간 음악에 집중하고 있었다. 그의 손에 들려진 지휘봉은 정확하게 움직였다. 때때로 그는 오케스트라의 한 부분을 지적했다가 또 다른 부분을 지적했다. 그는 적당한 때에 성악가나 현악기부나 금관악기부나 리드악기부오보에, 바순, 클라리넷 등 _역자주를 연주에 참여시켰다. 나는 음악에 빠져 몰입하는 한 사람을 보았다. 잠시 동안 그는 음악이 된 듯했다.

로버트 쇼는 '의무감' 때문에 연주한 것인가? 그는 오케스트라를 지휘하라는 명령을 완수한 것인가? 아니다. 결코 아니다. 그는 자신이 원하던 일을 하고 있었고 하나님께서 자신에게 주신 은사를 활용하고 있었다. 그리고 경험을 통해 그 일을 이루었다. 나는 하나님께서도 영광을 받으셨으리라 생각한다.

이렇게 아름다운 자유가 주어질 수 있다면, 왜 우리는 그렇게도 자주 무언가에 예속되는가? 당신은 말똥가리가 바람을 타고 날아가는 것을 본 적이 있는가? 내가 알래스카에서 자랐다면 독수리에 대해서 설명했을 것이다. 그러나 나는 남부 앨라배마에서 자라났기 때문에 말똥가리를 예로 든다. 말똥가리라는 새에 대해 설명하자면, 말똥가리는 날개 길이가 76센티미터 혹은 그 이상 되는 크고 검은 새다. 말똥가리는 청소부 역할을 하는 새다. 사람들이나 다른 짐승들이 만들어놓은 음식물을 깨끗하게 해치워 버린다.

말똥가리는 살아있는 먹이를 먹지 않는다. 질주하는 자동차나 영악한 여우가 죽인 다람쥐나 토끼 같은 먹이만 먹는다. 이 청소부는 엄청난 위험 속에서 청소부의 역할을 감당한다. 교통량이 많은 고속도로나 여우나 너구리에게 공격받기 쉬운 장소에서 일하기 때문이다.

말똥가리의 가장 주목할 만한 재능은 활강 비행능력이다. 말똥가리가 청소할 먹이를 찾을 때는 더 나은 시야를 확보하기 위해 높이 난다. 말똥가리는 적당한 고도에 도달하면 글라이더처럼 바람을 타고 앉아 땅 위의 먹이를 찾는 동안 날개를 거의 움직이지 않는다. 3월의 바람이 불어올 때 이 새는 바람의 힘을 이용한다. 바람이 세게 불면 불수록 말똥가리의 날개는 더 움직이지 않는다. 말똥가리는 바람 꼭대기에 앉아 활강한다. 어쩌면 자유란, 거센 바람 속에서도 요동 없는 활강 능력을 갖는 것이다.

위에서 제시한 비유들이 자유에 대한 그림을 명확하게 그리는 데 도움이 되었는가? 자유란 우리 삶이 제방의 안내를 받아 흐르는 강물처럼 흘러가도록 도와준다. 자유란 작곡자의 작품을 연주자와 작곡자 모두의 작품이라는 사실을 증명하며 연주하는 능력이다. 자유는 삶의 깊은 욕망과 받아들인 의무감에 의해서만 통제되는 삶의 경험이다. 그렇다. 지휘자는 자신이 가장 하고 싶어하는 것을 한다. 그리고 동시에 꼭 해야만 하는 일을 한다. 또한 거대한 새도 바람에 맞서 싸우는 것이 아니라 날개를 활짝 펴고 불어오는 바람을 타고 하늘을 난다. 그리스도인은 선택이라는 문제의 경계선 안에서 살아간다. 그리스도인들은 하나님의 은혜를 내면화하여 자신이 해야만 하는 일을 자연스럽게 감당한다. 그리고 지휘자처럼 그리스도인은 충성되고 사랑스런 삶을 살아가는 사람이 된다. 스트레스를 받는 시기에 그리스도인들은 고난의 바람을 타고 날아오른다. 이 모든 방식을 통해 그리스도인들은 그리스도 안에서 자유를 경험한다.

우리가 그리스도 안에서의 자유를 요구하는 것은 소원할 만한 생각 아닌가? 혹은 하나님과 우리가 맺은 관계의 실제가 아닌가? 이제 성경말씀은 자유에 대해서 무엇이라고 가르치는지 살펴보도록 하자.

묵상할 말씀

그러므로 예수께서 자기를 믿은 유대인들에게 이르시되 너희가 내 말에 거하면 참으로 내 제자가 되고 진리를 알지니 진리가 너희를 자유롭게 하리라 그들이 대답하되 우리가 아브라함의 자손이라 남의 종이 된

적이 없거늘 어찌하여 우리가 자유롭게 되리라 하느냐
예수께서 대답하시되 진실로 진실로 너희에게 이르노니 죄를 범하는 자마다 죄의 종이라 종은 영원히 집에 거하지 못하되 아들은 영원히 거하나니 그러므로 아들이 너희를 자유롭게 하면 너희가 참으로 자유로우리라 요 8:31~36.

예수님께서는 자기를 따르는 자들에게 자유를 약속하셨다. 그분을 계속하여 따르는 자들에게 자유가 부수적인 것이라고 말씀하셨다. 예수님이 가르치신 자유는 그분을 따르는 우리가 수용하고 반응할 때 주어진다. 베드로처럼 예수님을 메시아로 믿고 그물과 배를 버려두고 주님을 따르는 것이 자유를 향해 가는 첫걸음이다. 계속해서 예수님을 따른다는 것은 그분이 말씀하시는 언어를 배우고 그분이 원하시는 반응을 배우는 것이다.

자유를 누리며 사는 삶의 기초를 놓기 위해 예수님께서는 모든 사회적, 문화적, 종교적 법규를 무시하셨다. 유대인들은 한 번도 종 된 적이 없다고 주장했다. 아브라함이 유대인의 조상이었고 아브라함은 언약을 통해 유대인에게 자유를 주었다. 예수님께서는 이런 주장에 대해 누구든지 죄를 짓는 사람은 죄의 종이며, 종은 하나님의 집에 영원히 거하지 못한다는 사실을 지적하시면서 반박하셨다.

예수님께서는 다음과 같은 놀라운 약속을 하시면서 자유에 대한 토론의 결론을 맺으셨다.

"아들이 너희를 자유롭게 하면 너희가 참으로 자유로우리라."

독생자 예수님께서는 십자가의 죽으심과 부활을 통해 문화적 요구와 사회적 규범에 얽매여 있던 자들을 자유케 하셨으며 그 결과 하나님 앞에서 자유를 누리며 살아가게 하셨다. 예수님께서 주신 자유는 우리 삶을 침범한 죄책감, 부끄러움, 두려움, 위선, 탐욕 같은 모든 세력으로부터의 자유를 포함하고 있다. 우리가 추구하는 자유는 우리들 자신에 대한 더 깊은 지식, 세상에 대한 더 선명한 비전, 그리고 세상 속에서 우리가 감당해야 할 역할에 대해 끊임없이 예수님을 따를 때 주어진다.

이 길을 걸어가는 동안, "아들이 너희를 자유롭게 하면 너희가 참으로 자유로우리라"는 말씀을 잊지 말자.

자유의 길, 예수

갈라디아서는 자신이 누리는 자유의 기초가 오로지 그리스도 안에만 있음을 갈라디아 성도들에게 바울이 선포한 말씀이다. 바울이 갈라디아 성도들을 떠난 후에 다른 메시지를 전하는 교사들이 그 도시에 들어왔다. 그들은 예수님께서 분명 메시아이 지만 예수 믿는 사람도 모세의 율법을 지킬 필요가 있다고 가르쳤다.

거짓 교사들의 이와 같은 요구는 사도 바울을 아주 화나게 했으며, 그는 거짓 교사들의 주장을 반박하기 위해 갈라디아 성도들을 향해 열정적인 편지를 써 보냈다. 그는 율법을 지키는 것만으로는 결코 자유해질 수 없다고 말했다. 자유는 그리스도의 죽으심과 부활하심으로 가능해진 그리스도의 선물이다. 우리의 노력으로 결단코 자유를 누릴 수 없다. 사도 바울은 그리스도 안에 있는 믿음을 대체할 다른 어떤 대용물도 선택하지 않을 것이다. 아래에 소개하는 본문은 사도 바울이 거짓교사들과 벌인 그리스도인의 자유에 대한 논쟁의 핵심적인 부분이다.

> 그리스도께서 우리를 자유롭게 하려고 자유를 주셨으니 그러므로 굳건하게 서서 다시는 종의 멍에를 메지 말라 보라 나 바울은 너희에게 말하노니 너희가 만일 할례를 받으면 그리스도께서 너희에게 아무 유익이 없으리라 내가 할례를 받는 각 사람에게 다시 증언하노니 그는 율법 전체를 행할 의무를 가진 자라 율법 안에서 의롭다 함을 얻으려 하는 너희는 그리스도에게서 끊어지고 은혜에서 떨어진 자로다 우리가 성령으로 믿음을 따라 의의 소망을 기다리노니 그리스도 예수 안에서는 할례나 무할례나 효력이 없으되 사랑으로써 역사하는 믿음뿐이니라갈 5:1~6.

"사랑으로써 역사하는 믿음." 이 말씀은 예수님께서 약속하신 자유를 아주 선명하게 예증해 준다. 예수님은 자신을 따르는 자들은 아브라함을 자유의 원천으로 바라보지 않을 것이라고 말씀하셨다. 아브라함은 유대 민족의 명목상 조상이었으며, 믿음의 조상이었고, 하나님을 신뢰한 사람이었다. 만약 자유를 향해가는 길이 아브라함에게서부터 흘러나오지 않았다면 어디에서 자유를 찾을 수 있겠는가? 예수님께서 그 질문에 대해 선명하게 대답해 주셨다. 예수님은 이렇게 말씀하셨다.

"예수께서 이르시되 내가 곧 길이요 진리요 생명이니 나로 말미암지 않고는 아버지께로 올 자가 없느니라"요 14:6.

사도 바울은 그리스도께서 우리를 종교적인 규칙과 규범에서 해방시키신다고 주장한다. 그리스도께서는 우리를 하나님 보시기에 의롭게 만드심으로 모세의 율법에서 우리를 자유하게 하신다. 특별히 그리스도께서는 모든 성인 남성들은 자신이 하나님의 소유라는 사실을 증명하기 위해 할례를 받아야만 한다는 요구사항을 무시하셨다. 나아가 사도 바울은 누구든지 할례를 받는 사람은 그리스도에게서 끊어진 자요 은혜에서 떨어진 자요 모든 율법을 지켜야할 의무를 가진 자라고 주장한다.

사도 바울은 하나님 앞에서 살아가는 두 가지 대조적인 삶의 방식 우리 자신을 신뢰하든지 아니면 하나님을 신뢰하는을 선명하게 드러내고 있다. 우리 자신을 신뢰하는 것에는 가문을 의지하거나 성도라는 자격이나 개인적으로 드린 헌금을 의지하거나 숭고한 운동에 참여하거나 영적인 체험을 하거나 올바른 믿음이나 교리에 의지하는 것을 포함한다. 사도 바울은 이런 잘못된 해방자들과 우리가 자유를 얻기 위해 찾아다닐 만한 모든 인간적인 고안품들을 철저하게 배제한다.

그리스도, 오직 그분만이 우리를 자유케 하신다. 그분은 자유를 선물로 주신다. 우리는 그분을 믿음으로 자유라는 선물을 받아 누리게 된다. 완전히 의로우신 예수님께서는 율법의 모든 요구를 만족시키셨으며 그 결과 우리를 용서하시고 받아들일 권한을 갖고 계신다. 사도 바울은 로마에 있는 성도들을 향해 편지하면서 예수 안에 새롭게 창조된 자유의 긍정적인 측면을 자세히 설명한다.

> 이는 그리스도 예수 안에 있는 생명의 성령의 법이 죄와 사망의 법에서 너를 해방하였음이라 율법이 육신으로 말미암아 연약하여 할 수 없는 그것을 하나님은 하시나니 곧 죄로 말미암아 자기 아들을 죄 있는 육신의 모양으로 보내어 육신에 죄를 정하사 육신을 따르지 않고 그 영을 따라 행하는 우리에게 율법의 요구가 이루어지게 하려 하심이니라롬 8:2-4.

사도 바울은 '그리스도 예수 안에 있는 생명의 성령의 법' 이라는 말을 어떤 의미로 사용한 것일까? 내가 생각하기에 사도 바울은 율법이 유대인들의 믿음을 위해 어떤 역할을 감당했듯이 예수 그리스도께서 그리스도인들의 믿음에 기여한다는 사실을 유대 독자들이 깨달아 알도록 '그리스도 예수 안에 있는 생명의 성령의 법' 이라는 용어를 사용했다. 율법은 하나님의 뜻과 목적을 구체화시켜 준다. 이스라엘이 계시된 하나님의 뜻에 따라 순종하는 삶을 살 때, 거룩하신 하나님께서 그들의 행위에 선명하게 나타난다. 어떤 면에서는 율법을 지키는 것이 하나님을 성육신하게 하며 이스라엘에게 자유를 가져다 준다.

예수님께서 열어 놓으신 생명의 길은 수많은 계명이 아니라 믿음을 통한 관계로 구성되어 있다. 우리가 믿음 안에서 그리스도에게로 향하고 그분을 메시아요 구세주로 받아들일 때 우리는 자신을 자유의 원천으로 생각하지 않게 된다. 우리가 그리스도께 순종하는 삶을 살아갈 때 그분은 우리에게 생명을 주시는 현존하시는 하나님이신 생명의 성령을 주신다. 생명의 성령께서는 교사로서 우리의 삶을 안내하는 분이시다. 그러므로 우리 안에 내주하시는 생명의 성령께서 그리스도인들을 자유하게 하고 자유를 누리며 살아가도록 안내하고 가르치신다. 우리 안에 계신 생명의 성령께서 육체의 정욕우리를 자유케 하려는 우리 자신의 노력을 통해 개발된 옛 습관, 형식, 합리화에 저항하고 자유케 된 사람으로서 성령님을 의지하도록 힘을 주신다.

아마 그 누구도 베드로보다 더 완벽하게 육체의 일을 설명한 사람은 없을 것이다. 사도 바울은 육체의 일과 성령의 열매를 현저하게 대조시켜 부각시킨 반면 베드로는 자유의 원천이신 그리스도에게서 떠날 때 나타나는 결과를 보여주며 불의한 자들, 특별히 "육체를 따라 더러운 정욕 가운데서 행하며 주관하는 이를 멸시하는 자들, 당돌하고 자긍하며 떨지 않고 영광 있는 자들을 비방하는 자들벧후 2:10"에게 어떤 일이 일어날 것인지를 말씀한다. 베드로는 비유와 암시가 풍부한 가르침을 통해 성령님께 저항하는 자들의 무시무시한 상황을 설명하고 있다.

> 그러나 이 사람들은 본래 잡혀 죽기 위하여 난 이성 없는 짐승 같아서 그 알지 못하는 것을 비방하고 그들의 멸망 가운데서 멸망을 당하며 불의의 값으로 불의를 당하며 낮에 즐기고 노는 것을 기쁘게 여기는 자들이니 점과 흠이라 너희와 함께 연회할 때에 그들의 속임수로 즐기고 놀며 음심이 가득한 눈을 가지고 범죄하기를 그치지 아니하고 굳세지 못한 영혼들을 유혹하며 탐욕에 연단된 마음을 가진 자들이니 저주의 자식이라 그들이 바른 길을 떠나 미혹되어 브올의 아들 발람의 길을 따르는도다 그는 불의의 삯을 사랑하다가 자기의 불법으로 말미암아 책망을 받되 말하지 못하는 나귀가 사람의 소리로 말하여 이 선지자의 미친 행동을 저지하였느니라 이 사람들은 물 없는 샘이요 광풍에 밀려 가는 안개니 그들을 위하여 캄캄한 어둠이 예비되어 있나니 그들이 허탄한 자랑의 말을 토하며 그릇되게 행하는 사람들에게서 겨우 피한 자들을 음란으로써 육체의 정욕 중에서 유혹하는도다 그들에게 자유를 준다 하여도 자신들은 멸망의 종들이니 누구든지 진 자는 이긴 자의 종이 됨이라 벧후 2:12~19.

하나님의 임재를 통해 자유를 누리며 살아가라

내면적으로 볼 때 그리스도를 따르는 자들이 누리는 자유는 어떤 자유인가? 우리가 누리는 자유의 핵심에 예수 그리스도께서 서 계신다. 그리고 우리 안에 계신 성령께서 원하시는 만큼 충분히 믿음을 불러일으키신다. 그리스도만이 하나님과 우리의 관계를 보증해 주시며, 성령님을 통해 우리에게 주시는 자유를 보증해 주신다. 그리스도 외에 그 어느 것이라도 자유의 원천으로 받아들이게 되면 우리의 자유는 산산조각 나버린다. 그러므로 우리가 자유해졌다면 자유의 원천이신 그리스도 외에 그 어느 것이라도 더하려는 시도를 거부해야만 한다.

실제적인 경험의 차원에서 볼 때 자유란 무엇인가? 내가 경험했던 자유에 대해 기록하는 것은 위험할 것 같다. 이런 두려움은 약점을 숨기고 강해 보이려는 마음에서 출발한 것이 아니다. 오히려 독자들이 내 간증을 자랑으로 여길까 봐 그런 것이다. 나는 여러분들이 아래의 간증을 예수 그리스도 안에서 하는 자랑으로 받아들여주기를 바란다. 바울이 "자랑하는 자는 주 안에서 자랑하라"고전 1:31 고 기록했던 것처럼 말이다. 내가 제자로 지낸 세월들을 되돌아 볼 때 내 삶과 관계에 일어난 몇 가지 기본적인 변화에 주목하게 된다.

나는 더 이상 자신을 정당화할 필요가 없다. 나는 예수 그리스도 안에서 의로운 사람이 되었다. 나에게는 더 이상 정죄함이 없다. 내 모든 죄는 그리스도 안에서 해결되었고, 나는 그리스도께서 이루신 승리를 누리고 있다. 내가 죄 없는 자라는 뜻이 아니다. 그리스도 안에서 용서를 받았고 주님이 나를 받아들이셨다는 뜻이다.

이제, 다른 사람들을 만족시키려는 욕망이 내 행동의 동기와 생각을 지배하지 않는다. 그리고 믿음을 통해 그리스도와 연합한 삶을 살아가는 데 점점 더 관심이 많아지고 있다. 나는 무조건적으로 나를 사랑하시는 하나님을 기쁘게 해드리는 삶을 살기 원한다. 나는 하나님이 조건 없이 받아주신다는 사실을 경험하기 시작했다.

나는 육체와 끊임없이 싸우는 대신 육체를 받아들이는 자유를 경험했다. 우리들 중 대부분은 육체와 싸운다. 우리는 자신이 못생겼다고 생각한다. 너무 야위었다거나 너무 뚱뚱하다거나 코가 너무 크다거나 눈이 너무 작다고 생각한다. 우리가 자신을 있는 모습 그대로 받아들이고 하나님이 지으신 다른 사람들을 받아들일 때 우리는 이런 생각들에서 자유로워진다.

나는 내 은사를 받아들이는 부분에 있어서 자유롭다. 내 은사보다 더 큰 은사를 가진 사람들을 시샘하지 않는다. 많은 젊은 교역자들처럼 나도 수많은 군중 앞에서 설교하고 많은 사람들을 그리스도께로 인도하고 청중에게 박수갈채를 받는 꿈을 꾸고 살았다. 하지만 나는 이런 열망이 젊은이의 열정과 자아의 요구가 혼재되어 만들어진 것이라고 생각한다.

오염된 야망 절대로 완성되지 못한과 수년간에 걸친 싸움 끝에 나는 내게 주어진 사명이 수많은 군중 앞에서 설교하는 것이 아니라 다른 사람들이 자신의 소명을 발견하고, 사역을 위해 준비시키며, 후원하는 것이라는 사실을 발견했다. 이런 사역을 수년에 걸쳐 감당한 이후에 나는 나 자신을 막을 올리고 연기자들이 연기를 잘하도록 돕는 역할을 감당하는 무대 담당자로 바라보게 되었다. 이런 과정을 통해 나는 다른 사람이 감당해야 하고 다른 사람에게 은사로 주어진 일을 내가 이루려는 마음을 품지 않고, 나를 향하신 하나님의 뜻을 이루어드리는 법을 배웠다.

비록 내가 하나님의 뜻을 알지 못하고 그 뜻을 이루어드릴 능력이 있는지 확신하지 못할 때도 하나님의 뜻을 이루기 원한다는 말이 무엇을 의미하는지 알고 있다. 그 의미가 어떠하든지, 하나님의 뜻을 이루고자 하는 의지는 단순하고 관대한 자유를 가져다 준다. 이에 대해 토머스 머튼처럼 명쾌하게 설명해 준 사람은 없다.

> 나의 주 하나님, 저는 제가 어디로 가고 있는지 알지 못합니다. 제 앞에 놓인 길을 볼 수 없습니다. 어디에서 그 길이 끝날지 정확히 알 수 없습니다. 저는 저 자신에 대해서조차 모릅니다. 그리고 제가 당신의 뜻을 따른다고 생각하는 것이 실제로 당신의 뜻을 행하고 있다는 것을 의미하지는 않을 것입니다. 그러나 저는 믿습니다. 당신을 기쁘게 해드리고자 하는 제 마음의 소원이 실제로 당신을 기쁘게 한다는 사실을 말입니다. 그리고 저는 제가 행하는 모든 일에서 그런 소원을 갖기 원합니다.

그 소원으로부터 벗어난 행동은 절대로 행하지 않기를 원합니다. 제가 당신을 기쁘시게 하고자 한다면 제가 바른 길에 대해 전혀 알지 못한다 해도 당신께서 저를 바른 길로 인도하실 것을 알고 있습니다. 저는 당신을 항상 신뢰할 것입니다. 제가 길을 잃고 죽음의 골짜기를 헤매는 것 같을지라도 두려워하지 않을 것입니다. 당신께서 영원토록 저와 함께하시며 위험을 홀로 감당케 내버려두지 않으실 것이기 때문입니다.[19)]

나는 하나님의 뜻과 내 의지가 하나로 모아지는 순간을 알고 있다. 그 순간 나는 해방과 관련된 결과들을 모두 경험한다. 하나님과 내 뜻이 하나로 모아지는 융합이 존재의 자유를 규정한다. 성령께서 우리의 내적 자아를 변화시키셔서 우리가 진정으로 하나님의 뜻을 행하기 원할 때 우리는 과도하게 무거운 짐을 지거나 율법에 짓눌리거나 어떤 것에도 속박되지 않을 수 있다. 우리가 자유를 약간 기묘하고 신비롭게 인식하는 순간 참 자유는 다른 의미와 느낌을 갖게 되고, 그럴 때 우리는 하나님과 연합하게 된다.

나는 하나님께 예수 그리스도 안에 있는 이런 자유를 요구하지 않는다. 예수 그리스도 안에 있는 자유는 순수한 선물이다. 의로운 행위나 인격의 왜곡이나 성령의 소욕을 무시하는 행동은 예수 그리스도 안에 있는 자유와 함께 주어지는 평안을 깨뜨릴 수 있다. 내가 아는 한 자유란 영원히 소유할 수 있는 것이 아니다. 자유는 순간순간 주어지며 주어지는 순간 받아들이고 축하해야 한다.

우리가 누리는 자유를 축하하자

1998년 부활주일 전 토요일 저녁에 나는 출가한 딸의 신앙고백식 confirmation에 참석했다. 의식이 시작되기를 기다리면서 나는 성가집을 차근차근 읽었다. 내 시선은 자유를 강조하는 찬송가에서 멈췄다. 그 찬송가의 가사는 내 지성과 마음에 깊이 새겨졌다.

우리가 속박으로부터 자유로워졌을 때
어둠에서 빛으로 옮겨졌을 때
육신의 눈이 아니라 믿음의 눈으로 걸으며
소망 중에 인내해야만 한다네

하나님께서 우리를 당신의 백성 삼으셨을 때
그분이 우리 손잡고 인도하시네
외롭고 메마른 광야를 지나
놀라운 영광의 땅으로 우릴 인도하시네

인생 여정의 구석구석
하나님께서 주야로 우리와 함께하시네
우리의 연약함을 긍휼히 여기시고
인생길 걸음마다 함께하시네

<후렴>

모든 장애물을 벗어 던지세
승리를 향해 경주하세
본향을 향한 걸음을 재촉하세
즐거이 들어가세[20)]

이것이 당신과 나를 위한 자유하고 진실된 기도다.

묵상과 토론을 위한 질문

1. 자유를 누리는 사람이 된다는 말은 무슨 뜻인가? 자유와 방종의 차이는 무엇인가?

2. 당신의 경험을 가장 잘 표현해 주는 자유에 대한 비유는 어떤 것인가?

3. 본 장에 인용된 성경구절은 자유를 어떻게 정의하는가?

4. 당신이 진정으로 자유를 경험한 때가 언제인지 설명해 보라.

영성 일기 쓰기

1. 당신을 자유하지 못하게 얽어매는 것들이 무엇인지 나열해 보라.

2. 이런 것들을 사람, 우상, 교도관 등으로 생각해 보라. 당신을 얽어매는 것들을 그룹으로 묶어 주는 상징물을 만들어 보라.

3. 이런 상징물에게 다음과 같이 질문해 보라. "왜 내가 너에게 굴복하고 내 자유를 빼앗겨야 하지?"

4. 당신의 마음에 떠오르는 것을 기록하라. 그리고 그것들이 당신을 무엇에서 구해 내었는지, 당신에게 무엇을 주었는지, 왜 당신이 그것들을 다루기 힘들어 하는지에 대해 생각해 보라.

10장

마지막 순간까지 달음질하라

하나님 앞에서 살아가는 것Living before God은 고집과 끈기가 필요하고, 외부적인 삶의 유혹에 마음을 빼앗기거나 내부에 존재하는 두려움이나 고통의 아우성에 순종하지 않으려는 중심이 필요하다. 나이가 얼마냐 하는 것은 중요하지 않은 문제 같다. 금지된 욕망이 우리의 열정을 자극한다. 그리고 비뚤어진 이성에 대한 문제투성이의 확신이 좋은 것을 선택하지 못하게 하고 타협하게 만든다. 예전에는 나이가 금단의 열매의 매력을 없애거나 적어도 순종하려는 의지를 세워주는 것 같아 보였다. 그러나 사실은 나이가 들수록 충동이 더 교활해지고 모르는 사이에 우리의 의지를 사로잡아 버린다.

그래서 반백 년 이상 하나님 앞에서 살아가려고 노력한 이후에도 나는 여전히 하나님의 사랑에서 나를 떼어놓으려는 힘이나 권력에 대항하는 보호 장비들을 내려놓을 수 없다. 항해 후, 닻을 내리고, 성취나 성숙의 노력을 그만하고 쉴 수 있는 안전한 항구는 그 어디에도 없다.

"수도사들의 방심"The Monks' Distractions이라는 이야기에서 앤서니 드 멜로Anthony de Mello는 하나님 앞에서 헌신하지 못하게 하는 미묘한 유혹들을 구체적으로 설명한다. 그는 유혹이 가진 힘뿐만 아니라 지속적인 유혹이 우리를 하나님으로부터 멀어지게 만든다는 사실을 보여 준다.

> 긴급한 연락이 남부 라마 수도원에서 북쪽의 대大북부 라마로 날아들었다. 남부 라마 수도원은 초보자들을 영적인 삶으로 이끌어갈 지혜롭고 거룩한 수도사 한 사람을 요청했다. 북쪽의 라마는 이 요청에 대한 대답으로 다섯 명의 수도사들을 보냈다. 모든 수도사들은 놀라며 "왜 다섯 명의 수도사들을 보내시는 거죠?"라고 물었다. 그는 다음과 같이 신비한 대답을 했다.
>
> "그들 중에 한 사람이라도 남부 라마에 도착한다면 다행한 일이지."
>
> 다섯 명의 수도사들은 전령을 만날 때까지 며칠간 길을 걸었다.
>
> "우리 마을의 사제가 돌아가셨어요. 사제 역할을 감당해 줄 사람이 필요해요."
>
> 그 마을은 평온한 것 같아 보였다. 게다가 그 마을 사람들은 사제에게 꽤 많은 생활비를 제공했다. 다섯 명의 수도사 중 한 사람이 목양적인 관심을 가지고 이렇게 말했다.

"내가 만약 이 마을에 머물면서 이 마을 사람들을 위해 사역하지 않는다면 선한 수도사가 아니야."

그 수도사는 중도에 하차했다.

며칠 후 그들은 어떤 왕궁에 머물게 되었다. 그 왕은 수도사들 중 한 사람을 좋아하게 되었다. 왕은 이렇게 말했다.

"당신이 만약 우리와 함께 거하신다면 당신을 사위로 맞아들이고 내가 죽게 되면 당신이 왕위를 계승하게 될 것이오."

한 나라를 다스리는 것보다 하나님을 더 잘 섬기는 길이 어디 있겠는가? 그래서 그 수도사도 중도 하차했다.

나머지 수도사들은 밤새 구릉지를 걸어 아름다운 여인이 사는 외딴 오두막에 도착했다. 이 여인은 수도사들을 후대했으며 그들을 보내주신 하나님께 감사드렸다. 그녀의 부모님은 산적들에게 살해당했고, 혼자 남아 두려움 속에서 살아왔다. 다음 날 아침 수도사 중 한 사람이 이렇게 말했다.

"나는 이 여인과 함께 머물겠소. 만약 내가 긍휼히 여기지 않는다면 나는 신실한 사람일 수 없소."

그래서 그 수도사도 중도에 하차했다.

남은 두 명의 수도사는 마침내 어느 마을에 도착해서 모든 마을 사람들이 믿음을 버리고 이교도의 영향력 아래 놓여 있는 공포스러운 상황을 접했다. 한 수도사가 이렇게 말했다.

"나는 여기 머물면서 이 사람들을 다시 참된 믿음 안으로 회복시키는 일에 부름받았소."

그래서 그 수도사도 중도 하차했다.

다섯 번째 수도사만 마침내 남쪽의 라마에 도착했다.[21)]

이 이야기는 음흉한 유혹과 그리 음흉하지 않은 유혹들이 하나님 앞에서 신실하게 살아가려는 우리들의 헌신을 뒤흔들어 놓는 방식을 구체적으로 보여준다. 다섯 명의 수도사들은 남부 라마 수도원에서 초보자들을 훈련하기 위해 선택된 사람들이었다. 주어진 사명을 달성하기 위해 다섯 명이 함께 떠났다. 그러나 여행 중에 자신들을 유혹하는 일련의 상황에 직면한다.

사제가 공석인 마을에서 사역자를 구하는 첫 번째 유혹은 수도사들 중 한 사람이 가장 좋은 것 대신에 좋은 것을 선택하는지를 시험하는 것이었다. 분명 사제로 섬기는 것은 비난할 필요가 없는 일이다. 그러나 그 마을에서 사제로 사역하기로 한 수도사는 그 사명을 위해 보냄 받은 것이 아니었다. 그는 초점이 흐려지면서, 좋은 것을 얻는 대신 가장 좋은 것을 잃었다. 왕의 총애를 받아 공주와의 결혼과 왕국의 통치를 약속받은 수도사는 권력을 지혜롭게 사용해 위대하고 선한 일을 이룰 수 있는 가능성을 보았다. 나는 그 수도사가 약속된 왕권과 초신자들을 훈련시키는 직책을 비교했을 때, 새로운 직책을 통해 얻게 될 긍지를 인식하지 않았나 생각한다. 그리고 억제된 성적 욕망이 무의식중에 그가 내린 결정에 영향을 주지 않았는지 의심스럽다. 만약 인식하지는 못했지만 강력한 영향력을 가진 숨은 원인들이 유혹에 굴복할 때 무의식의 세계에서 작용했다면, 그가 왕으로 통치해갈 때 그런 숨은 원인들이 어떻게 표출될지 의심스럽다.

혼자 외로이 두려움에 사로잡힌 삶을 살아가던 아름다운 여인과 함께 살기로 한 수도사는 동정심을 표했다. 그러나 그의 동정심은 순수한가? 아니면 색욕에서 출발한 것인가? 이 수도사의 선택은 선한 의도에서 출발한 신앙의 표현이었다. 그러나 공주와 결혼하기로 한 수도사처럼 이 수도사도 아마 뒤섞인 동기가 있었을 것이다.

선교사의 열심으로 무장된 네 번째 수도사는 마을 사람들에게 진리를 가르치기 위해 중도하차했다. 아마도 그는 몇 명의 초신자들을 훈련시키는 것보다 한 마을 전체를 대상으로 가르치는 것이 더 중요하다고 생각했을 것이다. 사제가 공석인 마을에서의 유혹과 유사하게 이 유혹이 내건 미끼는 종교적인 열정이다. 이교도의 가르침으로부터 마을 사람들을 구하라! 그러나 이 수도사가 가진 결광적인 헌신과 복음 전도자적인 열정은 그가 처음 부름 받은 소명으로부터 멀어지게 만들었다.

마지막으로 오직 한 명의 수도사만이 여행이 마무리되기까지 인내하여 대망을 품고 있는 남쪽의 수도사들을 섬기는 훈련자가 되었다. 따라서 북부 라마의 지혜가 증명된 것이다.

우리가 나아가야 할 인생 여정에서 뭔가를 이루기 위해 다섯 번이나 시도해야 한다면, 단 한 번의 삶이 주어져 있다는 것은 너무나 좋지 않은 상황이다.

예수님의 지혜

자신이 지도한 수도사들의 연약한 품성을 알고 있는 북쪽 라마는 하나의 사역을 이루기 위해 다섯 명의 수도사들을 보냈다. 그러나 만약 각각의 수도사들이 잠깐 멈춰서서 여정을 평가해 보고 주어진 임무 외에 다가온 요구를 평가해 보고 위험요소를 고려해 보았다면 결과가 어땠을까? 우리가 하나님 앞에서 살아가는 여정을 선배의 말에 순종해서 시작하든지 모험가의 열광에 의해 시작하든 간에 대가 지불은 필수적이다. 예수님께서는 다음과 같은 지혜를 가르쳐 주신다.

> 너희 중의 누가 망대를 세우고자 할진대 자기의 가진 것이 준공하기까지에 족할는지 먼저 앉아 그 비용을 계산하지 아니하겠느냐 그렇게 아니하여 그 기초만 쌓고 능히 이루지 못하면 보는 자가 다 비웃어 이르되 이 사람이 공사를 시작하고 능히 이루지 못하였다 하리라
> 또 어떤 임금이 다른 임금과 싸우러 갈 때에 먼저 앉아 일만 명으로써 저 이만 명을 거느리고 오는 자를 대적할 수 있을까 헤아리지 아니하겠느냐눅 14:28-31.

우리는 청소년기의 모험이나 중년기에 필요한 버팀목이나 노년에

필요한 안전을 위해 하나님 앞에서 살아가는 것이 아니다. 우리는 하나님 앞에서 살아가는 삶의 여정의 결국을 명확히 보기 위해 출발했다. 변화하는 경치와 험준함, 생명을 위협하는 도전들로 가득 찬 하나님 앞에서 살아가는 삶의 여정은 우리에게 포기하지 말고 끝까지 마무리하라고 요구한다. 우리가 중도에 멈춰 버린다면 본향으로 돌아갈 수 없다. 3/4의 여정을 힘들게 지난 후 결국 되돌아가 버린다면 본향으로 돌아갈 수 없다. 우리는 세례와 안수례按手禮와 성만찬의 능력 안에서 끝까지 완주하려 한다.

여행의 성격과 기간이 정해져 있다면 비용을 계산하고 여행을 시작하는 것이 지혜로운 것 아닌가? 우리가 길을 떠나거나 대적과 맞서 싸우기에 앞서 그 일을 시작할 만큼 충분히 헌신되어 있는지를 살펴보아야 하지 않겠는가? 이 지루하고도 고된 여행을 감당해 가는 지혜로운 사람들은 출발 단계에서 비용을 계산해 볼 뿐 아니라 삶의 중요한 단계마다 멈춰 서서 계속될 여정에 얼마의 경비가 필요한지를 계산해 본다. 본향에 도달하기 전에 포기해 버린다면, 출발은 좋았지만 여정을 마무리하지는 못했다는 평가를 받게 될 것이다.

요즘 나는 인생 여정이 마무리를 향해 달려가고 있다는 사실을 체감한다. 나는 아직 본향에 도달하지 못했지만 절반은 훨씬 더 지나왔다. 그리고 목표에 도달하기 위해 필요한 비용을 재평가해 보아야만 한다. '은퇴'라는 녀석의 얼굴이 친구처럼 느껴지기보다는 원수같이 느껴진다. 내가 은퇴를 두려워하는 이유 중 한 가지는 내 자존감에 잠복해 있다. 내가 하는 일이 내 인생의 대부분을 규정해 왔다. 내가 직업에 헌신하지 못하거나 신학교와 연결되지 못할 때 나는 어떤 존재가 될까? 이제 재고 조사를 하고 비용을 지불하고 나와 함께 본향을 향해 행군해 갈 믿음의 전우들을 모아야 할 시간이다.

나 자신에 대한 또 다른 자기 이해도 은퇴에 잠복해 있다. 믿고 싶지 않지만 때때로 나는 하나님을 향한 사랑이 내 사역에 강하게 스며들어 있는지 의심스럽다. 너무나도 자주 우선순위를 뒤집어 버리는 나 자신의 모습이 떠올랐다. 하나님께 대한 사랑은 하나님의 유익을 위한 것이었는가? 아니면 나 자신의 유익을 위한 것이었는가? 나 자신을 먼저 훈련하면서 가르치거나 설교하거나 상담할 때에는 진실하게 기도한다. 그러나 그런 식으로 섬기지 않을 때 기도에 매어 달리려는 노력은 느슨해진다.

하나님께 드린 헌신이 사역의 유익을 위한 것이라면, 더 이상 쟁기를 잡고 일하지 않게 될 때는 어떻게 되겠는가? 하나님을 향한 열정이 고갈되어 버릴까? 내 머리가 다른 방향을 향하게 될까? 이런 생각들이 나를 두려워 떨게 만들고 은퇴 이후에 제자로 살아가는 것에 대한 비용을 계산하도록 만든다.

반면 미래로 나아감에 따라 나는 이런 변화가 내 사역을 위해서나 심지어 하나님의 사역을 위해서가 아니라 하나님의 유익을 위해서, 하나님 자신의 유익을 위해서 하나님을 사랑하게 되는 새로운 가능성을 열어줄 것이라는 사실을 깨닫는다. 이 새로운 미개척지는 내가 이전에 보지 못했던 은혜의 전망을 열어줄 것인가? 그리고 꿈에도 생각지 않은 미래의 가능성으로 나를 유혹할 것인가? 나는 경험을 통해, 하나님께서 우리들에게 삶의 비밀을 미리 말씀해 주지는 않으신다는 사실을 발견했다. 우리는 온 몸으로 질문을 통과해 가며 대답을 얻어가는 삶을 살아야만 한다.

사도 바울의 인내

사역을 마무리하는 비용을 계산할 때, 승리를 위해 결승점으로 달려가야만 하는 운동선수의 이미지가 모델이 된다. 사실 사도 바울은 우리가 끝까지 신앙을 지키도록 권면하기 위해서 달음질하는 운동선수를 예로 들고 있다. 그는 이렇게 말한다.

> 운동장에서 달음질하는 자들이 다 달릴지라도 오직 상을 받는 사람은 한 사람인 줄을 너희가 알지 못하느냐 너희도 상을 받도록 이와 같이 달음질하라 이기기를 다투는 자마다 모든 일에 절제하나니 그들은 썩을 승리자의 관을 얻고자 하되 우리는 썩지 아니할 것을 얻고자 하노라 그러므로 나는 달음질하기를 향방 없는 것 같이 아니하고 싸우기를 허공을 치는 것 같이 아니하며 내가 내 몸을 쳐 복종하게 함은 내가 남에게 전파한 후에 자신이 도리어 버림을 당할까 두려워함이로다 고전 9:24~27.

사도 바울은 신실함과 인내에 대한 자신만의 해석을 가지고 있다. 나는 그가 이 교훈과 더불어 자기 자신의 간증을 다섯 명의 수도사들에게 들려주었을 것이라는 예감이 든다. 바울은 경기를 완주하고 상을 받기 위해 경쟁과 자기 통제와 자기 부인을 강조한다.

만약 다섯 명의 수도사 이야기를 사도 바울의 권면의 배경으로 생각한다면 왜 사도 바울이 몸에 대한 엄격한 단속을 요구하는지 알게 될 것이다. 단 한 사람만 임무를 완수했고, 다른 네 명은 시시한 유익을 향해 발걸음을 옮겼다. 사도 바울은 단 한 사람만이 하나님의 뜻을 이룰 것이라고 말하지 않는다. 그리스도인들 사이에 경쟁을 불러일으키려는 것도 아니다. 오히려 사도 바울은 더 좋은 최선의 것을 제쳐두고 좋은 것을 선택하지 말라고, 다시 말해 하나님의 뜻을 이루어드리는 일에 실패하지 말라고 경고하고 있다. 인생 여정의 각 단계마다 우리는 선택해야 한다. 그리고 그 선택이 우리가 나아가는 방향을 결정하고 몇 달 후 심지어 몇 년 후의 운명을 결정한다. 하나님의 임재를 경험하는 삶이라는 목표에 초점을 맞추고 그에 맞게 선택하는 것이 얼마나 중요한지 모른다.

지금 내가 추구하는 상급은 내가 젊었을 때 소망했던 상급과는 다소 차이가 있다. 한때 나는 상급이란 영생이나 천국을 소유하는 것이라고 생각했다. 실제로 그것은 상급이다. 또 예전에 내가 추구했던 상급은 나 자신의 정체성과 은사를 확인해 인간으로서의 사명을 완수하는 것이었다. 그리고 상급은 내 직업을 통해 내게 주어진 하나님의 뜻을 완수하는 것이었다. 인생을 살아오면서 나는 남들에게 인정받고 개인적인 성취를 이루는 것을 충분한 상급으로 추구하는 덫에 걸려들었다. 그러나 이제 남은 인생은 '하나님의 임재 가운데' 살아가고 싶다. 하늘은 스스로를 도울 것이고, 내 운명은 다소 성취되거나 영원히 이루지 못할 것이며, 내가 인정받는 일은 언급할 가치조차 없는 일이다.

분명, 내 인생을 마무리해야 할 시점이 다가오고 있다는 사실이 이런 마음가짐을 불러일으키고 있다. 영생을 바라보는 것이 모든 선택에 간섭하시는 하나님의 임재를 더 예민하게 느끼게 해준다. 그리고 나는 죽을 때까지 신실한 삶을 살아가기를 마음 깊이 소원하고 있다.

사도 바울이 사용한 경주의 비유에 초점을 맞추든지 망대를 세우고자 할 때 미리 그 비용을 예산하거나 전쟁하기 위해 나아가는 왕이 비용을 계산해 보아야 한다는 예수님의 강조점에 초점을 맞추든지 간에 분명히 두 분이 권면한 성경말씀은 인생 여정이 끝날 때까지 '인내' 할 것을 강조한다. 하나님 앞에서 살아가는 삶은 경주를 시작하거나 기초공사를 하거나 전쟁에 대처하는 것을 의미할 뿐만 아니라 '인내' 하는 것을 의미한다.

끝까지 잘 마무리하려면 어떻게 경주해야 할까? 다섯 명의 수도사 이야기에 명확히 나타나 있는 것처럼 좋은 것의 유혹과 동정심이라는 유혹뿐만 아니라 탐욕과 권력욕이라는 유혹에 마음을 빼앗기지 않고 어떻게 이 경주에 집중해 갈 수 있을까?

인생 여행을 위한 지혜

인생의 중요한 시기를 지날 때마다 지혜가 필요했던 것처럼, 나에게는 지금도 지혜가 필요하다. 나는 마음을 터놓고 자유롭게 내 필요를 고백한다. 그러나 지금 내게 필요한 지혜는 과거에 필요했던 지혜와 비교해 볼 때 결코 작은 지혜가 아니다. 삶을 마무리해가는 시점은 인생의 시작점이나 중간 지점과 비교할 때 질적으로 떨어지지 않는다. 인생의 모든 단계마다 그 나름대로의 도전이 있고 기회가 있다. 나 역시 실패나 형편없는 결정이나 잘못된 방향에서 회복할 수 있는 시간이 얼마 남아있지 않기 때문에 마지막 한걸음 한걸음이 다른 어떤 걸음보다 더 무겁게 느껴진다.

만약 당신이 내가 고백한 문제를 가지고 찾아와 도움을 구했다면 나는 내가 가진 가장 최선의 지혜를 나누어 주었을 것이다. 인생의 어느 시점을 통과하고 있든지 간에 당신은 내 앞에 놓여 있는 똑같은 종류의 문제에 직면해 있을 것이다. 삶의 첫 단계에는 대학에 진학하고 직업을 갖게 되고 결혼하고 가정을 꾸리게 된다. 10년 혹은 15년마다 당신의 삶의 상황은 바뀐다. 나이가 더 들고, 직업을 바꾸고, 자녀들이 자라고 집을 떠나고때때로 돌아오고, 결혼하고 자녀당신에게는 손자를 낳는다. 그리고 결국 내가 지금 직면하고 있는 은퇴라는 문제, 어떤 면에서는 죽음이라는 문제 앞에 서게 된다. 인생의 단계마다 도전과 혼란과 기회와 위험이 존재한다.

당신이 이런 여러 단계 중에 어떤 단계에 직면해 있느냐는 중요하지 않다. 당신은 예전에 결코 그 자리에 서 있어 본 적이 없다. 당신은 이 특별한 위기를 넘어선 삶을 알지 못한다. 예기치 않았던 일들이 늘 당신의 신앙을 도전해 온다. 그것이 바로 인생이다.

만약 당신이 나에게 지혜를 구한다면, 나는 알고 있는 최선의 지혜를 나눠 줄 것이다. 내가 당신에게 지혜를 나눠 줄 수 있다면, 나 자신에게도 똑같은 지혜를 나눌 수 있지 않겠는가? 내가 나 자신을 위한 지혜를 모으고 나 자신을 위해서 그 지혜를 몇 가지 기록해 둔 것처럼, 당신도 그럴 수 있을 것이다. 다음은 내가 나 스스로를 향해 기록해 본 것이다.

초점을 선명하게 유지하라

하나님 앞에서 살아가는 삶의 목표를 명확히 유지하라. 너는 인생 여정의 어디에 이르렀든지 '네가 있는 바로 그 곳' 에서 달음질해야만 한다. 너는 자주 잠 못 이루며 하나님의 현존하심은 사라졌다고 생각해 왔다. 그리스도께서 찾아오시는 시간이 바로 지금이고 그분이 역사하는 곳이 바로 이곳이라는 사실을 기억하려고 노력해 보아라.

네가 있는 곳에서 인생 여행을 감당하기 위해 네 삶에 무슨 일이 진행되고 있는지 관심을 가지고 살펴보아라. 너에게는 집중할 능력이 있다. 네 삶에 중요한 인물은 누구인가? 너에게 어떤 요구가 주어져 있는가? 지금 겪고 있는 도전과 감당해야 할 책임에 어떻게 반응하고 있는가?

창조적이고 열정적인 삶을 살기 위해 네 삶에 존재하는 혼란을 깨끗이 몰아내라. 무엇이 네 삶에 혼란을 가져오는지 잘 알고 있다. 너는 여가시간을 어떻게 활용하고 있는가? 지금 이 순간에 집중하지 못하게 하는 것은 무엇인가? 그리스도께 집중할 수 있었을 때 너는 어떤 방법을 사용했는가?

현재를 살아가기 위해 변함없는 분과 친구가 되고, 변하지 않는 분과 교제하라.

가치 있는 싸움을 싸우라

모든 문제에 목숨을 걸만한 가치가 있는 것은 아니다. 이길 수 있거나 차별화할 수 있는 기회가 있는 싸움을 선택하라. 반대하는 것과 찬성하는 것의 균형을 유지하라. 만약 반대가 찬성보다 더 큰 비중을 차지한다면 부정적이고 비판적인 불평꾼이 될 것이다. 네가 인생 여정의 마지막 걸음을 달려가는 동안 몇 가지 기준을 지키도록 해라.

1. 싸울 만한 가치가 있는 싸움을 선택하라

너는 다른 사람과는 다른 선택을 할 것이다. 에너지를 투자할 가치가 있는 싸움을 선택하라. 10년 후에 차이를 가져다 줄 수 있는 싸움을 선택하라. 너를 향한 하나님의 우선순위에 부합되는 싸움을 선택하라.

2. 싸울 시간을 선택하라

언제 힘을 쓸지 늘 선택할 수 있는 것은 아니다. 왜냐하면 어떤 싸움은 억지로 떠맡겨지기 때문이다. 그러나 대부분의 경우는 언제 싸움에 임할지 결정할 수 있다. 긴장을 풀고 휴식을 취하야 할 시간이 있다. 직업적인 삶에서 급하게 처리해야 할 업무에 초점을 맞추어야 할 때가 있다. 다른 것에 마음을 빼앗기지 말고 사역에 집중하라. 덜 긴급한 문제들을 다룰 시간을 선택하라. 그래서 본질적인 업무를 무시하지 않도록 하라.

3. 언제 일에 집중하고 언제 긴장을 풀 것인지 그리고 언제 피정에 들어갈 것인지도 배우라

변화를 가져오기 위해 일할 때 뒤로 물러나 성령께서 일하게 하라. 우리가 삶과 사역에서 내리는 대부분의 결정은 어느 정도 융통성이 있다는 사실을 기억하라. 성령께 일을 이루실 수 있는 시간과 공간을 내어드리라. 네 말과 네 비전을 최종적인 것이라고 생각하지 말라. 그것은 하나님께서 그리시는 더 큰 그림의 일부분일 뿐이다.

4. 사단의 강력한 반격을 받아 쓰러질 때 다시 회복하고 일어서라

어떤 사람도 항상 이길 수는 없다. 패배는 실패한 목적, 성공하지 못한 노력, 잘못된 인생의 방향 전환 등의 형태로 우리 인생 여정 전반에 걸쳐 다양하게 자리하고 있다. 이런 실패는 최종적인 패배를 의미하지 않는다. 오히려 회복의 예술을 배우는 기회를 제공해 인생 여정을 계속해갈 수 있게 해준다. 고린도교회의 성도들을 향한 사도 바울의 고백을 기억하라.

> 형제들아 우리가 아시아에서 당한 환난을 너희가 모르기를 원하지 아니하노니 힘에 겹도록 심한 고난을 당하여 살 소망까지 끊어지고 우리는 우리 자신이 사형 선고를 받은 줄 알았으니 이는 우리로 자기를 의지하지 말고 오직 죽은 자를 다시 살리시는 하나님만 의지하게 하심이라 그가 이같이 큰 사망에서 우리를 건지셨고 또 건지실 것이며 이 후에도 건지시기를 그에게 바라노라 너희도 우리를 위하여 간구함으로 도우라 이는 우리가 많은 사람의 기도로 얻은 은사로 말미암아 많은 사람이 우리를 위하여 감사하게 하려 함이라고후 1:8~11.

경주를 완주하기 위해 준비하라

만약 인생의 경주를 완주하기 원한다면 몸과 열정을 통제하라. 유혹은 모든 인생의 길모퉁이에 존재한다. 인생을 향한 하나님의 목적을 분별하라. 내 인생에 주실 만한 하나님의 메시지를 생각해 본다.

먼저 성욕을 조심하라.

젊었을 때는 나이가 들면 성과 성적 능력에 대한 관심이 사그라질 것이라고 생각했다. 그러나 그때에도 여전히 성적인 상상은 이전보다 더 자주 지속적으로 너를 괴롭힌다. 너는 여전히 너를 파멸로 이끌고 하나님의 나라를 방해하는 타협하는 상황에 머물 수 있다.

오늘날 성적 유혹의 교활함에 대해 특별히 주의해라. 통제력을 잃어버릴 수 있기 때문이다. 사역 현장의 동역자들을 잘 살펴보아라. 얼마나 많은 사람들이 성적인 부분에서 실패했느냐? 네 마음과 상상력을 조심해라. 네 결심이 흔들리지 않게 해라.

인생 여정을 준비하기 원한다면 달력을 살펴보아라. 여러 해 동안 너무 많은 시간을 일에 투자해 왔다. 너는 전임으로 가르쳤고, 매주 여행했으며, 그 와중에 집필까지 했다. 너는 누구를 위해 그렇게 하는가? 행정당국인가? 아마도 그럴 것이다. 아니면 주님인가? 그럴 수도 있다. 너 자신인가? 그렇다. 바로 너 자신이다. 네 스케줄을 살펴보아라. 한 주간의 스케줄을 넘치지 않게 적절하게 세워라. 쉬어라. 운동해라. 길을 따라 걸으며 꽃향기를 맡아라.

40년이 넘는 기간 동안 너는 음식중독과 싸워 왔다. 네 몸은 과식으로부터 구원해 달라고 외치고 있다. 지금이 바로 식습관을 통제할 수 있는 시간이다. 오늘을 절제 속에서 평안을 찾는 날로 삼아라. 제일 맛있는 음식이라 할지라도 한 입의 음식도 과식하지 말아라. 허전함을 또 다른 디저트로 채우지 말고 확신과 하나님이 주신 기쁨으로 채워라. 지금 이 순간 네 삶을 구조화 해라. 다음 식사시간으로 미루지 말아라. 음식은 하나님을 대체할 대용물이 아니니다.

돈을 가볍게 대해라. 돈의 노예가 되지 말아라. 일단 한번 돈이 부족해 어려움을 경험하고 나면 살아갈 만큼 충분한 돈이 있음에도 돈에 대해 너무 많이 생각하게 된다. 네 라이프 스타일을 관찰하고 사치의 노예가 되지 말아라. 유물론적인 이 세대의 유혹에 단호히 맞서라.

적당한 돈을 갖는 것이 목표에 집중하는 일을 방해하지 않도록 특별히 주의하라. 상속을 받거나 지혜롭게 투자해서 부자가 된 이후에 하나님을 향한 관심을 잃어버린 사역자를 보았을 것이다. 부자가 될 때 이렇게 되지 않도록 주의해라.

어떤 면에서 마지막 몇 문단이 이 책 전체의 패러다임이다. 내가 기억할 필요가 있는 여정과 사건에 대한 회상이라는 패러다임 말이다. 그러나 분명히 그것은 생각나게 하는 것 이상의 것이었다. 당신이 인식하고 있었을지는 모르지만 한 번도 심각하게 점검해 보지 않았던 삶의 여러 측면들을 하나님과 함께 탐구해 본 것이 당신에게 도움이 되었을 것이다.

어쨌든 나는 하나님 앞에서 깨어나는 문제에 대해 반복적으로 기록했다. 깨어나는 과정 속에서 믿음의 서막이요, 하나님께 대한 첫 번째 반응이요, 기도의 초기 형식이 되는 경이로움을 발견하는 일이 일어났다.

잠에서 깨어나 경이로움을 체험하는 순간은 하나가 또 다른 하나를 불러일으키는 두 부분으로 이루어져 있다. 그리고 그 두 가지가 함께 우리를 거룩한 하나님의 임재 안으로 호위해가는 무도회를 형성한다. 50년 이상 이 춤을 추었지만 절대로 지루하거나 단조롭지 않았다. 그리고 앞으로도 절대 지루하거나 단조롭지 않을 것이다. 어떻게 하나님의 경이로움과 더불어 춤추는 것이 지루할 수 있겠는가?

하나님의 임재 안에 살아가는 삶은 깨달음과 경이로움으로 춤추는 것뿐만 아니라 하나님의 말씀 안에서 견고한 기초를 발견하는 것이다. 신비의 춤을 지탱해 주는 말씀은 교리나 엄격한 도덕으로 전락해서는 안 된다. 우리를 경이로움으로 유혹하는 말씀의 능력을 잃어버리지 않기 위해서 말이다. 말씀은 주님을 반영하는 거울과 같다. 말씀은 성령을 보내고 우리의 삶을 형성한다. 말씀은 견고한 기초와 같다. 말씀이 없다면 썩은 마룻바닥 위에서 춤을 추게 될 것이다.

진리에 기초한 신비의 소용돌이 속에 존재하는, 하나님의 임재를 경험하는 삶은 수많은 속임수 가운데에서도 계속된다. 우리가 겪고 있는 모든 유혹은 "하나님은 믿을 만한 존재가 못된다"는 생각의 변형들이다. 그 유혹이 돌로 떡을 만드는 것이든, 성전 꼭대기에서 뛰어내리는 것이든 아니면 마귀에게 경배하는 것이든 모든 유혹의 핵심에는 우리 주 하나님에 대한 불신이 존재한다. 승리의 삶을 사는 사람은 어떤 일이 일어나더라도 하나님의 견고한 사랑에 믿음의 기초를 둔다.

다행히 우리는 우리가 말하기보다 더 많이 듣기를 원하시는 하나님을 인식하는 삶을 배우기 시작했다. 그리고 듣기는 우리가 누구의 음성을 듣고 있느냐 하는 질문에 통찰력 있는 답변을 준다. 마귀의 음성은 아주 교활하다. 그래서 말하는 존재가 누구인지 분별하는 것은 예술이 된다.

거룩한 임재 안에서 살아가는 삶의 예술을 배우는 것은 시간적으로나 공간적으로 조금씩 더 그 임재 속으로 나아가게 하면서 임재 안에서 살아가는 삶으로 인도해간다. 우리는 묵상과 경청을 통해 평범한 매일의 삶 속에서 임재를 상상하는 예술을 계발하기 시작한다. 신앙의 현미경으로 바라볼 때 아주 평범하고 일상적이고 반복적인 것 같아 보이는 매일의 만남이 하나님이 계신 증거를 보여준다. 그리고 수많은 사람과 몸짓과 경험과 사건들로 가득 차 있는 매 순간은 거룩한 임재를 묵상하며, 하나님으로 가득 찬 성례가 된다.

하나님의 임재를 경험하는 삶은 지금 이 순간과 같은 시간, 또는 우리 앞에 펼쳐져 있는 오늘과 같은 공간뿐만 아니라 우리 마음속에도 존재한다. 하나님은 우리 앞에, 우리 뒤에 존재하실 뿐만 아니라 우리 안에도 존재하신다. 시간과 공간 속으로 임재하시는 하나님은 이제 우리의 마음속에 우리의 깊은 의식 속에 거하기로 하셨다. 우리가 매일의 삶에서 직면하는 가장 큰 도전은 항상 우리 안에 존재하시며 동시에 우리 너머에 존재하시는 하나님을 섬기는 것이 될 것이다.

하나님의 임재를 경험하는 삶은 결국 우리를 영광스런 자유로 이끌어간다. 우리는 하나님의 사랑을 받아들임을 통해 율법을 넘어선 삶을 산다. 하나님의 마음에 합한 마음을 갖는다는 것은 얼마나 큰 기쁨인가? 그래서 우리가 하고 싶어하는 일을 할 수 있다면 얼마나 기쁜 일인가? 정말 그렇다. 우리는 기뻐 즐거워하며 자유를 누리는 삶을 살아간다.

신실함이란 언제나 한 순간에 대한 민감성의 문제요 끝까지 인내하는 문제다. 우리는 이 여행을 시작했고, 많은 위기를 경험했으며, 이제 이 여행의 마지막 종착지까지 보게 되었다. 지금 이 순간, 우리 시선은 삶의 주인 되신 그분에게 고정되어 있다.

마지막 에피소드

내가 이 책의 마지막 편집을 하고 있을 때, 30년 동안이나 알고 지낸 버니 목사에게 악성일지도 모르는 종양이 생겼다는 이야기를 들었다. 상황이 심각하다는 것을 직감적으로 알 수 있었다. 임박한 검사와 수술 가능성에 대한 이야기를 듣고 난 후 그에게 전화를 걸었다.

그의 집으로 가는 동안 어떻게 그를 만나게 되었는지 회상해 보았다. 그는 조지아 주 아텐스에서 일하는 목회상담가였다. 나는 결혼 생활의 문제를 해결하기 위해 7년 이상 그와 상담했다. 그의 집으로 가는 동안 그가 나와 내 결혼생활에 존재하던 질병이 얼마나 심각한 것이었는지를 충분히 잘 볼 수 있도록 도와주었던 일들이 떠올랐다. 그는 나를 위해서뿐만 아니라 내 아이들을 위해서 이혼에 대한 두려움과 고통의 시간을 나와 함께해 주었다.

차고로 들어섰을 때, 그는 즉시 나를 집안으로 안내했고 그의 사위는 나에게 물 한 잔을 대접했다. 우리는 대화를 시작했다.

"목사님, 병원에 입원하셨다는 소식을 들었어요. 하지만 그게 제가 아는 전부예요."

그는 의사가 발견한 것에 대해 말하기 시작했다.

"몇 주 전에 기력이 없어서 의사를 찾아가 치료를 받기 시작했어요. 병세가 전혀 호전되지 않고 두 주 전쯤부터는 얼굴이 노랗게 변하기 시작했어요. 그래서 다시 의사를 찾아가서 몇 가지 검사를 받았는데 췌장에 종양이 있고, 아마도 악성일 거라는 결과가 나왔어요. 혈관 쪽의 상태를 검사해 봐야 수술을 할 수 있다고 하더군요. 그래서 4~5일 안에 수술을 받게 될 거예요. 의사는 아주 솔직히 말해 주었어요. 배를 갈라보고 종양 수술이 불가능하다면 그냥 봉합할 겁니다. 그러면 7~8개월 정도는 살 수 있어요. 그렇지 않다면 암 덩어리를 덜어낼 겁니다. 그러면 서너 달 이후에 회복하겠지요.

의사는 수술의 난이도를 1~40으로 볼 때, 이번 수술은 40에 해당한데요. 담당의사는 '만약 제 아버지가 환자분의 나이에 같은 상황에 처했다면 저는 수술하지 않을 겁니다. 견뎌내지 못하실 거예요. 하지만 환자분은 내 아버지보다 훨씬 더 건강합니다' 라고 하더군요."

"목사님, 어떻게 이 모든 일을 이리도 담담하게 받아들일 수 있습니까?" 내가 물었다.

"벤, 당신은 내가 이 문제에 대해서 어떻게 생각하는지 잘 알고 있을 거예요. 난 죽음이 두렵지 않아요. 왜냐하면 죽음을 끝으로 보지 않고 다음 단계가 열리는 문으로 보기 때문이지요. 여러 해 동안 나는 현재를 살아왔어요. 나는 한 번에 하루 이상을 약속받지 못했지요. 그렇게 꽤나 오랜 시간을 살아왔어요. 신앙이 내게 큰 힘이 되었어요. 두렵지 않아요. 걱정도 없어요. 수술이 잘 되어 몇 년을 더 살기를 바라지만 의사들이 종양을 제거할 수 없다면 다음 단계를 맞이할 준비가 되어 있어요."

대화는 그의 아내와 딸과 사위 앞에서 그가 나에게 어떤 의미를 가진 존재였는지를 이야기하면서 마무리되었다. 그의 끈기 있고 세심한 상담이 없었다면 결코 나는 지금의 내가 될 수 없었다. 많은 말을 했지만 내 마음을 담아내기에는 너무나 불충분했다.

버니 목사는 나를 얼마나 사랑하는지, 내가 그에게 해준 일에 대해 얼마나 감사하는지, 그리고 하나님께서 그가 이름을 기억할 수 없는 사람들의 성공을 위해 내 인생을 사용해 오셨다는 사실을 찬양한다고 고백했다. 여러 해 동안 그는 나에게 멘토였으며, 그의 조언은 육신의 아버지도 나에게 해주지 못한 말들이었다.

그가 죽어가는 과정을 통해 나는 무엇을 느꼈을까? 바로 신실함이다. 그는 자기 영혼이 감당해야 할 숙제를 다 감당했다. 오래전 그는 자신이 극복해야 할 사단과 대면했다. 대부분은 오래전에 정복했다.

그는 자신이 누구인지 알았고, 피조된 존재라는 자기 가치를 받아들였기 때문에 덧없는 영광을 추구하지 않았다. 나는 그처럼 편안한 사람을 만나 본 적이 없다. 그는 자신을 알았고, 자신에 대해 편안해 했고, 자신이 알고 있는 이런 사실을 믿었다. 그가 하나님을 바라보기 위해 사용한 필터는 보이는 광경을 더럽혔던 수많은 더러운 얼룩을 깨끗하게 닦아낸 필터라는 생각이 들었다. 있는 그대로의 실제적인 삶을 사는 동안 그는 자기 자신과 하나님, 그리고 자신의 영향력의 영역 안에서 살아가고 있는 모든 사람에게 신실했다.

우리는 우리 모두의 아버지 되신 하나님께 기도드렸다. 조용하고 거룩한 순간에 함께 앉아 있는 동안 우리 눈에는 눈물이 맺혔다. 내가 떠나려고 일어났을 때, 버니는 출입문까지 따라 나왔다. 우리는 서로 끌어안고 이렇게 말했다. "잠시지만, 안녕히 계세요." 차를 운전해 돌아오는 동안 나는 그리스도께서 버니 속에서 자기 자신을 나에게 비춰주셨다고 느꼈다. 돌아오는 길에 나는 30년 이상 버니의 삶 속에서 관찰해 왔던 신실함의 고귀한 모범을 묵상했다. 그리고 지금 나는 버니가 하나님 앞에서 살아가는 삶의 다음 단계를 준비하면서 신실함이 버니를 견고하게 붙들고 있음을 볼 수 있다.

의사가 수술하려고 개복했을 때는 손을 쓸 수 없는 상황이었다. 버니는 수술을 마치고 죽을 날을 기다리기 위해 집으로 돌아갔다. 몇 주 전에 버니는 이 세상을 떠났다. 그를 마지막으로 만난 그때, 그는 자기 삶의 마지막에 대해 이야기했다.

"지금 이 순간이 내 삶을 마감해야 할 시점이에요. 이 인생 여정을 마감하기 전에 마무리해야 할 것들이 많아요. 지금 이 순간 내가 마무리해야 할 가장 중요한 부분이라고 느껴지는 것은 인생의 주인 되신 그분께 그동안 신실하게 그리고 최선을 다해 사용해 왔던 달란트들을 돌려드리는 일 같아요. 내가 평생 동안 사용해 왔던 은사와 능력은 진정으로 하나님께 속한 것들이에요. 감사하며 그것들을 다시 돌려드립니다. 그리고 이제 그분이 속삭이시는 게 들려요. '잘했다, 착하고 충성된 종아. 네 주인의 즐거움에 참예할지어다.'"

묵상과 토론을 위한 질문

1. 다섯 명의 수도사들이 경험했던 유혹은 무엇을 의미하는가? 당신은 어느 수도사의 유형에 가장 가까운가?

2. 예수님과 사도 바울은 삶에서 경험하게 되는 마음의 혼란에 대해 무엇이라고 가르치시는가?

3. 당신은 어떠한 때, 어떠한 상황에서 충성되지 못한가?

4. 이 싸움을 해가면서 당신이 도움을 청할 곳은 어디인가?

영성 일기 쓰기

1. 그리스도를 충성스럽게 따르는 데 방해되는 요소들을 나열해 보라.

2. 이 문제에 대해 당신 자신에게 지혜로운 상담 편지를 써 보라.

3. 당신이 쓴 편지를 읽어 보라. 그리고 당신의 지혜에 대해 감탄하는 시간을 가져라!

주

1장. 영적 수면에서 깨어나라

1) 카를로 카레토(Carlo Carretto), 「돌체에게 쓴 편지」(*Letters to Dolcidia*) (Maryknoll, N.Y.: Orbis Books, 1991), p.19.

2장. 신비의 참 모습을 경험하라

2) 데이비드 스테인들래스트(David Steindl-Rast), 「감사, 기도의 핵심: 온전한 삶에 대한 접근법」(*Gratefulness, the Heart of Prayer : An Approach to Life in Fullness*) (New York : Paulist Press, 1984), p.23.

4장. 사소한 거짓말에도 넘어가지 마라

3) 카렌 홀(Karen Hall), 「어두운 빛」(*Dark Debts*)(New York : Random House, 1996), pp. 194~203.

5장. 영적 청각을 회복하라

4) 프랭크 C. 루박(Frank C. Laubach), 「프랭크 루박의 편지」(*Letters by a Modern Mystic*) (New York : Student Volunteer Movement, 1937), pp.9~30 .(생명의말씀사)

5) 아이라 프로고프(Ira Progoff), 「저널 워크숍: 집중적인 저널을 활용하는 기본적인 텍스트와 가이드」(*At a Journal Workshop: The Basic Text and Guide for Using the Intensive Journal*) (New York : Dialogue House Library, 1975).

6) 카를로 카레토, 「오시는 주님」(*The God Who Comes*) (Maryknoll, N.Y.: Orbis Books, 1974), pp.198~99. (성바오로출판사)

7) 카레토, 「오시는 주님」(*The God Who Comes*), pp. 99~100, 101.

6장. 온종일 하나님을 기대하라

8) 카를로 카레토, 「오시는 주님」(*The God Who Comes*) (Maryknoll, N.Y. : Orbis Books, 1974), p.1.

9) 제임스 포울러(James Fowler), 「신앙의 단계: 인간 발달의 심리학과 의미 추구」(*Stages of Faith: The Psychology of Human Development and the Quest for Meaning*) (San

Francisco : Harper & Row, 1981).

10) 아이라 프로고프(Ira Progoff), 「저널 워크숍: 집중적인 저널을 활용하는 기본적인 텍스트와 가이드」(*At a Journal Workshop : The Basic Text and Guide for Using the Intensive Journal*) (New York : Dialogue House Library, 1975).

11) 장-피에르 드 코사드(Jean-Pierre de Caussade), 「하나님의 섭리에 내어드리다」(*Abandonment to Divine Providence*), trans. John Beevers(Garden City, N.Y.: Image Books, 1975), p.15

7장. 현실에 깊이 뿌리 박으라

12) 토마스 켈리(Thomas Kelly), 「헌신 고백」(*A Testament of Devotion*)(New York; Harper, 1941), pp.67~68.

13) 카를로 카레토, 「오시는 주님」(*The God Who Comes*) (Maryknoll, N.Y.: Orbis Books, 1974), p. 153.

8장. 마음속 하나님의 위치를 파악하라

14) 폴 틸리히(Paul Tillich), 「조직신학」(*Systematic Theology*), 1권(vol. 1) (Chicago: University of Chicago Press, 1951), pp. 112~58.

15) 제임스 펜하겐(James C. Fenhagen), 「방황자의 길을 넘어서: 기독교 사역을 위한 영적 훈련」(*More than Wanderers: Spiritual Disciplines for Christian Ministry*) (New York : Seabury Press, 1981), p.32.

16) 토마스 머튼(Thomas Merton), 「펜하겐이 방황자의 길을 넘어서」(*More than Wanderers*)에 인용, p. 32.

17) 카를로 카레토(Carlo Carretto), 「오시는 주님」(*The God Who Comes*) (Maryknoll, N.Y. : Orbis Books, 1974), pp.205~6.

9장. 삶의 자유를 마음껏 축하하라

18) 마틴 루터(Martin Luther), 「그리스도인의 자유」(*Christian Liberty*) (Philadelphia: Fortress Press, 1957), p.7.

19) 이 기도문은 고독 중의 묵상(Thoughts in Solitude)에서 인용한 것이다. 그러나 나는 이 기도문이 정확히 어디에 기록되어 있는지는 모른다. 왜냐하면 내가 기거했던 성령 수도원(Monastery of the Holy Spirit)의 숙소에 있던 작은 카드에 기록되어 있던 기도문이기 때문이다.

20) 에드워드 맥케나(Edward McKenna)가 편집한 컬리지빌 찬송가(The Collegeville Hymnal) (미네소타주 컬리지 빌 : Liturgical Press, 1990) 찬송가 252장 "속박으로부터 벗어날 때".

10장. 마지막 순간까지 달음질하라

21) 앤서니 드 멜로(Anthony de Mello), 「새의 노래」(*The Song of the Bird*) (Garden City, N.Y. : Image Books, 1984), pp.82~83.

사단법인 기독교세계관학술동역회 사역 소개

● 세계관 운동

삶과 학문의 모든 영역에서 예수 그리스도가 주인이심을 고백하고, 하나님의 말씀대로 생각하고 적용하며 살도록 돕기 위한 많은 연구 자료와 다양한 방식의 강의 패키지들을 준비하고 있습니다. 특히 삶의 각 영역에서 만날 수 있는 문제들에 대한 대안을 찾을 수 있도록 세계관 기초 훈련, 집중 훈련 및 다양한 강좌들을 비롯하여 기독미디어 아카데미, 기독교 세계관 아카데미, 어린이 청소년 세계관 강좌 등 다양한 강의와 세미나가 준비되어 있습니다. 강의를 원하시는 교회나 단체는 기독교세계관학술동역회 사무국으로 연락해 주시면 친절히 안내해 드립니다.

● 기독교학문연구회

기독교학문연구회(KACS : Korea Association of Christian Studies)는 기독교적 학문 연구를 위한 학회로, 각 학문 분야별 신학과 학제간의 연구를 진행하여 신앙과 학문의 통합을 추구하고 있습니다. 연구 발표의 장으로 연 2회의 학술대회를 개최하고 있으며, 한국연구재단 등재학술지 〈신앙과 학문〉(1996년 창간)을 발행하고 있습니다.

● 월간 〈월드뷰〉

성경적 삶의 적용을 위해 정치, 경제, 사회, 문화, 교육 등 제반 영역에서 성경적 관점으로 조망하는 〈월드뷰〉는 세상바로보기 운동의 일환으로 매월 발간됩니다. 2013년부터 월드뷰는 이매거진 서비스를 제공하여 모바일로도 구독하실 수 있습니다.

● 기독미디어아카데미

기독교 세계관으로 무장한 기독 언론인을 길러내기 위한 전문 교육 기관입니다. 급변하는 사회 속에서 갈수록 언론 본연의 기능을 잃어가는 반기독교적 미디어 환경 가운데 기독 언론인으로서의 정체성 확립을 위해 시작되었습니다.

● VIEW 밴쿠버기독교세계관대학원

1999년 7월, 밴쿠버기독교세계관대학원(VIEW)은 캐나다 최고의 기독교대학인 Trinity Western University 대학의 신학대학원인 ACTS와 공동으로 기독교세계관 문학석사과정(MACS-Worldview Studies)을 개설했습니다. 현재 캐나다 밴쿠버에 기독교세계관 문학석사 과정, 디플로마(Diploma) 과정을 운영하고 있으며, 다양한 연수 프로그램(교사 창조론, 지도자세계관 학교, 청소년 캠프 등)을 개최하고 있습니다.

● CTC 기독교세계관교육센터

CTC(Christian Thinking Center)는 가정과 교회와 학교에 기독교 세계관 교육 콘텐츠를 제공함으로서 다음세대 그리스도인들이 기독교 세계관으로 생각하고 살아가도록 돕는 것을 사명으로 하는 기독교세계관교육기관입니다.

● 도서출판 CUP

바른 성경적 가치관 위에 실천적 삶을 살아가는 그리스도의 제자들을 세우며, 지성과 감성과 영성이 전인적으로 조화된 균형잡힌 도서를 출간하여 그리스도인다운 삶과 생각과 문화를 확장시키는 나눔터의 출판을 꿈꾸고 있습니다.

✢✢✢✢✢✢

■ **(사)기독교세계관학술동역회 연락처_ ☎.** 02)754-8004

(140-909) 서울특별시 용산구 이촌로 2가길 5, A동 102호 (이촌동, 한강르네상스빌)

E-mail_ info@worldview.or.kr

Homepage_ www.worldview.or.kr

■ **도서출판 CUP 연락처_ ☎.** 02)745-7231

(140-909) 서울특별시 용산구 이촌로 2가길 5, A동 103호 (이촌동, 한강르네상스빌)

E-mail_ cupmanse@gmail.com

Homepage_ www.cupbooks.com